本书获得统计分析入门 (JCJS2024014)SPSS&AMOS 的项目资助。

# 统计方法

## 在论文写作中的实践与应用

Practice and Application of
**Statistical Methods** in Thesis Writing

陈 曦 张金龙 荣维顺 / 著

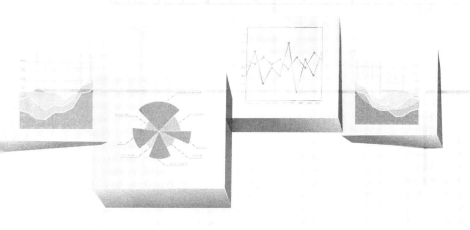

经济管理出版社
ECONOMY & MANAGEMENT PUBLISHING HOUSE

**图书在版编目（CIP）数据**

统计方法在论文写作中的实践与应用 / 陈曦, 张金龙, 荣维顺著. -- 北京：经济管理出版社, 2025. 4

ISBN 978-7-5243-0276-6

Ⅰ. H152.3

中国国家版本馆 CIP 数据核字第 20258RB438 号

组稿编辑：任爱清

责任编辑：任爱清

责任印制：许　艳

责任校对：蔡晓臻

出版发行：经济管理出版社

　　　　　（北京市海淀区北蜂窝 8 号中雅大厦 A 座 11 层　100038）

网　　　址：www.E-mp.com.cn

电　　　话：（010）51915602

印　　　刷：北京晨旭印刷厂

经　　　销：新华书店

开　　　本：710mm×1000mm/16

印　　　张：17

字　　　数：333 千字

版　　　次：2025 年 7 月第 1 版　　2025 年 7 月第 1 次印刷

书　　　号：ISBN 978-7-5243-0276-6

定　　　价：88.00 元

随着社会经济的快速发展和科技的不断进步，统计学在学术研究、企业管理、社会调研等领域的应用日益广泛。科学合理地运用统计方法，不仅有助于数据的精准分析，还能增强研究结论的科学性和可信度。在论文写作和科研实践中，统计分析已成为支撑研究假设、验证理论模型、优化决策过程的重要工具。本书以统计方法在论文写作中的实践与应用为核心，系统介绍常用统计方法并讲解其在学术研究中的实际应用，并结合 SPSS 和 AMOS 两款主流统计软件，提供详细的操作指导，帮助研究者更高效地完成数据处理和分析。

本书共分为三大部分。第一部分介绍统计学的基础知识，使读者了解核心统计概念及其应用背景，为后续分析奠定理论基础。第二部分围绕 SPSS 26.0 中文版的应用，详细讲解描述性统计、t 检验、方差分析、因子分析、信度分析、相关分析、回归分析等常见统计方法，并结合实例演示数据分析的操作流程。第三部分聚焦 AMOS 24.0 中文版的使用，介绍结构方程模型的绘制、验证性因子分析、路径分析、调节效应分析及模型修正等内容，使读者掌握如何运用结构方程模型进行深入的数据分析。

本书秉持"理论与实践并重、方法与应用结合"的原则，精选贴近现实的案例，以图文并茂的形式详细展示 SPSS 和 AMOS 的操作步骤，确保读者能够快速理解，并将所学知识应用于实际研究之中。本书不仅适用于统计学、工商管理、市场营销、心理学、教育学、社会学等相关专业的本科生和研究生，也适合从事教育科研、市场调研、社会分析等领域的研究人员和数据分析人员参考使用。

在编写过程中，编者力求使内容简洁明了、易于理解，同时兼顾理论性和实用性，确保本书既能作为高校教材使用，也能满足科研和实践工作的需求。然而，限于编者水平，书中可能存在疏漏之处，恳请广大读者批评指正。希望本书能为学术研究、论文写作及数据分析工作提供切实有效的帮助，助力读者提升数据处理能力，并在研究中取得更扎实的成果。

陈曦

2025 年 6 月

# 目 录
CONTENTS

## 第二章　SPSS 操作与应用 /026

第三章

# AMOS 操作与应用 /187

# 第 一 章
# 统计学基础知识

统计分析基础知识对于学术论文写作大有裨益，但很多研究者由于平时并不经常使用统计分析，因此在写作论文时往往需要花费很多时间用来学习统计分析方法，真可谓书到用时方恨少。如果说学习有捷径，那么本书具有指引性的实战型统计参考书是提高学习效率的法宝。

## 第一节　假设和显著性水平

### 🕯 学习目标

（1）理解假设的概念，区分假设的种类；
（2）理解置信水平。

### 📖 掌握内容

（1）假设的概念；
（2）假设选择的标准。

学术研究是根据数据来寻找特定事实和现象的内在规律和法则的过程。研究者根据充分的文献研究设计研究模型，并通过数据的分析检验模型是否成立。研究者在设计研究模型的同时设定研究假设。研究假设对研究结果至关重要，因此研究者需要充分理解假设的概念和特征。

## 一、假设

我们进行学术研究或撰写论文的理由可能有以下三点：①对以往普遍认为是正确的主张表示反对；②证明这种主张与事实不符；③寻找新的变量。做到这些，必须选择相应的主题，并建立研究模型。

研究主题一旦确定之后，就是建立研究假设。所谓研究假设，就是根据一定的科学事实和科学理论，对研究中的问题所提出的假定性的看法和说明。研究假设提出一个可验证的关系，这个关系包含一个自变量和一个因变量，研究假设需要说明自变量是如何解释该因变量的。

对于普遍认为正确的事实，统计研究经常设定"该事实是正确的"和"该事实不是正确的"两种假设。$H_0$ 表示与事实相符，$H_1$ 则表示与事实不符。

例如，某饮品容量标记为 300ml，消费者为确认该标记是否属实可以设定以下两个假设。

$H_0$：该饮品标记的 300ml 容量准确。

$H_1$：该饮品标记的 300ml 容量不准确。

为了对某个问题进行验证而提前制定的结论被称为假设（hypothesis）。假设上面例子分别表示"是"的原假设和表示"不是"的对立假设。

### （一）原假设

原假设（null hypothesis）又称为零假设，指普遍认为是正确的假设。[1] 因为是普遍接受的假设，在论文或研究报告中用 $H_0$ 表示。在前面的例子中，"该饮品标记的 300ml 容量准确"就是原假设。

### （二）备择假设

备择假设（anti hypothesis）又称为研究假设，是指研究者发现现有主张的问题并提出与之对立的新主张的假设，在论文或研究报告中用 $H_1$ 表示。[2] 在下面的例子中，"该饮品标记的 300ml 容量不准确"就是备择假设。提出备择假设，也就意味着开始研究。

上述关于假设的分类，表 1–1 更清楚地呈现。

---

①② 贾俊平，何晓群，金勇进.统计学（第7版）[M].北京：中国人民大学出版社，2018.

表 1–1 假设的分类

| 假设 | 标示 | 说明 |
|---|---|---|
| 原假设（零假设） | $H_0$ | 普遍认为是正确的假设 |
| 备择假设（研究假设） | $H_1$ | 与原假设对立的假设 |

资料来源：贾俊平，何晓群，金勇进.统计学（第 7 版）［M］.北京：中国人民大学出版社，2018.

## 二、显著性水平（Significance Level）

### （一）显著性水平的概念

论文分析部分会经常出现"显著性水平""置信水平"等概念。显著性水平是假设检验中的一个核心概念，是指在原假设为真时，拒绝原假设的概率。[1]显著水平用 $\alpha$ 表示，反映了研究者根据抽样数据对统计假设做出判断时可能出现错误结论的风险程度，通常用百分比或成数来确定。它是公认的小概率事件的概率值，必须在每次统计检验之前确定，通常取 $\alpha =0.05$ 或 $\alpha =0.01$。这表明，当作出接受原假设的决定时，其正确的可能性（概率）为 95% 或 99%。社会科学领域经常使用 $\alpha =0.05$ 的标准。显著性水平 5% 的意义是拒绝备择假设的概率为 5%，接受的概率为 95%。

### （二）p 值

p 值（p value）是指当原假设为真时所得到的样本观察结果或更极端结果出现的概率，范围为 0~1。[2]如果 p 值很小，说明原假设情况发生的概率很小，而一旦这种低概率事件竟然出现了，根据小概率原理，我们就有理由拒绝原假设。p 值越小，我们拒绝原假设的理由越充分。一般结合显著性水平来判断。

例如，显著性水平 =0.05

· p 值 =0.03（p< 显著性水平）：拒绝原假设，接受备择假设。

· p 值 =0.07（p> 显著性水平）：接受原假设，拒绝备择假设。

社会科学领域一般认为备择假设正确的概率在 95% 以上时具有较高的可信度。

在进行 t 检验、ANOVA、回归分析、交叉分析时会有多种判断显著性水平的指标，但都会利用 p 值进行检验。在进行 t 检验、回归分析时还可以采用 t 值进行判断。不同分析方法中显著性水平判断指标见表 1–2。

以上显著性水平指标（t 值，p 值）间关系整理见表 1–3。这一表格是统计分

[1][2] 贾俊平，何晓群，金勇进.统计学（第 7 版）［M］.北京：中国人民大学出版社，2018.

析的基础，需要先理解再掌握。

表 1-2　不同分析方法中显著性水平判断指标

| 分析方法 | 显著性水平指标 |
|---|---|
| t检验 | t,p |
| ANOVA | F,p |
| 回归分析 | F,t,p |
| 交叉分析 | $\chi^2$,p |

资料来源：贾俊平，何晓群，金勇进.统计学（第7版）[M].北京：中国人民大学出版社，2018.

表 1-3　显著性水平指标间关系

| t值 | p值 | 标示方法 | 解释 |
|---|---|---|---|
| 绝对值≥1.96 | p<0.05 | * | 显著 |
| 绝对值≥2.58 | p<0.01 | ** | 显著 |
| 绝对值≥3.30 | p<0.001 | *** | 显著 |

资料来源：贾俊平，何晓群，金勇进.统计学（第7版）[M].北京：中国人民大学出版社，2018.

下面举例说明论文中关于显著性水平的使用。

例：设定 Y 为因变量，X 为自变量，进行 Z 分析，结果如下：

·$X_1$ 对应的 p 值为 0.070，在显著性水平（p<0.05）下，对 Y 影响不显著。

·$X_1$ 对应的 p 值为 0.004，在显著性水平（p<0.01）下，对 Y 影响显著。

Note: 用t值还是p值检验？

　　在进行 t 检验时，计算出一个 t 值，而在选定显著性水平后，可以找到相比较的 t 值，两者可以比较，判断显著性。p 值表示的是不接受原假设的最小的显著性水平，可以与选定的显著性水平直接比较。例如，取 5% 的显著性水平，如果 p 值大于 5%，那么接受原假设，否则不接受原假设。这样不用计算 t 值，不用查表。

# 第二节　数据收集

## 学习目标

（1）了解数据收集的方法；

（2）理解问卷调查的注意事项；

（3）学习问卷设计。

## 掌握内容

（1）数据的概念；

（2）测量工具；

（3）数据收集的方法；

（4）设计问卷时注意事项。

确定研究问题后，通过统计分析研究模型，首先需要收集分析必要的数据。因此，如何制作测量工具以及如何选择样本是研究展开的重要因素。只有在研究初期利用正确的方法收集到数据，才能获得较好的分析结果。

## 一、数据收集的方法

我们进行问题决策的时候，如果没有数据采集，就会陷入经验主义，通过拍脑袋来进行决策，这不是数据分析思维主张的方向。现在我们有了方向和问题列表，那么数据从哪里来呢？我们在收集数据的时候，数据的来源分为两大类：一手数据和二手数据。根据这些数据，我们会进行数据探索并产生一些衍生数据，最终为我们接下来的数据分析、思路组织与撰写提供材料。

（1）一手数据也称为原始数据，原始数据是指研究者通过访谈、询问、问卷、测定等方式直接获得的，通过收集一手数据可以解决待定问题。

（2）二手数据是相对于原始数据而言的，指那些并非为正在进行的研究而是为其他目的已经收集好的统计资料。与原始数据相比，二手数据具有取得迅速、成本低、易获取、能为进一步原始数据的收集奠定基础等优点。

例如，文献、数据库。

数据采集是研究分析的重要组成部分，同样是进行科学性数据分析的基础。采集数据的准确性直接关系到数据分析结果的价值，所以科学的数据采集方法将是数据分析的前提。

接下来让我们一起学习数据采集的方法和优缺点。观察法和问卷调查法是两种具有代表性的收集方法。

## （一）观察法

观察法（observation）是指研究者根据一定的研究目的、研究提纲或观察表，用自己的感官和辅助工具去直接观察被研究对象，从而获得资料的一种方法。[①] 观察法广泛用于有关行为和特性的资料，观察者直接获得数据，也称为"现场研究"。

（1）优点：科学的观察具有目的性和计划性、系统性和可重复性。观察者在没有正确答案的情况下可以直接定义并收集资料。

（2）缺点：花费较多的费用和时间，可收集的数据有限，容易受观察者主观意识的影响。

有关观察法的种类及详细说明见表 1-4。

表 1-4  观察法的种类

| 分类 | 种类 | 内容 |
| --- | --- | --- |
| 观察者加入与否 | 系统观察 | 观察者不介入或最小可能介入 |
| | 非系统观察 | 观察者参与观察情况 |
| 观察记录纸有无 | 结构观察 | 观察行为并记录在特定样式的记录纸上 |
| | 非结构观察 | 观察行为并无样式记录 |
| 观察是否公开 | 公开观察 | 被观察对象知道被观察的情况 |
| | 非公开观察 | 被观察对象不知道被观察的情况 |
| 有无人为性因素 | 自然观察 | 观察自然发生的事件 |
| | 人为观察 | 观察人为试验干预的事件 |
| 情况现实性 | 直接观察 | 观察实际发生的情况 |
| | 间接观察 | 通过文字图片等资料进行观察 |

资料来源：贾俊平，何晓群，金勇进.统计学（第7版）[M].北京：中国人民大学出版社，2018.

## （二）问卷调查法

问卷调查法（survey）也称问卷法，是调查者运用统一事先设计的问卷向被选取的调查对象了解情况或征询意见的调查方法。[②] 问卷调查法可分为全面调查和抽样调查。

（1）优点：根据研究需要可以进行大规模调查。调查费用较低，收集数据易于计量分析。

（2）缺点：经常会发生回收率低的情况。问卷既要能达成研究目的，又要让被调查者理解。无法完全排除不实回答，无法进行太复杂的问卷调查。

---

[①②] 贾俊平，何晓群，金勇进.统计学（第7版）[M].北京：中国人民大学出版社，2018.

尽管问卷调查法存在一定缺点，但仍是研究者使用最多的方法之一。问卷调查标准化程度高、收效快。问卷法能在短时间内调查很多研究对象，取得大量的资料，能对资料进行数量化处理，既经济又省时。

关于问卷调查法的种类和优缺点见表 1-5。

表 1-5　问卷调查法的种类和优缺点

| 分类 | 内容 | 优点 | 缺点 |
|---|---|---|---|
| 当面访问 | 当面向被试者发放问卷，并提供协助 | 回收率高<br>可以进行较复杂的问卷<br>可以使用多种资料<br>可以对复杂问题进行解释 | 费用较高<br>调查员难控制<br>调查员失误易发生<br>难获得较大样本 |
| 电话访问 | 通过电话收集被试者的回答 | 费用较低<br>易于控制<br>样本范围广<br>速度较快 | 难以采用多种材料<br>调查员失误易发生<br>无法使用复杂的问卷 |
| 邮寄访问 | 通过邮件邮寄问卷并回收 | 费用较低<br>样本范围广<br>匿名性<br>规避调查员失误 | 回收率低<br>被试者理解度低<br>调查时间长 |
| 网络调查 | 利用网络电子问卷收集 | 费用较低<br>样本范围广<br>匿名性<br>规避调查员失误<br>数据采集分析电子化 | 回收率低<br>被试者理解度低<br>调查时间长 |

资料来源：贾俊平，何晓群，金勇进.统计学（第 7 版）[M].北京：中国人民大学出版社，2018.

## 二、理想问卷设计方法

### （一）问卷设计的五种原则

1. 有效性

设计问卷者站在被调查者的立场上设身处地地为他们考虑，设计时，可以大幅地使问卷有效回收。同时考虑到个体差异、教育程度、生活方式，尽可能地考虑各个层次被调查者的不同情况。首先，问卷调查应写明问卷用途，承诺被调查者的私人信息不会被泄露，使被调查者愿意填写问卷；其次，问卷问题要适量，不宜问题过多对问卷准确性产生影响；最后，问卷中的用词要贴近生活，通俗易懂，忌生僻字词等影响被调查者对问卷题目的理解，既而影响问卷的质量。

2. 简明性

就问卷的结构来说，有两个方面：①问卷问题忌重复出现，也不能用同一问题翻来覆去地提问；②开放式与封闭式的问题要安排得当，两者相辅相成。封闭式问题可以了解被调查者对于特定问题的看法，而开放性问题则可以了解更多被调查者更加主观的观点等其他一些更具象的东西。值得慎重考虑的是两者分配数量的比例，开放性问题不宜过多，会过度消耗被调查者的耐心，如果被调查者是被动填写，那么更会影响到问卷的有效性。一个完整的问卷，在设计上更要仔细斟酌，避免重复拖沓，保证题目内容、比例合理。

问卷更应做到人性化处理。作为一种普遍的调查方式，问卷被运用于各个领域、各个专业的调查中。因调查群体、年龄等各不相同，所以在设计问卷时要尽可能避免被调查者的抵触情绪。

3. 人性化

坚持人性化原则才能在涉及被调查者个人隐私的问题上，更好地照顾到被调查者的情绪。人性化原则还体现在要因地制宜，入乡随俗。

问题设计口语化、方言化、低龄化等。问卷调查的目的是以准确得出调查事项的结论为目的，其语言形式可以更灵活、更贴近被调查者。

4. 科学性

科学性原则体现在问与答的对应。设计者用词需要精准，对于数据性的问题不宜使用"有时""常常"等模棱两可的词汇，避免调查结果出现偏差。

问题的设计忌代入个人主观看法与情感，出现诱导被调查者的情况。会影响被调查者的个人判断，是不可取也不科学的，需以中立的态度提出问题，保证其科学性。

5. 创新性

问卷调查大多是纯文字形式，可以加入图表来缓解被调查者的疲劳感。或采取连线、画圈的方式吸引学龄前的小朋友们参与调查。问卷设计者要善于思考，敢于突破找寻更有魅力的方式来设计问卷。

（二）问卷设计的六个基本步骤

1. 敲定主题，锁定调查群体

在设计问卷时，要确定调查主题和对象群体。主题是问卷问题设计时的范围，调查问卷的设计是围绕某个特定主题所展开的。问卷题目应紧扣主题。而调查的对象群体则与问卷语言的设计息息相关，针对调查对象、调查群体的特性来设计表达方式。例如，调查对象为村民，则设计题目及用语应通俗易懂，贴近生活。

2. 查阅资料

通过收集、查阅相关资料了解其他同类研究者进行相关调查时的题目设置等，可以少走不少弯路，取其精华为问卷设计打基础。

3. 设计题目

题目是问卷的核心，应着重注意上面所述五大原则，反复斟酌修改，自行避雷。

4. 完善问卷

问卷初稿设计好后，设计者应针对问卷思考以下五个问题：

（1）问题的必要性。

（2）题目数量是否合理。

（3）问卷所设题目是否全面。

（4）开放性问题比例是否合适。

（5）问卷说明是否应用了明显字体。

5. 预调查

为确保问卷质量，在进行正式调查前，需要进行预调查，也就是预测调查。以便及时发现与解决问题。

6. 完成问卷设计

根据预调查所反映的问题，对问卷不断进行修改，直至完成问卷设计。

## （三）确保被试者理解问卷的方法

1. 使用简单准确的语言

尽量不使用英文的缩写、专业术语等难以理解的词语。被试者大多不愿去做深层次理解，往往想尽快完成回答并离开。因此，既能达成调查目的，又能让被试者准确回答的问卷十分重要。

2. 不使用模糊不清的语言

"有时"和"经常"等相近词语有时会同时出现在问卷中，另外，"四五次"等带范围的选择会增加获得准确数据的难度。

3. 一次只问一个问题

例如，"你喜欢吃汉堡和比萨吗？"被试者看到题目后不知道到底问的是汉堡还是比萨，在这种情况下容易草草给出答案。

4. 不提问诱导被试者的问题

诱导式提问是导致调查失准的重要原因。

5. 不提问难以回答的问题

6. 不能有重复的选项

如图 1-1 所示，选项就存在选择混乱的可能性。如果被试者子女 5 岁，那么会选择混乱。

---

您孩子几岁了？
①1~3岁　②3~5岁　③5~10岁　④10岁以上

---

**图 1-1　调查问项**

资料来源：笔者自制。

7. 敏感问题放置问卷末尾

8. 有趣合理设计问卷

9. 人口统计学问项置后

---

Note：问卷设计注意事项：

（1）准确定义研究问题和研究目的。

（2）事先选定好分析方法和调查方法。

（3）考虑到资料收集方法，问项的多样性应该有所不同。

（4）应考虑样本的特性。

---

# 第三节　测量尺度

## 学习目标

（1）理解什么是测量尺度；

（2）区分不同测量尺度特征。

## 掌握内容

（1）测量尺度的重要性；

（2）测量尺度的种类。

## 一、测量尺度的重要性

一般在研究设计时应计划考虑采用什么样的分析方法，以适合分析方法的测量尺度来设计调查问卷。

测量尺度（scale）是根据一定规则适用于测定对象的一系列符号或数字。在统计分析实际运用上，变量取决于所使用测量方法或测量尺度，对于同一个测量对象，可以利用不同的测量尺度来测量，得到不同的测量结果，也就是不同的测量变量。因此，选择何种测量尺度对于研究方法和研究结果都有重要影响。理解测量尺度的类型，正确设计问卷，根据研究需要采取不同的分析方法，可以得到不同的研究结果。相反，如果不能正确使用测量尺度，那么很难进行统计分析。因此，研究人员需要谨慎确认测量尺度的使用，设计研究模型后展开研究。

## 二、测量尺度的类型

从测量的层次来看，测量尺度可以区分为名义尺度、顺序尺度、等距尺度、比率尺度四种层次，因此变量又可以分为名义变量、顺序变量、等距变量和比率变量。

### （一）名义尺度

名义尺度（nominal scale）又称名尺度或者名目尺度，是以数字的方式将数据予以分类，所以数字本身并没有特别的含义，只是不同属性的一种代号而已，而将这些数字做加减乘除的算术运算是毫无意义的。[1] 名义尺度的测量方式是针对被观察者的某一现象或特质，评估所属类型种类，并赋予一个特定的数值，这一数值没有数量和顺序的概念。由名义尺度所测量到的变数，称为名义变量。例如，性别（①男②女）。被试者根据自身情况选择①或者②。我们把得到的数据"1"和"2"编码，这里的"1"和"2"没有数字的意思，也就是说，不能用"1+1=2"这样的算式进行计算。同样，测定学历、区域等和数字没有关系的内容时使用名义尺度。

---

[1] 贾俊平，何晓群，金勇进．统计学（第7版）[M]．北京：中国人民大学出版社，2018.

## （二）顺序尺度

顺序尺度（ordinal scale），是指对于被观察者其某一现象的测量内容，除了具有分类意义外，各类别间存在特定大小顺序关系。[①] 顺序尺度数据的大小代表某种顺序，研究者只能获得顺序的关系，所以数字本身仅代表该属性的顺序或等级关系，但不能衡量不同等级次序的距离与差异程度。以顺序尺度测量到的变量称为顺序变量，如名次（第一名、第二名、第三名）、教育程度（大学以上、大学、高中、初中、初中及以下）等，皆为顺序尺度所测得的顺序变量。

## （三）等距尺度

等距尺度（interval scale）（或称间距尺度）的测量，是针对被观察者的某一现象或特质，依某特定的标准化单位，测定程度上的特性。[②] 等距尺度测量得到的数值，除具有分类、顺序意义外，数值大小反映了两个被观察者的差距或相对距离。以等距尺度测量得到的变量，称为等距变量，其数值兼具分类、次序和差距的意义。如以温度计量出的"温度"、以考试决定的"成绩"、以智力测验测得的"智商"等。等距尺度的一个重要特性，是其单位只有相对的零点，而无绝对的零点。相对零点的使用，使数值与数值的比值，仅具有数学的意义，而缺乏实务意义，研究者应避免直接取用两个等距变量的数值相乘除比较。绝对零点是指未具有任何所测变量的属性，绝对零点的 0 即表示"空""无"。等距尺度所使用的单位，多以人为决定，基于测量方便性，而使用相对的零点，当测量值为零时，并无一个绝对的意义，并非指未具任何所测变量的属性，如气温为 0 时，并非无温度，而是指就该测量工具而言，得到零个单位的意思，它仍具有所测变量的某种属性。某科考试 0 分，并非指学生在该科能力上毫无能力，而是指得到 0 个单位的分数。

如图 1-2 有关满意度的调查就是一个典型的等距尺度。

---

您对某产品的满意度是？
①非常满意　②满意　③一般　④不满意　⑤非常不满意

---

**图 1-2　满意度调查**

资料来源：笔者自制。

---

① ②　贾俊平，何晓群，金勇进.统计学（第 7 版）[M].北京：中国人民大学出版社，2018.

## （四）比率尺度

比率尺度（ratio scale）又称等比尺度，除了能衡量数据的类别、等级、差距外，还存在绝对的零点，因此研究者可列出各类别间的倍数关系，可以进行四则运算。例如，长度、重量、体积等。[①]

四种不同层次的变量与统计分析策略的选用有密切关系，当研究者能够正确判断资料的性质时，才能选择适当的统计方法，得到有意义的分析结果。变量分为四种类型，在实际进行统计分析时，多将四种变量归纳为两大类：连续变量与类别变量。其中连续变量是指利用等距或比率尺度等有特定单位所测量得到的变量，变量中的每个数值，皆表示强度上的意义，又称为量化变量（quantitative variable）；相对之下，以名义尺度或顺序尺度所测量得到的数据，数值所表示的意义为质性的概念，又称为分类变量（categorical variable）或质性变量（qualitative variable）。

# 第四节　样本设置

### 学习目标

（1）理解研究样本对象的理由；
（2）理解抽样的方法；
（3）区分不同抽样方法的特征。

### 掌握内容

（1）抽样的原则；
（2）抽样的方法。

## 一、抽样与抽样调查

抽样就是从研究总体中选取一部分代表性样本的方法。大多数情况下，由于

---

① 贾俊平，何晓群，金勇进.统计学（第 7 版）[M].北京：中国人民大学出版社，2018.

各种客观原因研究者很难进行全面调查。例如，我们要研究某城市居民的生活方式问题，那么整个城市居民都是我们的研究对象。但限于研究条件等原因，我们难以对每个居民进行调查研究，而只能采用一定的方法选取其中的部分居民作为调查研究的对象。这种选择调查研究对象的过程就是抽样，采用抽样法进行的调查就称为抽样调查。抽样调查是最常用的调查研究方法之一，它已被广泛应用到社会调查、市场调查和舆论调查等多个领域。

选择抽样调查的原因有以下四点：

（1）不能进行全面调查的事物。有些事物在测量或试验时有破坏性，不可能进行全面调查。例如，电视的抗震能力试验、灯泡的耐用时间试验等。

（2）从理论上讲，可以进行全面调查，但实际上不能进行全面调查的事物。例如，了解某个森林有多少棵树、职工家庭生活状况如何等。

（3）抽样调查方法可以用于工业生产过程中的质量控制。

（4）利用抽样推断的方法，可以对某种总体的假设进行检验，来判断这种假设的真伪，以决定取舍。

图1-3形象地展示了样本和总体之间的关系。

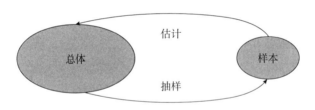

图1-3　抽样调查的图表形式

资料来源：笔者自制。

抽样对调查研究来说至关重要。社会科学研究的对象通常是非常复杂的，涉及社会生活的方方面面，既包括个体行动者，也包括群体甚至整个社区或社会。但在大多数情况下，我们难以对全部的对象做研究，而只能研究其中的一部分。对这部分研究对象的选择就要依靠抽样来完成，以此可以节省研究的成本和时间。但我们的研究又不是停留在所选取的样本本身，而是通过对有代表性的样本的分析来研究总体。故抽样的目的，就是从研究对象总体中抽选一部分作为代表进行调查分析，并根据这一部分样本去推论总体情况。

## 二、抽样的基本术语

### （一）总体或抽样总体

总体（population）通常与构成它的元素共同定义：总体是指构成它的所有元素的集合，而元素则是构成总体的最基本单位。[①] 在社会研究中，最常见的总体是由社会中的某些个人组成的，这些个人便是构成总体的元素。例如，当我们开展对某省大学生的择业倾向进行研究和探讨时，该省所有在校大学生的集合就是我们研究的总体，而每名在校大学生便是构成总体的元素。又如，我们打算研究某城市居民的家庭生活质量，那么，该市所有的居民家庭就构成我们研究的总体，而其中的每户家庭都是这个总体中的一个元素。

### （二）样本

样本（sample）与总体相对应，是指用来表示总体的单位，样本实际上是总体中某些单位的子集。[②] 样本不是总体，但它应表示总体，以抽样的标准就是让所选择的样本最大程度地代表总体。

### （三）抽样单位或抽样元素

抽样单位或抽样元素（sampling unit/element）是指收集信息的基本单位和进行分析的元素。[③] 在社会科学研究中，常用的抽样单位是个体的人，它也可以是一定类型的群体或组织，例如，家庭、公司、居委会、社区等。抽样单位与抽样元素有时是一致的，有时是不一致的。如在简单抽样中，它们是一致的，但在整群或多阶段抽样中，抽样单位是群体，而每个群体单位中又包含许多抽样元素。

### （四）抽样框

抽样框（sampling frame）又被称作抽样范围，它指的是抽样过程中所使用的所有抽样单位的名单。[④] 例如，从一所中学的全体学生中，直接抽取 200 名学生作为样本。那么这所中学全体学生的名单就是这次抽样的抽样框；如果是从这所中学的所有班级中抽取部分班级的学生作为调查样本，那么此时的抽样框就不再是全校学生的名单，而是全校所有班级的名单了。

---

①②③④　贾俊平，何晓群，金勇进．统计学（第 7 版）［M］．北京：中国人民大学出版社，2018.

## （五）参数值与统计值

参数值（parameter）也称总体值，是指反映总体中某变量的特征值。[①] 例如，某地所有职工的平均收入水平和总体收入等都是参数值。但参数值多是理论值，难以具体确定。通常是根据样本的统计值来推论总体的参数值。

统计值（dstatistic）也称样本值，是指对样本中某变量特征的描述。它通常是实际统计分析的数值。例如，根据某一样本资料可计算其平均收入水平、构成比例等。用样本统计值去推论参数值时，两者是一一对应的。表1-6列出了常见的一些特征值。

表1-6 常见特征值

| | 参数值 | 统计值 |
|---|---|---|
| 定义 | 反映总体特征的指标 | 反映样本特征的指标 |
| 特征值 | N（总体数）<br>$\mu$（总体均值）<br>$\sigma$（总体标准差）<br>P（总体成数） | n（样本数）<br>$\bar{x}$（样本均值）<br>s（样本标准差）<br>p（样本成数） |

资料来源：贾俊平，何晓群，金勇进.统计学（第7版）[M].北京：中国人民大学出版社，2018.

## （六）抽样误差

样本统计值与所要推论的总体参数值之间的均差值称为抽样误差（sampling error）。[②] 这是由抽样本身产生的误差，它反映的是样本对总体的表性程度，故又称代表性误差。我们在下文将结合确定的样本数做具体讨论。

## （七）置信水平与置信区间

置信水平和置信区间（confidence 1evel and interval）是与抽样误差密切相关的两个概念。置信水平，又称置信度，是指总体参数值落在某一区间内的概率。而置信区间是指在某一置信水平下，用样本统计值推论总体参数值的范围。[③] 其大小与误差密切相关，置信区间越大，误差也越大。

## （八）抽样类型

根据概率论原理，常用的抽样形式主要分为随机抽样和非随机抽样两大类。

---

[①][②][③] 贾俊平，何晓群，金勇进.统计学（第7版）[M].北京：中国人民大学出版社，2018.

两者的区别在于前者按照随机原则来抽取样本，而后者不按随机原则抽取样本。关于抽样的类型和详细说明见表1–7。

表1–7 抽样类型

| 分类 | 抽样方法 | 内容 |
|---|---|---|
| 随机抽样 | 简单随机抽样 | 首先，根据调查目的选定总体，对总体中所有观察单位统一编号：1、2、3…N，（N为总体中的观察单位总数），遵循随机原则，采用不放回抽取的方法；其次，从总体中抽取n个观察单位组成样本，这种抽样方法称为单纯随机抽样 |
| | 等距随机抽样 | 等距随机抽样也称机械随机抽样或系统随机抽样，是指按照一定的间隔，从根据一定的顺序排列起来的总体单位中抽取样本的一种方法。具体做法有三个：①将总体各单位按照一定的顺序排列起来，编上序号；②用总体单位数除以样本单位数得出抽样间隔；③采取简单随机抽样的方式在第一个抽样间隔内随机抽取一个单位作为第一个样本，再依次按抽样间隔做等距抽样，直到抽取最后一个样本为止 |
| | 分层随机抽样 | 分层随机抽样，也称类型随机抽样，具体做法有三个：①将调查对象的总体单位按照一定的标准分成各种不同的类别（或组）；②根据各类别（或组）的单位数与总体单位数的比例确定从各类别（或组）中抽取样本的数量；③按照随机原则从各类（或组）中抽取样本 |
| | 整群随机抽样 | 整群随机抽样，又称聚类抽样，具体做法有两个：①先把总体分为若干个子群；②一群一群地抽取作为样本单位。它通常比简单随机抽样和分层随机抽样更实用，像后者那样，它也需要将总体分成类群，所不同的是，这些分类标准往往是特殊的。具体做法有两个：①先将各子群体编码，随机抽取分群数码；②对所抽样本群或组实施调查。因此，整群抽样的单位不是单个的分子，而是成群成组的。凡是被抽到的群或组，其中所有的成员都是被调查的对象。这些群或组可以是一个家庭、一个班级，也可以是一个街道、一个村庄 |
| | 分段随机抽样 | 分段随机抽样，也称多段随机抽样或阶段随机抽样，是一种分阶段从调查对象的总体中抽取样本进行调查的方法。具体做法有两个：①要将总体单位按照一定的标准划分为若干群体，作为抽样的第一级单位；再将第一级单位分为若干小的群体，作为抽样的第二级单位；以此类推，可根据需要分为第三级或第四级单位。②按照随机原则从第一级单位中随机抽取若干单位作为第一级单位样本，再从第一级单位样本中随机抽取若干单位作为第二级单位样本，以此类推，直至获得所需要的样本 |

| 分类 | 抽样方法 | 内容 |
|---|---|---|
| 非随机抽样 | 判断抽样 | 判断抽样，它是调查者根据自己的主观印象、以往的经验和对调查对象的了解来选取样本的一种方法；这种抽样适用于那些总体范围较小、总体单位之间的差异较大的调查 |
| | 配额抽样 | 配额抽样，也称定额抽样，即调查者首先确定所要抽取样本的数量，再按照一定的标准和比例分配样本，然后从符合标准的对象中任意地抽取样本。其方法类似于分层随机抽样，但它不是按照随机原则抽取样本。例如，我们可以根据研究目的，把总体按性别、民族等变量进行分组，然后分配相应的样本数选取样本 |
| | 滚雪球抽样 | 滚雪球抽样，即以少量样本为基础，逐渐扩大样本的规模，直至找出足够的样本。此法适用于对调查总体不甚清楚的情况，常用于探索性的实地研究，特别适用于对小群体关系的研究。例如，我们要了解某个人经常交往的社会圈子，就可以通过这个人提供的线索找到更多与他有关联的人 |
| | 随意抽样 | 也称任意抽样或便利抽样，它是调查者利用现有的名册、号簿和地图等资料来抽取样本，或者利用偶遇的方式选取调查单位。例如，利用电话号簿抽取居民家庭进行民意调查、在街头路口随意对一些过往行人进行商品需求调查等就属于随意抽样 |

资料来源：施雨，赵小艳，李耀武，等.概率论与数理统计［M］.北京：高等教育出版社，2021.

# 第五节  统计分析方法

## 🔆 学习目标

（1）学习统计分析的必备事项；
（2）理解统计分析的内容和方法。

## 📖 掌握内容

统计分析的种类和概念。

　　研究者在进行研究之前应该首先决定研究什么内容。接下来根据研究的内容选定统计分析的方法。更为重要的是研究者需要把握自己拥有哪些数据，这些数据适合什么样的分析方法。

　　数据的内容跟采用的测量尺度密切相关。正如之前提到的，采用什么样的测量尺度就限制了可以进行的分析类型。另外，样本自身非常重要。根据"样本结构如何？"或者"样本量多少？"等特征对应不同的分析方法。一般来讲，研究者应事先决定符合研究目的的统计方法和分析方法，并设计相应的测量尺度。本章主要简单介绍以下分析方法，具体操作方法将从第二章分别介绍。

## 一、描述性统计分析

　　频率分析可以对名义尺度、顺序尺度、等距尺度和比率尺度进行分析。频率分析主要利用统计和图表来反映数据的分布特征，例如，有频数分布表、条形图和直方图以及集中趋势和离散趋势的各种统计量（如平均值、中位数、偏度和峰度等），我们可以通过频率分析对要分析的数据做出一个初步的了解和判断。统计分析部分经常用来进行人口统计学特性的分析。

## 二、t 检验

　　t 检验，又称 student t 检验（Student's t test），主要用于样本含量较小（如 $n<30$），总体标准差 $\sigma$ 未知的正态分布。t 检验是用 t 分布理论来推论差异发生的概率，从而比较两个平均数的差异是否显著。t 检验可对自变量是名义尺度，因变量是等距尺度或比率尺度的关系进行检验，用来判断样本说明的情况是"真或假""相同或不同""差别有或无"等问题。

　　1.t 检验的前提

　　①符合正态分布的总体；②随机样本；③均数比较时，要求两样本总体方差相等，即具有方差齐性。

　　2.t 检验的分类

　　（1）单样本 t 检验。用于检验样本均值与某一个标准值 $\mu_0$ 的差别。

　　（2）成对样本 t 检验。用于检验一组样品在某种试验条件前后样本均值是否有差别。例如，对一组老鼠施加某种药剂后，生理指标是否有变化。成对样本 t 检验可以转换为单样本 t 检验：将样本中每个对象施加条件前后的数据相减，作为一个样本数据，从而检验新的样本数据均值是否为 0。

（3）独立样本 t 检验。用于检验两组独立样本，均值是否有差别。这两组样本的数量可能不同。依据两组样本的均值是否相等，可以分为方差相等的独立样本 t 检验和方差不等的独立样本 t 检验。

## 三、方差分析

方差分析（Analysis of Variance，ANOVA），又称"分散分析"或"F 检验"，是 R.A.Fisher 发明的，用于两个及两个以上样本均数差别的显著性检验。适用的测量尺度与 t 检验相同。根据资料设计类型的不同，有以下两种方差分析方法：

（1）对成组设计的多个样本均数比较，应采用完全随机设计的方差分析，即单因素方差分析。

（2）对随机区组设计的多个样本均数比较，应采用配对组设计的方差分析，即两因素方差分析。

1. 方差分析的假定条件

（1）各处理条件下的样本是随机的。

（2）各处理条件下的样本是相互独立的，否则可能出现无法解析的输出结果。

（3）各处理条件下的样本分布必须为正态分布，否则使用非参数分析。

（4）各处理条件下的样本方差相同，即具有齐效性。

2. 方差分析的假设检验

假设有 K 个样本，如果原假设 $H_0$ 样本均数都相同,K 个样本有共同的方差 $\sigma$，那么 K 个样本来自具有共同方差 $\sigma$ 和相同均值的总体。如果经过计算，组间均方远远大于组内均方，推翻原假设，说明样本来自不同的正态总体，说明处理造成均值的差异有统计意义。否则承认原假设，样本来自相同总体，处理间无差异。

3. 应用条件

（1）各样本是相互独立的随机样本。

（2）各样本分布均为正态分布。

（3）各样本的总体方差相等，即具有方差齐性。

（4）在不满足正态性时可以用非参数检验。

## 四、因子分析

因子分析是一种数据简化的技术，主要用于等距尺度和比率尺度测量的变量。它通过研究众多变量之间的内部依赖关系，探求观测数据中的基本结构，并用少数几个假想变量来表示其基本的数据结构。这几个假想变量能够反映原来众多变量的主要信息。原始的变量是可观测的显变量，而假想变量是不可观测的潜变量，称为因子。因子分析用来检验变量间的相关性和效度。因子分析可以分为 R 型因子分析和 Q 型因子分析。

（1）R 型因子分析：是针对变量所做的因子分析，其基本思想是通过对变量的相关系数矩阵内部结构的研究，找出能够控制所有变量的少数几个随机变量去描述多个随机变量之间的相关关系。然后再根据相关性的大小把变量分组，使同组内的变量之间的相关性较高，不同组变量之间的相关性较低。

（2）Q 型因子分析：是针对样品所做的因子分析。它的思路与 R 因子分析相同，只是出发点不同而已。它在计算中是从样品的相似系数矩阵出发，而 R 型因子分析在计算中是从样品的相关系数矩阵出发的。

## 五、信度分析

信度分析用于检验测量本身是否稳定。信度是可靠性，是指采用同样的方法对同一对象重复测量时所得结果的一致性程度，换句话来说，信度就是指测量数据的可靠程度。主要用于等距尺度和比率尺度测量的变量，一般在因子分析之后进行信度分析。

## 六、相关性分析

相关性分析是研究两个或两个以上处于同等地位的随机变量间的相关关系的统计分析方法。交叉分析用于名义尺度，序列相关分析用于顺序尺度，Person 相关分析用于等距和比率尺度。相关关系分析用于判断"变量间相互独立"（相关性 =0）或者"变量间有相关性"（0< 相关性 <1）。

## 七、卡方分析

卡方分析又称卡方检验，主要用于在交叉分析之后主要用于两组样本或是两个分类变量之间差异性的分析。卡方分析是基于卡方分布的统计方法。其主旨思想是：①假设实际和理论没有区别，②计算卡方值，以此估计理论与实际的偏离程度，从而决定接受还是拒绝最初的假设。主要用于名义尺度和顺序尺度的数据。

## 八、回归分析

在统计学中，回归分析（regression analysis）指的是确定两种或两种以上变量间相互依赖的定量关系的一种统计分析方法。回归分析适用于由等距尺度和比率尺度组成的变量进行分析，其目的是了解变量之间的因果关系。有时自变量或因变量由名义尺度或顺序尺度组成时，也可以进行分析。回归分析大致分为以下六种类型：①一元回归分析：因变量和自变量各一个；②多元回归分析：自变量两个以上；③虚拟变量回归分析：自变量变量由名义尺度或顺序尺度构成；④调节回归分析：分析自变量对因变量的影响模型中调节变量的作用；⑤中介回归分析：分析自变量对因变量的影响模型中中介变量的作用；⑥逻辑回归分析：因变量是在 0 或 1 的情况下使用。

## 九、结构方程式

结构方程模型（Structural Equation Model，SEM）是基于变量的协方差矩阵来分析变量之间关系的一种统计方法。结构方程模型整合了因子分析和路径分析两种统计方法，同时可检验模型中的观测变量、潜变量和误差变量间的关系，从而获得自变量对因变量影响的直接效果、间接效果和总效应。确定性因子分析和路径分析在 SEM 中，所假设的潜变量之间的关系模型，是一种关于传播理论的临时基本模型，我们称为结构模型（Structural Model）；而那些在统计显著的观测变量与潜变量之间的线性关系模型，称为测量模型（Measurement Model）。结构模型实际上是某种意义上的回归模型，要做的工作是验证这个模型是否合适，也就变成了估计潜变量之间相应的回归系数（路径系数）的值，而度量模型便是估计这些回归系数的依据。

# 第六节　问卷调查结果编码

## 🎯 学习目标

（1）理解问卷和数据编码的关系；

（2）利用 SPSS 和 Excel 等工具对回收问卷编码录入。

📋 **掌握内容**

（1）确认问卷；
（2）使用 SPSS 直接编码录入数据；
（3）使用 SPSS 打开用 Excel 录入的数据。

调查者回收被试的问卷，在进行统计分析之前需要把问卷答案编辑成电脑可读的数据。这一过程称作数据编码（coding）。数据编码本身并不复杂，但对于刚开始学习统计分析的研究者来说，在回收完数据之后，如何进行编码可能也是一个头疼的问题。实操一遍数据编码，之后就相对简单了。我们可以使用 SPSS 或者 Excel 进行录入，本书将分别介绍这两种方法。

图 1-4 和图 1-5 是研究者设计的问卷和回收的答案。我们以此为例进行编码操作。

请对以下问题作答，并在相关选项位置标记。

1. 您的年龄？

①25 岁以下；②25~30 岁以下；③30~35 岁以下；④35~40 岁以下；⑤40~45 岁以下；⑥45 岁及以上

2. 您的学历？

①高中及以下；②专科；③本科；④硕士研究生；⑤博士研究生

3. 您的职级？

①员工／科员；②科长／主任；③部长／经理

4. 您的工作年限？

①1~3 年以下；②3~5 年以下；③5~7 年以下；④7~10 年以下；⑤10 年及以上

5. 您的职业？

①行政／管理／企划；②培训／运营；③商谈；④其他

6. 您的月收入？

①不满 3000 元；②3000~5000 元以下；③5000~8000 元以下；④8000~10000 元以下；⑤10000~15000 元以下；⑥15000 元及以上

**图 1-4　问卷设计**

资料来源：笔者自制。

| 序号 | 年龄 | 学历 | 职级 | 工作年限 | 职业 | 收入 |
|------|------|------|------|----------|------|------|
| 1 | 6 | 3 | 3 | 2 | 3 | 6 |
| 2 | 4 | 4 | 1 | 1 | 4 | 4 |
| 3 | 3 | 3 | 1 | 3 | 2 | 3 |
| 4 | 5 | 2 | 1 | 2 | 3 | 5 |
| 5 | 3 | 3 | 1 | 2 | 1 | 3 |
| 6 | 6 | 2 | 1 | 5 | 3 | 6 |
| 7 | 3 | 3 | 2 | 4 | 3 | 3 |
| 8 | 2 | 2 | 1 | 1 | 1 | 2 |
| 9 | 1 | 3 | 1 | 1 | 1 | 1 |
| 10 | 5 | 3 | 1 | 2 | 3 | 5 |
| 11 | 6 | 3 | 3 | 2 | 3 | 6 |
| 12 | 2 | 2 | 1 | 2 | 3 | 2 |
| 13 | 5 | 2 | 2 | 1 | 3 | 5 |
| 14 | 5 | 1 | 1 | 2 | 3 | 5 |
| 15 | 4 | 3 | 1 | 1 | 2 | 4 |
| 16 | 3 | 3 | 1 | 3 | 2 | 3 |
| 17 | 4 | 1 | 1 | 1 | 3 | 4 |
| 18 | 5 | 3 | 1 | 2 | 3 | 5 |
| 19 | 4 | 2 | 2 | 2 | 3 | 4 |
| 20 | 5 | 3 | 1 | 2 | 2 | 5 |
| 21 | 3 | 4 | 1 | 2 | 2 | 3 |
| 22 | 3 | 4 | 1 | 4 | 2 | 3 |
| 23 | 4 | 2 | 1 | 1 | 2 | 4 |
| 24 | 2 | 3 | 1 | 2 | 2 | 2 |
| 25 | 5 | 3 | 1 | 5 | 1 | 5 |
| 26 | 5 | 3 | 2 | 2 | 2 | 5 |
| 27 | 3 | 3 | 1 | 2 | 2 | 3 |
| 28 | 5 | 3 | 1 | 1 | 3 | 5 |
| 29 | 3 | 1 | 2 | 1 | 3 | 3 |
| 30 | 4 | 4 | 1 | 2 | 3 | 4 |

图 1-5　调查问卷结果

资料来源：笔者自制。

图 1-5 按照 1~30 的顺序进行了标记。这是实际回答的问卷数量。研究者应该在问卷上做好相同的序号记录，方便以后查找录入错误等问题。

**操作练习**　使用SPSS软件直接编码（1-1操作练习）

以上，我们对分析前必须掌握的基本统计知识和数据编码进行了详细的讲解。掌握好第一章的内容是后续统计分析的基础。实际上统计分析主要靠软件处理，研究者拥有操作软件，应用和解释分析方法，判断研究结果等基本能力就可以顺利展开统计分析。

第二章将详细介绍 SPSS 软件的菜单和各种功能。让我们一起通过练习的方式来学习多种分析方法。

# 第 二 章

# SPSS 操作与应用

## 第一节　理解 SPSS Statistics 的功能

### 🔮 学习目标

（1）理解构成 SPSS Statistics 的菜单及其功能；

（2）直接运行 SPSS Statistics 的菜单，学习运行本软件的方法和程序。

### 📋 掌握内容

（1）SPSS Statistics 的基本窗口；

（2）SPSS Statistics 的基本菜单和功能。

在本节中，我们将了解统计分析软件 SPSS Statistics 的菜单和功能。本书的目标是帮助研究人员撰写论文或研究报告，使他们能够采用正确的分析方法得出结果，清晰有效地解释和描述所研究的问题。因此，本节将介绍 SPSS Statistics 的基本功能菜单，并在后续的分析过程中详细介绍其他功能菜单。本书使用的 SPSS 程序以 SPSS Statistics 26 版本为标准。

首先，让我们看一下 SPSS Statistics 的基本窗口。运行 SPSS Statistics 程序（或双击 🌐 IBM SPSS Statistics 26 快捷图标）时，默认打开数据编辑窗口，并在其上方打开图 2-1 所示的对话框。您可以在此对话框中选择所需的操作，如果以后不想显示此对话框，请选中"以后不再显示此对话框"。

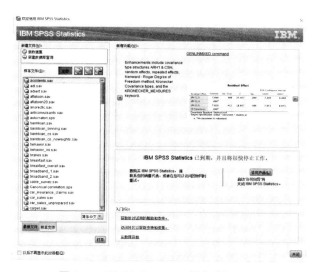

**图 2-1 SPSS Statistics 操作选择画面**

资料来源：笔者自制。

对话框关闭后就会看到数据编辑窗口，数据分析准备完毕后，输出结果窗口也会自动打开。下面看一下数据编辑窗口。

## 一、数据编辑窗口

当运行 SPSS Statistics 程序时，会出现图 2-2 的数据编辑窗口。顶部列出了各种菜单，下面列出常用菜单的快捷图标。

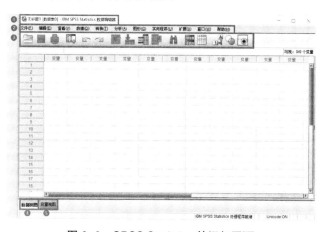

**图 2-2 SPSS Statistics 的运行画面**

资料来源：笔者自制。

（1）标题栏：显示当前打开画面的文件名。起初显示为"无标题"，当用户保存资料后，会显示指定的文件名。

（2）菜单栏：列出了 SPSS Statistics 从文件到帮助的所有菜单。用户在其中找到需要的菜单并运行其功能。

（3）工具栏：常用菜单以图标形式显示。可以在菜单栏上找到需要的功能并执行，经常使用的菜单可以通过单击工具栏的图标直接执行。

（4）数据视图：直接输入收集数据的画面。

（5）变量视图：可以输入所收集资料的性质和说明的画面。

从现在开始，将对 SPSS Statistics 的基本菜单进行说明。

## （一）基本菜单

图 2-3 的 SPSS Statistics 的基本菜单与我们经常使用的 MS-Office 办公软件或 WPS 软件的菜单类似。

图 2-3　SPSS Statistics 的基本菜单构成

资料来源：笔者自制。

表 2-1 是 SPSS Statistics 菜单的简要说明。其中，我们将首先介绍数据分析过程中最常用的五个菜单。

表 2-1　SPSS Statistics 的菜单

| 菜单名称 | 说明 |
| --- | --- |
| 文件（F） | 提供与文件创建和存储相关的功能，例如，输入新数据或保存数据 |
| 编辑（E） | 提供撤销、复制、粘贴、变更选项设置等功能 |
| 查看（V） | 可选择是否显示状态栏、工具栏、网格线或者标签值等 |
| 数据（D） | 提供调整或编辑要分析的数据的功能 |
| 变换（T） | 将现有数据转换为符合用户要求的数据 |
| 分析（A） | 提供SPSS Statistics的所有统计分析功能 |
| 图形（G） | 提供运用多种图表显示数据的功能 |
| 实用程序（U） | 提供设定变量或告知变量、数据信息的功能。 |
| 扩展（X） | 对实用程序进行扩展应用。 |
| 窗口（W） | 可以拆分或调整运行窗口的大小。 |
| 帮助（H） | 帮助解决用户遇到的问题。 |

资料来源：笔者自制。

## 1. 文件（File）

运行 SPSS Statistics 后，图 2-4 提供了与文件创建和存储相关的功能，例如，输入新数据或加载要分析的数据。

图 2-4　文件（F）菜单

资料来源：笔者自制。

（1）新建：创建一个新文件。详细菜单包括数据、语法、输出和脚本。

（2）打开：将数据加载到数据视图选项卡中。详细菜单包括数据、因特网数据、语法、输出和脚本。也可以使用工具栏上的快捷方式图标（　）。

（3）保存：保存当前工作数据。也可以使用工具栏上的快捷方式图标（　）。快捷键是 Ctrl+S。

（4）另存为：将当前文件名更改为其他名称并保存。

（5）显示数据文件信息：输出通过 SPSS Statistics 保存的文件信息。研究人员直接录入数据时不常使用此菜单，但是为了确认从第三方接收的数据特征有时会使用，如表 2-2 所示。

表 2-2　确认数据的特征

变量信息

| 变量 | 位置 | 标签 | 测量级别 | 角色 | 列宽 | 对齐 | 打印格式 | 写格式 |
|---|---|---|---|---|---|---|---|---|
| 年龄 | 1 | <无> | 名义 | 输入 | 8 | 右 | F8.2 | F8.2 |
| 学历 | 2 | <无> | 名义 | 输入 | 8 | 右 | F8.2 | F8.2 |
| 职级 | 3 | <无> | 名义 | 输入 | 8 | 右 | F8.2 | F8.2 |
| 工作年限 | 4 | <无> | 名义 | 输入 | 8 | 右 | F8.2 | F8.2 |
| 职务 | 5 | <无> | 名义 | 输入 | 8 | 右 | F8.2 | F8.2 |
| 部门 | 6 | <无> | 名义 | 输入 | 8 | 右 | F8.2 | F8.2 |

资料来源：笔者自制。

（1）打印预览：可以预览数据视图选项卡或变量视图选项卡的内容。

（2）打印：打印屏幕上显示的数据。也可以使用工具栏上的快捷方式图标
（ ）。快捷键是 Ctrl+P。

2. 编辑（Edit）

图 2-5 提供了撤销、复制、粘贴、变更选项设置等功能。

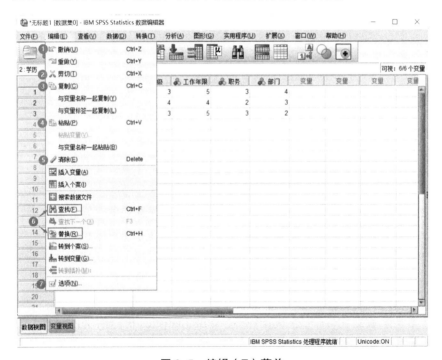

图 2-5　编辑（E）菜单

资料来源：笔者自制。

（1）撤销：撤销前一步的操作，恢复工作数据。也可以使用工具栏上的快捷方式图标（ ）。快捷键是 Ctrl+Z。

（2）剪切：剪切指定单元格或选中的区域。快捷键是 Ctrl+X。

（3）复制：复制指定单元格或选中的区域。快捷键是 Ctrl+C。

（4）粘贴：粘贴剪切或复制的部分。快捷键是 Ctrl+V。

（5）清除：删除指定单元格或选中的区域。也可以使用 Delete 键来删除。

（6）查找、替换：从数据中查找所需内容或查找特定内容进行更改。

（7）选项：SPSS Statistics 提供的功能可以根据用户的使用习惯进行更改。

3. 查看（View）

图 2-6 提供了用于设置图形部分或程序的状态，以便用户可以直观地了解程序的输出。

图 2-6　查看（V）菜单

资料来源：笔者自制。

（1）状态栏：如果在状态栏菜单上进行了标记，那么当前 SPSS Statistics 的状态将显示在屏幕底部。

（2）字体：设定屏幕上显示字体的类型或大小。

（3）网格线：设置或取消网格线。

4.数据（Data）

图2-7可以根据用户的需要对SPSS Statistics中的数据进行调整或编辑。

图2-7　数据（D）菜单

资料来源：笔者自制。

（1）定义变量属性：可以在变量值上标注标签或扫描数据后设定其他属性。

（2）复制数据属性：可以将选择的变量和数据集属性复制到打开的数据集或外部SPSS Statistics数据文件的数据集。

5.分析（Analysis）

前面说明的四个菜单在输入数据时使用。数据输入完成后进入分析阶段，如图2-8所示通过SPSS Statistics软件进行的所有分析都在分析菜单中。

**图 2-8 分析（A）菜单**

资料来源：笔者自制。

（1）报告：用于输出简单结果值的报表。可以查看研究问题汇总、逐行汇总报告、逐列汇总报告等内容。

（2）描述统计：用于频率分析、描述性统计、交叉分析。

（3）比较平均值：用于单样本 t 检验、配对样本 t 检验、独立样本 t 检验和方差分析（ANOVA）。

（4）相关：用于相关分析。

（5）回归：用于简单回归分析和多元回归分析。

（6）降维：用于因子分析。

（7）刻度：用于信度分析。

## 二、输出窗口

查看输出结果窗口。在 SPSS Statistics 上输入数据并准备分析时，此窗口会自动打开，并且研究人员分析的所有过程都会按顺序输出。所有的分析结果都可以在此窗口中查看，也可将窗口中输出的结果复制到论文或研究报告中。

这是输出结果窗口的示例，在我的文件中找到命名为"coding.xls"的文件进行频率分析，其结果如图 2-9 所示。

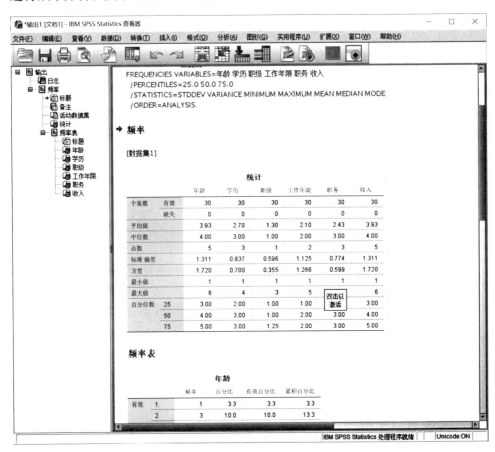

**图 2-9 输出结果窗口示例**

资料来源：笔者自制。

# 第二节　描述性统计分析（频率分析）

## 🔆 学习目标

（1）理解描述统计的概念，熟悉分析方法；

（2）可以解释分析结果，有效地表达分析结果。

## 📘 掌握内容

（1）描述统计的概念；

（2）练习频率分析。

描述统计（descriptive statistics）是以样本分析的结果为基础，如实说明样本的特征。研究人员收集分析数据时，通常无法进行全数调查，因此需要进行抽样调查。此时，提取的样本应该能代表整体。

研究人员在说明样本的特征时，以数据而非纯文字的形式简要呈现，读者就能对样本有一个大致的印象。例如，可以给出样本的年龄、性别或样本所选数据的最小值和最大值、中位数及所选答案的比例等。像这样说明样本的统计分析方法就是描述统计。

描述统计中最常用的分析方法是频率分析，通过它可以了解变量具有的整体特征。频率分析用于展示受访者回答的分布情况，能够直观地呈现每个选项出现的频次和比例，因此研究者可以轻松地理解并展示分析结果。为了判断抽取的样本是否具有代表性，需要进行描述性统计分析，主要使用频率分析作为展示样本分布情况的分析方法。频率分析是最基本的分析方法。

可用于频率分析的尺度有名义尺度、顺序尺度、等距尺度、比率尺度。在频率分析中，可以确认样本的四分位数和分割点、百分位数和平均数、中位数、众数、总和及标准差、方差、最小值、最大值、范围、均值的标准误差、偏度和峰度。还可以用条形图、饼图、直方图的形式表示样本的组成。

## 研究问题

以 ××××大学的学生为对象，对学生的性别、年龄、所属学院进行了问卷调查。让我们通过频率分析来确认调查项目的分布。

**步骤1** 操作练习（2-1操作练习）

**步骤2** 结果分析

根据步骤 1 操作完成后，得到的结果见图 2-10

**统计**

|  |  | 性别 | 年龄 | 学科类别 |
|---|---|---|---|---|
| 个案数 | 有效 | 789 | 789 | 789 |
|  | 缺失 | 0 | 0 | 0 |
| 平均值 |  |  | 18.39 |  |
| 中位数 |  |  | 18.00 |  |
| 众数 |  |  | 18 |  |
| 标准偏差 |  |  | 0.866 |  |
| 方差 |  |  | 0.749 |  |
| 最小值 |  |  | 18 |  |
| 最大值 |  |  | 24 |  |
| 百分位数 | 25 |  | 18.00 |  |
|  | 50 |  | 18.00 |  |
|  | 75 |  | 19.00 |  |

**性别**

|  |  | 频率 | 百分比（%） | 有效百分比（%） | 累计百分比（%） |
|---|---|---|---|---|---|
| 有效 | 男 | 395 | 50.1 | 50.1 | 50.1 |
|  | 女 | 394 | 49.9 | 49.9 | 100.0 |
|  | 总计 | 789 | 100.0 | 100.0 |  |

**图 2-10 存储在 Excel 中的频率分析结果**

**年龄**

| | | 频率 | 百分比（%） | 有效百分比（%） | 累计百分比（%） |
|---|---|---|---|---|---|
| 有效 | 18 | 572 | 72.5 | 72.5 | 72.5 |
| | 19 | 182 | 23.1 | 23.1 | 95.6 |
| | 20 | 6 | 0.8 | 0.8 | 96.3 |
| | 21 | 14 | 1.8 | 1.8 | 98.1 |
| | 22 | 3 | 0.4 | 0.4 | 98.5 |
| | 23 | 9 | 1.1 | 1.1 | 99.6 |
| | 24 | 3 | 0.4 | 0.4 | 100.0 |
| | 总计 | 789 | 100.0 | 100.0 | |

**学科类别**

| | | 频率 | 百分比（%） | 有效百分比（%） | 累计百分比（%） |
|---|---|---|---|---|---|
| 有效 | 海洋科学类 | 74 | 9.4 | 9.4 | 9.4 |
| | 理工类 | 145 | 18.4 | 18.4 | 27.8 |
| | 人文类 | 113 | 14.3 | 14.3 | 42.1 |
| | 社会科学类 | 165 | 20.9 | 20.9 | 63.0 |
| | 艺术类 | 21 | 2.7 | 2.7 | 65.7 |
| | 自然科学类 | 271 | 34.3 | 34.3 | 100.0 |
| | 总计 | 789 | 100.0 | 100.0 | |

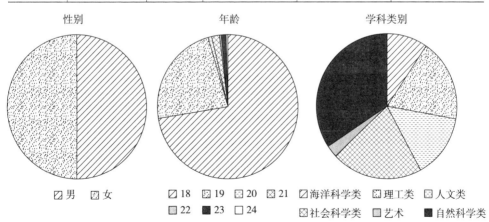

**图 2-10　存储在 Excel 中的频率分析结果（续）**

资料来源：笔者自制。

在分析频率后，首先要确认［统计量］表的有效值和缺失值。从［统计量］表中可以看出，分析的样本总数为 789 个，没有缺失值。

（1）统计量：性别、年龄、学科类别中只输出了年龄值。其余值之所以没有输出，是因为性别和学科类别都是文字。（单击变量视图选项卡时，将显示"类型"）

（2）性别：男性 395 人（50.1%），比女性 394 人（49.9%）多。

（3）年龄：首先是受访者年龄以 18 岁 572 人（72.5%）最多，其次为 19 岁 182 人（23.1%）、21 岁 14 人（1.8%）、23 岁 9 人（1.1%）、20 岁 6 人（0.8%）、22 岁 3 人（0.4%）、24 岁 3 人（0.4%）。

（4）学科类别：海洋科学类 74 人（9.4%）、理工类 145 人（18.4%）、人文类 113 人（14.3%）、社会科学类 165 人（20.9%）、艺术类 21 人（2.7%）、自然科学类 271 人（34.3%）。

（5）饼图：这是 Step1-05 选择饼图的结果。在最近的论文中，虽然不经常使用饼图或条形图等，但在研究报告中需要展示多种信息和资料的地方经常使用。图表以直观的方式显示结果，便于进行比较。

---

**Note：** 为什么在频率分析后确认［统计量］的有效值和缺失值？

回收的所有问卷数字都要在 N 的"有效"中确认。如果"缺失"不是 0，说明编码错误。出现缺失值意味着收集的数据没有正确录入，因此必须确认相应的"缺失"位置。然后找到问卷，纠正错误。如果缺失值产生的原因不是资料录入（编码）过程中的失误，而是未应答所致，那么应删除该问卷（为了防止这种缺失，需要先进行数据清理，删除不合适的数据后再进行编码）。

---

**步骤3　论文写作**

频率分析主要用于表现样本的特性。在论文中表达频率分析结果时，通常会像下面的例子一样，以"样本的一般特性"为题目，数据以表格形式展示频率和百分比。

示例：样本的一般特性

本研究调查的 789 名受访者的一般特性见表 2-3。

从性别来看，男性为 395 人（50.1%）、比女性 394 人（49.9%）多。从回答者的年龄来看，18 岁为 572 人（72.5%），所占比率最高；19 岁为 182 人（23.1%）、21 岁为 14 人（1.8%）、23 岁为 9 人（1.1%）、20 岁为 6 人（0.8%）、22 岁为 3 人（0.4%）、24 岁为 3 人（0.4%）。

表 2-3　样本的特性

| 性别 | 频率（人） | 百分比（%） |
|---|---|---|
| 男 | 395 | 50.1 |
| 女 | 394 | 49.9 |
| 总计 | 789 | 100.0 |
| 年龄（岁） | 频率（人） | 百分比（%） |
| 18 | 572 | 72.5 |
| 19 | 182 | 23.1 |
| 20 | 6 | 0.8 |
| 21 | 14 | 1.8 |
| 22 | 3 | 0.4 |
| 23 | 9 | 1.1 |
| 24 | 3 | 0.4 |
| 总计 | 789 | 100.0 |

资料来源：笔者自制。

# 第三节　t 检验

## 学习目标

（1）了解 t 检验的概念，以及检验结果的意义；

（2）根据样本的个数和测量次数，区分为不同的 t 检验，并在每种情况下适用合适的检验方法；

（3）分析 t 检验结果，并将其写成论文。

## 掌握内容

（1）t 检验的概念；

（2）单样本 t 检验；

（3）配对样本 t 检验；

（4）独立样本 t 检验。

## 一、t 检验概述

t 检验（t-test）是通过比较样本平均值有无差异，来分析研究问题"对 / 不对""有影响 / 没有影响""有差异 / 没有差异"的方法。t 检验是以样本中调查得到的数据的平均值为基准进行检验的，根据样本的数量和对样本的测量次数，可以对检验方法进行细分。当使用 t 检验时，自变量应由名义尺度构成，因变量应由等距尺度或比率尺度构成。

t 检验大致分为三种（加上方差分析共四种）。t 检验中实际检验的内容是判断假设是否在临界域内，不分析各变量产生的影响力有多大，即确定自变量的变化是否对因变量产生影响的方法，关于影响力的大小本书在后面的回归分析（regression）中会介绍。回归分析确认了自变量的结果变化量，属于因果关系分析的范畴，这与 t 检验不同。t 检验的种类具体如表 2-4 所示。

表 2-4　t 检验的种类

| 分析对象 | 样本个数 | 测量次数 | 检验方法 |
| --- | --- | --- | --- |
| 平均比较 | 1个 | 1次 | 单样本t检验 |
| | | 2次 | 配对样本t检验 |
| | 2个 | 1次 | 独立样本t检验 |
| | 3个及以上 | 1次 | 方差分析（ANOVA） |
| 方差比较 | 1个 | 1次 | 卡方（$\chi^2$）检验 |
| | 2个 | 1次 | F检验 |

资料来源：贾俊平，何晓群，金勇进.统计学（第7版）[M].北京：中国人民大学出版社，2018.

## 二、单样本 t 检验

单样本 t 检验是对一个样本进行一次测量，然后进行分析的方法。每个人都至少曾经对某个公然事实产生过怀疑。在这种情况下如何验证这一点呢？在这种情况下可以执行的检验方法是 t 检验。特别是选定一个样本后，仅对其进行一次测定的情况称为单样本 t 检验。

### 研究问题

有一种电解质饮料，容量标记为 250ml。该电解质饮料的容量是否真的是

250ml，我们共设置 300 个样本进行检验。

在这个问题中，电解质饮料样本被选为自变量。我们想知道的是："选定的这种电解质饮料到底是 250ml 吗？"为了解释和判断分析结果，首先设定一个假设。

原假设和对立假设分别是：

（1）原假设：电解质饮料的容量是 250ml。

（2）对立假设：电解质饮料的容量不是 250ml。

适用于本例的分析方法是单样本 t 检验。这是因为对每个样本仅测量一次以确定假设是否正确。

**步骤1  操作练习（2-2操作练习）**

**步骤2  结果分析**

根据步骤 1 操作完成后，得到的结果见图 2-11。

**单样本统计**

|  | 个案数 | 平均值 | 标准偏差 | 标准误差平均值 |
|---|---|---|---|---|
| 容量 | 300 | 243.65 | 19.826 | 1.145 |

**单样本检验**

|  | t | 自由度 | 检验值=250 | | 差值95%置信区间 | |
|---|---|---|---|---|---|---|
|  |  |  | Sig.（双尾） | 平均值差值 | 下限 | 上限 |
| 容量 | −5.548 | 0.299 | 0.000 | −6.350 | −8.60 | −4.10 |

图 2-11  在 Excel 中存储的单样本 t 检验结果

资料来源：笔者自制。

（1）单样本统计：在"容量"分析中，N 表示样本数。给出了平均值和标准差。

（2）单样本检验：从现在开始，需要应用显著性水平这个概念。显著性水平是根据第一部分中讨论的 p 值判断的。在图 2-11 中，p 值被描述为显著性概率（两侧）。这里，t 值大于 1.96，表明结果显著。

所有条件都满足，所以这个测试是显著的。如果测试结果显著，那么电解质饮料的容量不是 250ml，拒绝原假设。

如果拒绝原假设，并采用"电解质饮料的容量不是 250ml"的对立假设。那么是大于 250ml 还是小于 250ml？则需要参考分析结果中得出的单样本统计中的平均值就可以了。平均值为 243.65，不到 250ml，可以判断该饮料小于250ml。

**步骤3　论文写作**

仅仅用 t 检验不足以写一篇论文。几十年前，通过 t 检验写论文获得学位的情况很多，但最近对于统计学的理解水平逐渐提高，使用软件很容易得出结果，因此研究这些简单概念的差异没有多大意义。取而代之的是使用更高级的统计技术，寻找更有价值的内容。从几年前开始，结构方程模型在论文中被大量使用，正是出于这个原因。统计分析方法不一定要多么复杂，在研究模型相似的情况下也要尝试找到更有意义的结果，深入研究后找到合适的分析方法才有意义。近年来，使用复杂的先进技术成为学术研究的趋势。因此，在本书中，关于 t 检验的论文写作部分将被省略。

## 三、配对样本 t 检验

配对样本 t 检验是指对一个样本进行两次测量（事前—事后测量）后，判断两个测量值之间是否存在差异的分析方法。通常用于判断是否有效。例如，在验证某种产品或药品等是否有效时使用。

### 研究问题

据悉，最近 A 制药公司成功研发了一款具有减肥效果的保健食品。以 100名申请者为样本，调查"服用前 / 服用后"的体重变化，来检验该保健品是否真的具有减肥效果。

在这个问题中，作为独立变量，A 制药公司的保健食品被选为样本。我们想知道的是："该保健品是否真的有减肥效果？"建立一个假设来解释和判断分析的结果，原假设和对立假设分别如下：

（1）原假设：没有减肥效果。

（2）对立假设：有减肥效果（= 体重会减轻）。

符合这个研究问题的分析方法是配对样本 t 检验。原因是对一名保健食品服用对象进行两次测量，即服用前和服用后。

**步骤1　操作练习（2-3操作练习）**

**步骤2　结果分析**

根据步骤 1 操作完成后，得到的结果见图 2-12。

**配对样本统计**

| | | 平均值 | 个案数 | 标准偏差 | 标准误差平均值 |
|---|---|---|---|---|---|
| 配对1 | 服用前 | 72.03 | 100 | 7.367 | 0.737 |
| | 服用后 | 68.41 | 100 | 6.571 | 0.657 |

**配对样本相关性**

| | | 个案数 | 相关性 | 显著性 |
|---|---|---|---|---|
| 配对1 | 服用前和服用后 | 100 | 0.871 | 0.000 |

**配对样本检验**

| | | 配对差值 | | | | | t | 自由度 | Sig.（双尾） |
|---|---|---|---|---|---|---|---|---|---|
| | | 平均值 | 标准偏差 | 标准误差平均值 | 差值95%置信区间 下限 | 差值95%置信区间 上限 | | | |
| 配对1 | 服用前—服用后 | 3.620 | 3.623 | 0.362 | 2.901 | 4.339 | 9.991 | 99 | 0.000 |

**图 2-12　在 Excel 中存储的配对样本 t 检验结果**

资料来源：笔者自制。

（1）配对样本统计：这是对"服用前 / 服用后"的对照分析。N 表示样本数为 100。这里，"平均值"是服用前 / 后样本的平均体重，并给出了标准差。

（2）配对样本相关性：表示服用前 / 服用后样本的相关关系。在这里，确认有 87.1% 的相似度，对应的显著性概率为 0.000。

（3）配对样本检验：从现在开始，需要应用显著性水平这个概念。判断显著性水平的p值是"显著性概率（两侧）"。t值为9.991，当t值大于1.96时可以判断为显著。

所有这些都满足，因此这个检验是有统计学意义的。由于检验结果显著，拒绝"没有减肥效果"的原假设。也就是说，对减重有效果。

拒绝原假设，并采用了对立假设：有减肥效果。所以服用后体重会发生变化。那么具体体重会有什么变化呢？通过确认配对样本统计表中的平均值，服用前平均值为72.03，服用后为68.41。也就是说，与服用前相比，服用后的平均值减少了3.62。

另外，在配对样本t检验中，自由度为N-1，因此为99。

## 步骤3 论文写作

配对样本t检验的结果可以如表2-5所示在论文中表述。

表2-5 配对样本统计

| | | 平均值 | 个案数 | 标准偏差 | 标准误差平均值 | 相关性 | 显著性 |
|---|---|---|---|---|---|---|---|
| 配对 | 服用前 | 72.03 | 100 | 7.367 | 0.737 | 0.871 | 0.000 |
| | 服用后 | 68.41 | 100 | 6.571 | 0.657 | | |

资料来源：笔者自制。

以100个样本为基础进行测量，结果见表2-6。服用前测体重72.03千克，服用后测体重68.41千克。服用前后的差异为3.620，显著性概率为0.000，因此我们拒绝原假设，采用对立假设。所以，可以判断该保健品对控制体重有效果。

表2-6 配对样本检验

| | 配对差值 | | | | | t | 自由度 | Sig.（双尾） |
|---|---|---|---|---|---|---|---|---|
| | 平均值 | 标准偏差 | 标准误差平均值 | 差值95%置信区间 | | | | |
| | | | | 下限 | 上限 | | | |
| 服用前—服用后 | 3.620 | 3.623 | 0.362 | 2.901 | 4.339 | 9.991 | 99 | 0.000 |

资料来源：笔者自制。

Note：什么是自由度？

自由度可以定义为具有自由值变量的数量。变量与常量不同，其值不固定，可以自由成为任何值。

例如，假如有三个变量（A、B、C）。这些变量的平均值是 A、B、C 加起来除以 3 的值。让我们来构造这些变量的平均值为 10 的数的组合。首先，如果自由地确定两个变量值，那么另一个变量将根据前两个变量值固定为特定值，以便平均值取 10。其次，如果预先给出平均值，则其中一个变量为了拟合平均值则失去了自由，此时自由度是"（变量总数）–1"。

## 四、独立样本 t 检验

独立样本 t 检验是对两个样本进行测量和判断的方法，通常用于比较相似或对立的样本。

### 研究问题

比较 A 制造商的碱性电池和 B 制造商的碱性电池的容量。为了进行检验，选择 100 个样本，分别使用不同的电池来驱动相同的电动玩具，并比较其运行时间。

在这个问题中，选择了两个样本作为自变量：A 制造商的碱性电池和 B 制造商的碱性电池。我们想知道的是，"两个厂家的碱性电池的容量有区别吗？"为了解释和判断分析结果，建立一个原假设和一个对立假设。

（1）原假设：制造商之间的电池使用时间没有差异。

（2）对立假设：制造商之间的电池使用时间存在差异。

适合这个问题的分析方法是独立样本 t 检验。原因是生产碱性电池的公司是 A 和 B，所以选择了两种样本（每种样本各 100 个），分别安装在 100 个相同的玩具上，进行了一次实验测试。

**步骤1**　操作练习（2-4操作练习）

**步骤2**　结果分析

根据步骤 1 操作完成后，得到的结果见图 2–13。

**组统计**

| | 制造商 | 个案数 | 平均值 | 标准偏差 | 标准误差平均值 |
|---|---|---|---|---|---|
| 运行时间 | 1 | 100 | 18.35 | 1.572 | 0.157 |
| | 2 | 100 | 16.94 | 1.556 | 0.156 |

**独立样本检验**

| | | 莱文方差等同性检验 | | 平均值等同性t检验 | | | | | | |
|---|---|---|---|---|---|---|---|---|---|---|
| | | F | 显著性 | t | 自由度 | Sig.（双尾） | 平均值差值 | 标准误差差值 | 差值95%置信区间 | |
| | | | | | | | | | 下限 | 上限 |
| 运行时间 | 假定等方差 | 0.748 | 0.388 | 6.374 | 198 | 0.000 | 1.410 | 0.221 | 0.974 | 1.846 |
| | 不假定等方差 | | | 6.374 | 197.978 | 0.000 | 1.410 | 0.221 | 0.974 | 1.846 |

图 2-13　在 Excel 中存储的独立样本 t 检验结果

资料来源：笔者自制。

（1）组统计：制造商 A、B 的样本各 100 个。制造商 A 的电池平均工作时间为 18.35 小时，制造商 B 的电池为 16.94 小时。还可以确认两种电池运行时间的标准偏差和平均标准误差。

（2）独立样本检验：这里要确认显著性概率（显著性水平）。从表中可以看出，"显著性概率"被标记为两种（"F"右侧的 Sig. 和"自由度"的右侧 Sig.），其中"自由度"右侧的 Sig."显著性概率"又分为"假定等方差"和"不假定等方差"两种。

首先要弄清楚方差是否同质，即是否假设了等方差。等方差由 Levene 的 F 检验结果来判断，通过测量 A 制造商和 B 制造商的各 100 个样品，检查这些制造商之间是否等方差。也就是说，确认对不同的对象是否可以进行相互比较。从这个意义来看，"假定等方差"的 F 值为 0.748，显著性概率为 0.388。这大于显著性水平的最小范围 0.05。换言之，应该采用"等方差（方差相同）是对的"原假设。

> **Note：应确定三个显著性水平中的哪一个？**
>
> 在现有的 t 检验中，显著性水平是根据研究问题的结果来判断的，但在独立样本 t 检验中，检验是基于两个样本。在通过"这两个样本真的是可以比较的样本吗？"的假设测试后，对结果进行检验，做出最终判断。例如，如果将 A 公司的电池与 B 公司的饮料进行比较，则无法进行比较，所以判断是否可以进行比较的方差相等是通过 Levene 的 F 检验的结果来判断的。

因此，必须确认"假定等方差"的分析结果。如果 F 值的显著性概率在 0.05 以内，则需要确认"假定方差不相等"的结果值。在本研究中 F 值的显著性概率大于 0.05，所以只需检查"假定方差相等"中的 t 值和显著性概率。这里，t 值为 6.374，t 值的绝对值大于 1.96，因此显著，同时 p 值也在 0.000 的显著性水平范围内。因此，应采用"制造商之间的电池使用时间存在差异"的对立假设。

拒绝原假设，采用"制造商之间的电池使用时间存在差异"的对立假设。那么，差异有多大呢？查看［组统计］表中的平均值，A 制造商的平均使用时间为 18.35，B 制造商的平均使用时间为 16.94。由于 B 制造商的平均使用时间小于 A 制造商，可以判断 A 制造商的电池容量较大。

**步骤3　论文写作**

独立样本 t 检验的结果可以如表 2-7 所示在论文中表述。

表 2-7　A 制造商和 B 制造商的差异对比

| 区分 | 平均值 | | 标准偏差 | | t | p |
|---|---|---|---|---|---|---|
| | A制造商 (n=100) | B制造商 (n=100) | A制造商 | B制造商 | | |
| 运行时间 | 18.35 | 16.94 | 1.572 | 1.556 | 6.374 | 0.000 |

注：* 表示 $p<0.05$、** 表示 $p<0.01$、*** 表示 $p<0.001$
资料来源：笔者自制。

为了比较 A 制造商和 B 制造商之间的碱性电池的工作时间，分别抽样调查了 100 个样本。A 制造商的平均工作时间为 18.35 小时，B 制造商的平均工作时间为 16.94 小时。由于这两组平均差异的显著性水平为 0.000，因此可以判断 A 制造商碱性电池的工作时间和 B 制造商的碱性电池的工作时间存在差异。

# 第四节　方差分析

## 学习目标

（1）理解方差分析的概念，区分与 t 检验的差异；

（2）了解方差分析的种类，并根据情况应用适当的分析方法；

（3）正确解释分析结果，并由此得出结论。

📖 **掌握内容**

（1）方差分析的概念；

（2）方差分析的种类；

（3）事后多重比较；

（4）方差分析的主效应和交互效应。

前面对一个或两个样本的平均值差异的验证使用了 t 检验。但是，当对三个或三个以上样本的平均值进行比较并确定其统计学上的显著性时，则使用方差分析。方差分析也称为 ANOVA（Analysis of Variance）分析。

与 t 检验一样，自变量应由名义尺度组成，因变量应由等距尺度或比率尺度组成。

ANOVA 分为单变量方差分析和多变量方差分析。单变量方差分析根据自变量的个数分为单因素方差分析、双因素方差分析、多因素方差分析。多变量方差分析称为 MANOVA（Multivariate Analysis of Variance）分析。方差分析的具体分类见表 2-8 所示。

表 2-8　方差分析的种类

| 区分 | 名称 | | 自变量个数 | 因变量个数 |
|---|---|---|---|---|
| 单变量方差分析 | 单因素方差分析 | One-way ANOVA | 一个 | 一个 |
| | 双因素方差分析 | Two-way ANOVA | 两个 | |
| | 多因素方差分析 | Multi-way ANOVA | 三个及以上 | |
| 多变量方差分析 | — | MANOVA | 一个及以上 | 两个及以上 |

资料来源：贾俊平，何晓群，金勇进.统计学（第 7 版）[M].北京：中国人民大学出版社，2018.

## 一、单因素方差分析

单因素方差分析（One-way ANOVA）是对三个或更多样本存在一个自变量时，比较组间因变量平均差异的分析方法。

**研究问题**

在国内网购电商平台中，对苏宁易购、天猫、淘宝、拼多多、京东的顾客进行了满意度调查。了解消费者对各电商平台的满意度是否存在差异（这个研究问题不是为了实际研究设计的，而是为了方便我们练习设定的）。在这个问题中，应以"电商平台（名义尺度）"作为自变量，以"消费者满意度评价（等距尺度）"作为因变量，进行单因素方差分析。原假设和对立假设分别如下：

- 原假设：各个电商平台的消费者满意度相同。
- 对立假设：各个电商平台的消费者满意度不同。

**步骤1　操作练习（2-5操作练习）**

**步骤2　结果分析**

根据步骤 1 操作完成后，得到的结果见图 2–14。

1. 单因素方差分析

（1）描述：显示每组的样本数（N）、平均值、标准偏差、标准误差、最大值和最小值以及置信区间的上限和下限。

（2）方差齐性检验：Levene 的统计量表明该组是否是同质的。这里，它没有超过 1.96，p 值也不在 0.05 以内，所以判断为同质的（参见第二章第三节，独立样本 t 检验）。

（3）ANOVA：

1）平方和（sum of square）：把平均和偏差平方后加起来的值。

---

Note：为什么在ANOVA分析后进行事后比较。

与 t 检验不同，ANOVA 是在存在三个或更多样本时执行的分析。适用于两个样本的 t 检验中，可以直接比较两个群体。但对三组或更多组的 ANOVA 可以确认样本之间是否存在差异，但无法确认样本之间的具体差异。即在对 A、B、C 三个组进行 ANOVA 分析时，即使确认它们之间存在差异，也无法确认 A-B、A-C 和 B-C 之间的差异。此时进行事后比较，则可以检查组间差异是否显著，从而获得更准确的结果。

2）df（degree of freedom）：自由度。

**描述**

满意度

| | 个案数 | 平均值 | 标准偏差 | 标准错误 | 平均值的95%置信区间 | | 最小值 | 最大值 |
|---|---|---|---|---|---|---|---|---|
| | | | | | 下限 | 上限 | | |
| 苏宁易购 | 8 | 2.63 | 1.061 | 0.375 | 1.74 | 3.51 | 1 | 4 |
| 天猫 | 34 | 3.68 | 0.976 | 0.167 | 3.34 | 4.02 | 2 | 5 |
| 淘宝 | 51 | 3.71 | 0.855 | 0.120 | 3.47 | 3.95 | 2 | 5 |
| 拼多多 | 74 | 3.58 | 1.073 | 0.125 | 3.33 | 3.83 | 1 | 5 |
| 京东 | 13 | 4.54 | 0.519 | 0.144 | 4.22 | 4.85 | 4 | 5 |
| 总计 | 180 | 3.66 | 1.009 | 0.075 | 3.51 | 3.81 | 1 | 5 |

**方差齐性检验**

| | | 莱文统计 | 自由度1 | 自由度2 | 显著性 |
|---|---|---|---|---|---|
| 满意度 | 基于平均值 | 1.888 | 4 | 175 | 0.115 |
| | 基于中位数 | 0.593 | 4 | 175 | 0.668 |
| | 基于中位数并具有调整后自由度 | 0.593 | 4 | 160.239 | 0.668 |
| | 基于剪除后平均值 | 1.644 | 4 | 175 | 0.165 |

**ANOVA**

满意度

| | 平方和 | 自由度 | 均方 | F | 显著性 |
|---|---|---|---|---|---|
| 组间 | 19.179 | 4 | 4.795 | 5.143 | 0.001 |
| 组内 | 163.149 | 175 | 0.932 | | |
| 总计 | 182.328 | 179 | | | |

**图 2-14　在 Excel 中存储的单因素方差分析结果**

资料来源：笔者自制。

3）均方：将组间平方和与组内平方和表示为方差的值。

4）F=$\dfrac{组间均方}{组内均方}$

该值绝对不可能为负值（－），如果组内和组间的方差相同，则 F=1。如果大于 1，则组间均值没有差异，因此拒绝原假设。

5）显著性概率：p(p-value)。

2. 事后检验

事后检验的分析结果见图 2-15。

**事后检验**

多重比较

因变量：满意度

雪费

| (I)电商平台 | (J)电商平台 | 平均值差值 (I-J) | 标准错误 | 显著性 | 95%置信区间 | |
|---|---|---|---|---|---|---|
| | | | | | 下限 | 上限 |
| 苏宁易购 | 天猫 | −1.051 | 0.379 | 0.109 | −2.23 | 0.13 |
| | 淘宝 | −1.081 | 0.367 | 0.075 | −2.22 | 0.06 |
| | 拼多多 | −0.956 | 0.359 | 0.137 | −2.07 | 0.16 |
| | 京东 | −1.913* | 0.434 | 0.001 | −3.26 | −0.56 |
| 天猫 | 苏宁易购 | 1.051 | 0.379 | 0.109 | −0.13 | 2.23 |
| | 淘宝 | −0.029 | 0.214 | 1.000 | −0.69 | 0.64 |
| | 拼多多 | 0.095 | 0.200 | 0.994 | −0.53 | 0.72 |
| | 京东 | −0.862 | 0.315 | 0.117 | −1.84 | 0.12 |
| 淘宝 | 苏宁易购 | 1.081 | 0.367 | 0.075 | −0.06 | 2.22 |
| | 天猫 | 0.029 | 0.214 | 1.000 | −0.64 | 0.69 |
| | 拼多多 | 0.125 | 0.176 | 0.973 | −0.42 | 0.67 |
| | 京东 | −0.833 | 0.300 | 0.108 | −1.77 | 0.10 |
| 拼多多 | 苏宁易购 | 0.956 | 0.359 | 0.137 | −0.16 | 2.07 |
| | 天猫 | −0.095 | 0.200 | 0.994 | −0.72 | 0.53 |
| | 淘宝 | −0.125 | 0.176 | 0.973 | −0.67 | 0.42 |
| | 京东 | −0.957* | 0.290 | 0.031 | −1.86 | −0.05 |
| 京东 | 苏宁易购 | 1.913* | 0.434 | 0.001 | 0.56 | 3.26 |
| | 天猫 | 0.862 | 0.315 | 0.117 | −0.12 | 1.84 |
| | 淘宝 | 0.833 | 0.300 | 0.108 | −0.10 | 1.77 |
| | 拼多多 | 0.957* | 0.290 | 0.031 | 0.05 | 1.86 |

注：* 表示平均值差值的显著性水平为 0.05。

**图 2-15　在 Excel 中存储的单因素方差分析事后检验结果**

资料来源：笔者自制。

> Note：事后比较的方法：LSD、邓肯（Duncan）、邓尼特（Dunnett）、图基（Tukey）、图基s-b（Tukeys-b）、雪费（Scheffe）。
>
> 在［方差齐性检验］表中，通过确认 Levene 的统计量和显著性概率，采用"组间没有差异"的原假设，在［ANOVA］表中确认组间在显著性水平范围内，通过事后比较确认具体差异时，有时会出现分析结果不在显著性水平范围内的情况。这时，用 LSD、邓肯（Duncan）、邓尼特（Dunnett）、图基（Tukey）、图基 s-b（Tukeys-b）、雪费（Scheffe）等多种方法进行分析，就会发现明显的差异。由于这些分析方法在发现组间差异的特异性和细节方面存在差异，即使对于相同的数据，根据分析方法的不同，也可能会出现不同的结果。

（1）多重比较：苏宁易购和京东之间的满意度存在差异的显著性概率为0.001，拼多多和京东的满意之间存在差异的显著性概率为0.031。通过查看［多重比较］表底部的"平均差 (I-J)"，可以看到京东减去其他电商平台的满意度的结果都是正数。因此可以判断出对京东的满意度是最高的。存储的单因素方差分析齐性子集的分析结果见图 2-16。

**齐性子集**

**满意度**

雪费[a,b]

| 电商平台 | 个案数 | Alpha的子集=0.05 | |
|---|---|---|---|
| | | 1 | 2 |
| 苏宁易购 | 8 | 2.63 | |
| 拼多多 | 74 | 3.58 | 3.58 |
| 天猫 | 34 | | 3.68 |
| 淘宝 | 51 | | 3.71 |
| 京东 | 13 | | 4.54 |
| 显著性 | | 0.059 | 0.058 |

注：将显示齐性子集中各个组的平均值。a. 使用调和平均值样本大小 = 18.907；
b. 组大小不相等。使用了组大小的调和平均值。无法保证 I 类误差级别。

**图 2-16　在 Excel 中存储的单因素方差分析齐性子集**

资料来源：笔者自制。

（2）满意度：虽然可以通过假定等方差认为是同一个群体，但实际上是一个可以进行详细对比的群体（电商平台）表格。在显著性水平为 0.05 的条件下的子集被分为 1 和 2。这里的每个数值意味着满意度的平均值。

## 步骤3　论文写作

为了体现样本的基本特征，需要展示描述统计的部分见表 2-9。

表 2-9　方差齐性检验

| 莱文统计 | 自由度1 | 自由度2 | 显著性 |
| --- | --- | --- | --- |
| 1.888 | 4 | 175 | 0.115 |

资料来源：笔者自制。

在表 2-9 中，显著性概率为 0.115，超过 0.05。换句话说，这意味着存在同质性，可以对此数据进行组间方差分析。

在表 2-10 中，显著性概率为 0.001。这意味着，通过调查和比较电商平台样本之间的满意度，它们之间存在差异。

表 2-10　单因素方差分析

| | 平方和 | 自由度 | 均方 | F | 显著性 |
| --- | --- | --- | --- | --- | --- |
| 组间 | 19.179 | 4 | 4.795 | | |
| 组内 | 163.149 | 175 | 0.932 | 5.143 | 0.001 |
| 总计 | 182.328 | 179 | | | |

资料来源：笔者自制。

在表 2-11 中，电商平台样本之间的满意度存在差异。对此，通过事后多重比较，确认存在哪些差异，结果显示，在京东—拼多多、京东—苏宁易购之间的显著性水平都在 0.05 以下，因此可以确认这两组之间存在差异。

表 2-11　事后多重比较——雪费

| (I)电商平台 | | 平均值差值 (I-J) | 标准错误 | 显著性 | 95%置信区间 | |
| --- | --- | --- | --- | --- | --- | --- |
| | | | | | 下限 | 上限 |
| 苏宁易购 | 天猫 | −1.051 | 0.379 | 0.109 | −2.23 | 0.13 |
| | 淘宝 | −1.081 | 0.367 | 0.075 | −2.22 | 0.06 |
| | 拼多多 | −0.956 | 0.359 | 0.137 | −2.07 | 0.16 |
| | 京东 | −1.913* | 0.434 | 0.001 | −3.26 | −0.56 |
| 天猫 | 苏宁易购 | 1.051 | 0.379 | 0.109 | −0.13 | 2.23 |
| | 淘宝 | −0.029 | 0.214 | 1.000 | −0.69 | 0.64 |
| | 拼多多 | 0.095 | 0.200 | 0.994 | −0.53 | 0.72 |
| | 京东 | −0.862 | 0.315 | 0.117 | −1.84 | 0.12 |

| (I)电商平台 | | 平均值差值(I-J) | 标准错误 | 显著性 | 95%置信区间 | |
|---|---|---|---|---|---|---|
| | | | | | 下限 | 上限 |
| 淘宝 | 苏宁易购 | 1.081 | 0.367 | 0.075 | −0.06 | 2.22 |
| | 天猫 | 0.029 | 0.214 | 1.000 | −0.64 | 0.69 |
| | 拼多多 | 0.125 | 0.176 | 0.973 | −0.42 | 0.67 |
| | 京东 | −0.833 | 0.300 | 0.108 | −1.77 | 0.10 |
| 拼多多 | 苏宁易购 | 0.956 | 0.359 | 0.137 | −0.16 | 2.07 |
| | 天猫 | −0.095 | 0.200 | 0.994 | −0.72 | 0.53 |
| | 淘宝 | −0.125 | 0.176 | 0.973 | −0.67 | 0.42 |
| | 京东 | −0.957* | 0.290 | 0.031 | −1.86 | −0.05 |
| 京东 | 苏宁易购 | 1.913* | 0.434 | 0.001 | 0.56 | 3.26 |
| | 天猫 | 0.862 | 0.315 | 0.117 | −0.12 | 1.84 |
| | 淘宝 | 0.833 | 0.300 | 0.108 | −0.10 | 1.77 |
| | 拼多多 | 0.957* | 0.290 | 0.031 | 0.05 | 1.86 |

注：* 表示平均值差值的显著性水平为 0.05。

资料来源：笔者自制。

## 二、双因素方差分析

双因素方差分析（Two-way ANOVA）适用于存在两个自变量的情况，比较组间因变量的平均差异的方法。根据两个自变量之间的关系，双因素方差分析可以分为两类。

（1）主效应双因素方差分析：分别检验各个自变量对因变量的影响。

（2）交互效应双因素方差分析：检验自变量相互关联时对因变量的影响。

为了执行上述两种方差分析，我们按区域分析最近处于市场饱和状态的奶茶店的销售额，并根据有无提供座位分别分析经营状况。

### （一）主效应双因素方差分析

**研究问题**

以年轻人经常光顾的北京"王府井、西单、国贸"为中心划分商圈，将位于各商圈的奶茶店的座位状态分为"有座位 / 无座位 / 露天"，调查这些因素分别对销售额有何影响。

在这个问题中，将奶茶店分为三个商圈（名义尺度）：王府井、西单、国贸；将奶茶店按照座位状态分为有座位/无座位/露天（名义尺度），并设置为自变量。为了了解这些自变量对销售额的影响，将销售额（比率尺度）设置为因变量，进行双因素方差分析。

原假设和对立假设如下：

（1）原假设 1：根据商圈的位置，销售额没有差异。

（2）对立假设 1：根据商圈的位置，销售额有差异。

（3）原假设 2：根据座位的状态，销售额没有差异。

（4）对立假设 2：根据座位的状态，销售额有差异。

因为有两个自变量，所以原假设设定为两个，因此对立假设也设定为两个。

**步骤1**  操作练习（2-6操作练习）

**步骤2**  结果分析

根据步骤 1 操作完成后，得到的结果见图 2–17。

**多重比较**

因变量：销售额

雪费

| (I)座位状态 | (J)座位状态 | 平均值差值 (I-J) | 标准误差 | 显著性 | 95%置信区间 | |
|---|---|---|---|---|---|---|
| | | | | | 下限 | 上限 |
| 有座位 | 无座位 | 4.36* | 0.403 | 0.000 | 3.36 | 5.35 |
| | 露天 | 6.50* | 0.423 | 0.000 | 5.45 | 7.55 |
| 无座位 | 有座位 | -4.36* | 0.403 | 0.000 | -5.35 | -3.36 |
| | 露天 | 2.14* | 0.403 | 0.000 | 1.15 | 3.14 |
| 露天 | 有座位 | -6.50* | 0.423 | 0.000 | -7.55 | -5.45 |
| | 无座位 | -2.14* | 0.403 | 0.000 | -3.14 | -1.15 |

注：基于实测平均值。误差项是均方（误差）=4.296；* 表示平均值差值的显著性水平为 0.05。

**图 2–17  在 Excel 中存储的主效应双因素方差分析事后比较结果**

**位置**

**多重比较**

因变量：销售额

雪费

| (I)位置 | (J)位置 | 平均值差值<br>(I-J) | 标准误差 | 显著性 | 95%置信区间 | |
|---|---|---|---|---|---|---|
| | | | | | 下限 | 上限 |
| 王府井 | 西单 | 4.25* | 0.366 | 0.000 | 3.34 | 5.15 |
| | 国贸 | 2.70* | 0.481 | 0.000 | 1.51 | 3.89 |
| 西单 | 王府井 | -4.25* | 0.366 | 0.000 | -5.15 | -3.34 |
| | 国贸 | -1.55* | 0.496 | 0.009 | -2.77 | -0.32 |
| 国贸 | 王府井 | -2.70* | 0.481 | 0.000 | -3.89 | -1.51 |
| | 西单 | 1.55* | 0.496 | 0.009 | 0.32 | 2.77 |

注：基于实测平均值。误差项是均方（误差）=4.296；* 表示平均值差值的显著性水平为 0.05。

**齐性子集**

**销售额**

雪费[a, b, c]

| 座位状态 | 个案数 | 子集 | | |
|---|---|---|---|---|
| | | 1 | 2 | 3 |
| 露天 | 48 | 4.69 | | |
| 无座位 | 59 | | 6.83 | |
| 有座位 | 48 | | | 11.19 |
| 显著性 | | 1.000 | 1.000 | 1.000 |

注：将显示齐性子集中各个组的平均值。基于实测平均值。误差项是均方（误差）=4.296；
a. 使用调和平均值样本大小 =51.181；b. 组大小不相等。使用了组大小的调和平均值。无法保证
Ⅰ类误差级别；c. Alpha=0.05。

**齐性子集**

**销售额**

雪费[a, b, c]

| 位置 | 个案数 | 子集 | | |
|---|---|---|---|---|
| | | 1 | 2 | 3 |
| 西单 | 58 | 5.29 | | |
| 国贸 | 25 | | 6.84 | |
| 王府井 | 72 | | | 9.54 |
| 显著性 | | 1.000 | 1.000 | 1.000 |

注：将显示齐性子集中各个组的平均值。基于实测平均值。误差项是均方（误差）=4.296；
a. 使用调和平均值样本大小 =42.176；b. 组大小不相等。使用了组大小的调和平均值。无法保证
Ⅰ类误差级别；c. Alpha=0.05。

图 2-17 在 Excel 中存储的主效应双因素方差分析事后比较结果（续）

资料来源：笔者自制。

Note: 事后比较一定要在方差分析之后进行吗?

　　在本书中,为了帮助大家理解为什么要进行事后比较,进行了两次分析。进行完方差分析后能够确认样本之间存在差异,但基于弄明白样本之间存在怎样的差异的目的,只有在得到存在差异的结果时,事后比较才有意义。在实际分析中,在实施方差分析的同时进行事后比较的情况也很多。

　　(1)多重比较:首先要确认显著性概率。"座位状态"中,所有情况都是 p=0.000,在显著性水平范围内,在"商圈位置"中只有"国贸"和"西单"p=0.009,其余均为 p=0.000,在显著性水平内,拒绝原假设。因此,可以判断为:"根据座位的状态和商圈位置,销售额存在差异。"并通过检查平均值差值(I-J)来判断彼此之间销售额的差异。

　　(2)销售额:这个表格将可以进行比较的组(商圈位置)进行了详细区分。在显著性水平为 0.05 的条件下的子集被分为 1、2、3。这里的每个数值意味着销售额的平均值。

## (二)交互效应双因素方差分析

　　在仅考虑主效应方差分析的情况下,只分析了奶茶店"座位状态"和"商圈位置"这两个变量的销售情况。如果是这样,您可能会想,"座位状态和商圈位置会同时影响销售额吗"? 这样同时考虑两个自变量相互作用效果的方差分析是"交互效应双因素方差分析"。

**研究问题**

　　以年轻人经常光顾的北京"王府井、西单、国贸"为中心划分商圈,将位于各商圈的奶茶店的座位状态分为"有座位 / 无座位 / 露天",让我们调查一下这些因素综合起来对销售额有什么影响。

　　在这个问题中,将奶茶店分为三个商圈(名义尺度):王府井、西单、国贸;将奶茶店按照座位状态分为有座位 / 无座位 / 露天(名义尺度)并设置为自变量。为了了解这些自变量对销售额的影响,将销售额(比率尺度)设置为因变量,进行双因素方差分析。根据座位状态和商圈位置来确认销售额有无差异的过程是相同的,同时还要确认座位状态和商圈位置相互作用产生的交互效果。

　　原假设和对立假设如下:

（1）原假设1：根据商圈的位置，销售额没有差异。

（2）对立假设1：根据商圈的位置，销售额有差异。

（3）原假设2：根据座位的状态，销售额没有差异。

（4）对立假设2：根据座位的状态，销售额有差异。

（5）原假设3：商圈位置和座位状态相互作用下，销售额没有差异。

（6）对立假设3：商圈位置和座位状态相互作用下，销售额有差异。

由于有两个自变量，因此原假设也设置为两个，相应的对立假设也被设定为两个。此外，还要确认两个自变量相互作用产生的影响，因此假设共有三个。

在上述三个假设中，假设1和假设2是主效应双因素方差分析，这里，我们将确认假设3。

步骤1　操作练习（2-7操作练习）

步骤2　结果分析

1. 单变量方差分析

存储的交互效应和双因素方差分析的事后比较结果①见图2-18。

**主体间因子**

|  |  | 值标签 | 个案数 |
|---|---|---|---|
| 座位状态 | 1 | 有座位 | 48 |
|  | 2 | 无座位 | 59 |
|  | 3 | 露天 | 48 |
| 位置 | 1 | 王府井 | 72 |
|  | 2 | 西单 | 58 |
|  | 3 | 国贸 | 25 |

图2-18　在Excel中存储的交互效应和双因素方差分析的事后比较结果①

**描述统计**

因变量：销售额

| 座位状态 | 位置 | 平均值 | 标准偏差 | 个案数 |
|---|---|---|---|---|
| 有座位 | 王府井 | 14.37 | 1.418 | 27 |
| | 西单 | 6.13 | 1.258 | 16 |
| | 国贸 | 10.20 | 4.658 | 5 |
| | 总计 | 11.19 | 4.256 | 48 |
| 无座位 | 王府井 | 7.58 | 1.060 | 24 |
| | 西单 | 5.87 | 0.992 | 24 |
| | 国贸 | 7.27 | 1.421 | 11 |
| | 总计 | 6.83 | 1.354 | 59 |
| 露天 | 王府井 | 5.57 | 1.660 | 21 |
| | 西单 | 3.78 | 1.517 | 18 |
| | 国贸 | 4.44 | 1.740 | 9 |
| | 总计 | 4.69 | 1.788 | 48 |
| 总计 | 王府井 | 9.54 | 4.087 | 72 |
| | 西单 | 5.29 | 1.601 | 58 |
| | 国贸 | 6.84 | 3.171 | 25 |
| | 总计 | 7.52 | 3.751 | 155 |

**主体间效应检验**

因变量：销售额

| 源 | III 类平方和 | 自由度 | 均方 | F | 显著性 |
|---|---|---|---|---|---|
| 修正模型 | 1816.747[a] | 8 | 227.093 | 94.740 | 0.000 |
| 截距 | 6182.058 | 1 | 6182.058 | 2579.077 | 0.000 |
| 座位状态 | 556.008 | 2 | 278.004 | 115.980 | 0.000 |
| 位置 | 482.816 | 2 | 241.408 | 100.712 | 0.000 |
| 座位状态*位置 | 294.509 | 4 | 73.627 | 30.716 | 0.000 |
| 误差 | 349.963 | 146 | 2.397 | | |
| 总计 | 10923.000 | 155 | | | |
| 修正后总计 | 2166.710 | 154 | | | |

注：a. $R^2$=0.838（调整后 $R^2$=0.830）。

图 2-18　在 Excel 中存储的交互效应和双因素方差分析的事后比较结果①（续）

资料来源：笔者自制。

　　"主体间因子""描述统计"与主效应双因素方差分析相同。不同之处在于[主体间效应检验]表格中还包含一条"座位状态＊位置"的信息。我们要确认的交互效果是："商圈位置和座位状态相互作用，对销售额有影响吗？"F 值为 30.716，p=0.000，在显著性水平内。因此，拒绝原假设，可以得出"座位状态＊位置"的交互效果会影响销售额，存储的交互效应和双因素方差分析的事后比较分析结果②见图 2-19。

**估算边际平均值**

**1.座位状态**

因变量：销售额

| 座位状态 | 平均值 | 标准误差 | 95%置信区间 | |
|---|---|---|---|---|
| | | | 下限 | 上限 |
| 有座位 | 10.232 | 0.282 | 9.674 | 10.790 |
| 无座位 | 6.910 | 0.215 | 6.485 | 7.336 |
| 露天 | 4.598 | 0.239 | 4.126 | 5.070 |

**2.位置**

因变量：销售额

| 位置 | 平均值 | 标准误差 | 95%置信区间 | |
|---|---|---|---|---|
| | | | 下限 | 上限 |
| 王府井 | 9.175 | 0.183 | 8.813 | 9.538 |
| 西单 | 5.259 | 0.206 | 4.852 | 5.667 |
| 国贸 | 7.306 | 0.327 | 6.659 | 7.952 |

**3.位置＊座位状态**

因变量：销售额

| 位置 | 座位状态 | 平均值 | 标准误差 | 95%置信区间 | |
|---|---|---|---|---|---|
| | | | | 下限 | 上限 |
| 王府井 | 有座位 | 14.370 | 0.298 | 13.782 | 14.959 |
| | 无座位 | 7.583 | 0.316 | 6.959 | 8.208 |
| | 露天 | 5.571 | 0.338 | 4.904 | 6.239 |
| 西单 | 有座位 | 6.125 | 0.387 | 5.360 | 6.890 |
| | 无座位 | 5.875 | 0.316 | 5.250 | 6.500 |
| | 露天 | 3.778 | 0.365 | 3.057 | 4.499 |
| 国贸 | 有座位 | 10.200 | 0.692 | 8.832 | 11.568 |
| | 无座位 | 7.273 | 0.467 | 6.350 | 8.195 |
| | 露天 | 4.444 | 0.516 | 3.425 | 5.464 |

**图 2-19　在 Excel 中存储的交互效应和双因素方差分析的事后比较结果②**

资料来源：笔者自制。

## 2.估算边际平均值

给出了在自变量（座位的状态和商圈位置）的每种情况下因变量（销售额）的平均值和标准误差。在"位置＊座位状态"中，根据位置和座位状态，分别给出了详细的平均值和标准误差，存储的交互效应和双因素方差分析的事后比较结果③分析见图2-20。

**事后检验**

**座位状态**

**多重比较**

因变量：销售额

雪费

| (I)座位状态 | (J)座位状态 | 平均值差值 (I-J) | 标准误差 | 显著性 | 95%置信区间 | |
| --- | --- | --- | --- | --- | --- | --- |
| | | | | | 下限 | 上限 |
| 有座位 | 无座位 | 4.36* | 0.301 | 0.000 | 3.61 | 5.10 |
| | 露天 | 6.50* | 0.316 | 0.000 | 5.72 | 7.28 |
| 无座位 | 有座位 | −4.36* | 0.301 | 0.000 | −5.10 | −3.61 |
| | 露天 | 2.14* | 0.301 | 0.000 | 1.40 | 2.89 |
| 露天 | 有座位 | −6.50* | 0.316 | 0.000 | −7.28 | −5.72 |
| | 无座位 | −2.14* | 0.301 | 0.000 | −2.89 | −1.40 |

注：基于实测平均值。误差项是均方（误差）=2.397；* 表示平均值差值的显著性水平为 0.05。

**位置**

**多重比较**

因变量：销售额

雪费

| (I)位置 | (J)位置 | 平均值差值 (I-J) | 标准误差 | 显著性 | 95%置信区间 | |
| --- | --- | --- | --- | --- | --- | --- |
| | | | | | 下限 | 上限 |
| 王府井 | 西单 | 4.25* | 0.366 | 0.000 | 3.34 | 5.15 |
| | 国贸 | 2.70* | 0.481 | 0.000 | 1.51 | 3.89 |
| 西单 | 王府井 | −4.25* | 0.366 | 0.000 | −5.15 | −3.34 |
| | 国贸 | −1.55* | 0.496 | 0.009 | −2.77 | −0.32 |
| 国贸 | 王府井 | −2.70* | 0.481 | 0.000 | −3.89 | −1.51 |
| | 西单 | 1.55* | 0.496 | 0.009 | 0.32 | 2.77 |

注：基于实测平均值。误差项是均方（误差）=4.296；* 表示平均值差值的显著性水平为 0.05。

图 2-20 在 Excel 中存储的交互效应和双因素方差分析的事后比较结果③

资料来源：笔者自制。

## 3. 事后检验

首先要确认 [ 多重比较 ] 表的显著性概率。所有情况都在显著性水平范围内,拒绝原假设。因此,可以判断为:"根据座位的状态和商圈位置,销售额存在差异。"如果拒绝原假设,要确认彼此之间的销售额差异时,这时查看 [ 多重比较 ] 表中的平均值差值 ( I-J ) ,存储的交互效应和双因素方差分析的事后比较结果④分析见图 2-21。

**齐性子集**

**销售额**

雪费[a、b、c]

| 座位状态 | 个案数 | 子集 | | |
|---|---|---|---|---|
| | | 1 | 2 | 3 |
| 露天 | 48 | 4.69 | | |
| 无座位 | 59 | | 6.83 | |
| 有座位 | 48 | | | 11.19 |
| 显著性 | | 1.000 | 1.000 | 1.000 |

注:将显示齐性子集中各个组的平均值。基于实测平均值。误差项是均方 ( 误差 ) =2.397 ;
a. 使用调和平均值样本大小 =51.181 ; b. 组大小不相等。使用了组大小的调和平均值。无法保证
I 类误差级别; c. Alpha=0.05。

**齐性子集**

**销售额**

雪费[a、b、c]

| 位置 | 个案数 | 子集 | | |
|---|---|---|---|---|
| | | 1 | 2 | 3 |
| 西单 | 58 | 5.29 | | |
| 国贸 | 25 | | 6.84 | |
| 王府井 | 72 | | | 9.54 |
| 显著性 | | 1.000 | 1.000 | 1.000 |

注:将显示齐性子集中各个组的平均值。基于实测平均值。误差项是均方 ( 误差 ) =2.397 ;
a. 使用调和平均值样本大小 =42.176 ; b. 组大小不相等。使用了组大小的调和平均值。无法保证
I 类误差级别; c. Alpha=0.05。

**图 2-21　在 Excel 中存储的交互效应和双因素方差分析的事后比较结果④**

资料来源:笔者自制。

## 4. 齐性子集

[ 销售额 ]:这个表格将可以进行比较的组 ( 座位状态或商圈位置 ) 进行了详细区分。在显著性水平为 0.05 的条件下的子集被分为 1、2、3。这里的每个数值

意味着销售额的平均值。

**步骤3　论文写作**

　　最近主要以交互效应的分析结果为基础撰写论文。在输出结果中可以确认各种表格，在描述论文时首先要确认的表格是表 2-12。通过该表可以判断"座位状态、位置、座位状态 * 位置"对销售额影响的显著性。在事后比较的［座位状态多重比较］表和［位置多重比较］表中，可以确认样本之间具体的差异。因此应该在此基础上进行描述。作为参考，描述性统计的表现方式与之前相同，表 2-12、表 2-13、表 2-14 为相关分析结果。

表 2-12　主体间效应检验

| 源 | Ⅲ类平方和 | 自由度 | 均方 | F | 显著性 |
|---|---|---|---|---|---|
| 修正模型 | 1816.747[a] | 8 | 227.093 | 94.740 | 0.000 |
| 截距 | 6182.058 | 1 | 6182.058 | 2579.077 | 0.000 |
| 座位状态 | 556.008 | 2 | 278.004 | 115.980 | 0.000 |
| 位置 | 482.816 | 2 | 241.408 | 100.712 | 0.000 |
| 座位状态*位置 | 294.509 | 4 | 73.627 | 30.716 | 0.000 |
| 误差 | 349.963 | 146 | 2.397 | | |
| 总计 | 10923.000 | 155 | | | |
| 修正后总计 | 2166.710 | 154 | | | |

注：a. $R^2$=0.838（调整后 $R^2$=0.830）。

资料来源：笔者自制。

表 2-13　座位状态多重比较

| (I)座位状态 | | 平均值差值 (I-J) | 标准误差 | 显著性 | 95%置信区间 | |
|---|---|---|---|---|---|---|
| | | | | | 下限 | 上限 |
| 有座位 | 无座位 | 4.36* | 0.403 | 0.000 | 3.36 | 5.35 |
| | 露天 | 6.50* | 0.423 | 0.000 | 5.45 | 7.55 |
| 无座位 | 有座位 | -4.36* | 0.403 | 0.000 | -5.35 | -3.36 |
| | 露天 | 2.14* | 0.403 | 0.000 | 1.15 | 3.14 |
| 露天 | 有座位 | -6.50* | 0.423 | 0.000 | -7.55 | -5.45 |
| | 无座位 | -2.14* | 0.403 | 0.000 | -3.14 | -1.15 |

注：* 表示平均值差值的显著性水平为 0.05。

资料来源：笔者自制。

表 2-14　位置多重比较

| (I)位置 | | 平均值差值(I-J) | 标准误差 | 显著性 | 95%置信区间 | |
|---|---|---|---|---|---|---|
| | | | | | 下限 | 上限 |
| 王府井 | 西单 | 4.25* | 0.366 | 0.000 | 3.34 | 5.15 |
| | 国贸 | 2.70* | 0.481 | 0.000 | 1.51 | 3.89 |
| 西单 | 王府井 | −4.25* | 0.366 | 0.000 | −5.15 | −3.34 |
| | 国贸 | −1.55* | 0.496 | 0.009 | −2.77 | −0.32 |
| 国贸 | 王府井 | −2.70* | 0.481 | 0.000 | −3.89 | −1.51 |
| | 西单 | 1.55* | 0.496 | 0.009 | 0.32 | 2.77 |

资料来源：笔者自制。

## 三、多元方差分析

多变量方差分析（MANOVA）是当存在两个或多个因变量时，比较组间变量平均差异的分析方法。

### 研究问题

以"王府井、西单、国贸"为中心划分商圈，将位于各商圈的奶茶店的座位状态分为"座位有/无/露天"，调查这些因素是否影响销售额和重访率。

在这个问题中，两个自变量是"座位状态"和"商圈位置"，两个因变量是"销售额"和"重访率"。当有两个或多个因变量时，使用多变量方差分析。

原假设和对立假设分别如下：

（1）原假设1：根据商圈位置，销售额没有差异。

（2）对立假设1：根据商圈位置，销售额有差异

（3）原假设2：根据座位的状态，销售额没有差异。

（4）对立假设2：根据座位的状态，销售额有差异。

（5）原假设3：根据商圈位置，重访率没有差异。

（6）对立假设3：根据商圈位置，重访率有差异。

（7）原假设4：根据座位的状态，重访率没有差异。

（8）对立假设4：根据座位的状态，重访率有差异。

（9）原假设5：商圈位置和座位状态相互作用下，销售额没有差异。

（10）对立假设 5：商圈位置和座位状态相互作用下，销售额有差异。

（11）原假设 6：商圈位置和座位状态相互作用下，重访率没有差异。

（12）对立假设 6：商圈位置和座位状态相互作用下，重访率有差异。

**步骤1** 操作练习（2-8操作练习）

**步骤2** 结果分析

根据步骤 1 操作完成后，得到的结果见图 2-22。

（1）主体间因子：在问卷调查中，"座位状态"和"位置"分别以 1、2、3 的形式进行回答，但值标签窗口我们进行了设置，所以在这里会显示出来。其中 N 是样本的个数。

（2）描述统计：对"销售额"和"重访率"的回答按座位状态和商圈位置进行了划分，显示了回答的平均值和标准偏差，以及受访者的样本数（N）。

（3）协方差矩阵的博克斯等同性检验：指检验组间协方差矩阵是否相同。样本服从正态分布很重要，如果样本数量足够多，并且各样本组之间的 N 值差异不大，即使不深入确认［博克斯等同性检验］表也无大碍。表格脚注中的"检验'各个组的因变量实测协方差矩阵相等'这一原假设"，是指因变量的协方差矩阵相同。也就是说，拒绝因变量的协方差矩阵相同的原假设。具体分析结果见图 2-23。

**主体间因子**

|  |  | 值标签 | 个案数 |
|---|---|---|---|
| 座位状态 | 1 | 有座位 | 48 |
|  | 2 | 无座位 | 59 |
|  | 3 | 露天 | 48 |
| 商圈位置 | 1 | 王府井 | 72 |
|  | 2 | 西单 | 58 |
|  | 3 | 国贸 | 25 |

图 2-22　存储在 Excel 中的多变量方差分析结果①

**描述统计**

| | 座位状态 | 商圈位置 | 平均值 | 标准偏差 | 个案数 |
|---|---|---|---|---|---|
| 销售额 | 有座位 | 王府井 | 14.37 | 1.418 | 27 |
| | | 西单 | 6.13 | 1.258 | 16 |
| | | 国贸 | 11.80 | 4.658 | 5 |
| | | 总计 | 11.35 | 4.245 | 48 |
| | 无座位 | 王府井 | 7.58 | 1.060 | 24 |
| | | 西单 | 5.87 | 0.992 | 24 |
| | | 国贸 | 7.27 | 1.421 | 11 |
| | | 总计 | 6.83 | 1.354 | 59 |
| | 露天 | 王府井 | 5.57 | 1.660 | 21 |
| | | 西单 | 3.72 | 1.487 | 18 |
| | | 国贸 | 4.44 | 1.740 | 9 |
| | | 总计 | 4.67 | 1.790 | 48 |
| | 总计 | 王府井 | 9.54 | 4.087 | 72 |
| | | 西单 | 5.28 | 1.609 | 58 |
| | | 国贸 | 7.16 | 3.567 | 25 |
| | | 总计 | 7.56 | 3.804 | 155 |
| 重访率 | 有座位 | 王府井 | 7.41 | 2.886 | 27 |
| | | 西单 | 6.94 | 3.255 | 16 |
| | | 国贸 | 7.40 | 3.912 | 5 |
| | | 总计 | 7.25 | 3.056 | 48 |
| | 无座位 | 王府井 | 7.29 | 2.758 | 24 |
| | | 西单 | 6.96 | 3.250 | 24 |
| | | 国贸 | 7.64 | 3.075 | 11 |
| | | 总计 | 7.22 | 2.983 | 59 |
| | 露天 | 王府井 | 6.81 | 2.620 | 21 |
| | | 西单 | 6.44 | 2.093 | 18 |
| | | 国贸 | 7.89 | 3.551 | 9 |
| | | 总计 | 6.87 | 2.631 | 48 |
| | 总计 | 王府井 | 7.19 | 2.741 | 72 |
| | | 西单 | 6.79 | 2.900 | 58 |
| | | 国贸 | 7.68 | 3.275 | 25 |
| | | 总计 | 7.12 | 2.888 | 155 |

**图 2-22　存储在 Excel 中的多变量方差分析结果①（续）**

**协方差矩阵的博克斯等同性检验[a]**

| 博克斯M | 52.688 |
|---|---|
| F | 2.035 |
| 自由度1 | 24 |
| 自由度2 | 6797.648 |
| 显著性 | 0.002 |

注：检验"各个组的因变量实测协方差矩阵相等"这一原假设。a. 设计：截距 + 座位状态 + 商圈位置 + 座位状态 * 商圈位置。

**图 2-22　存储在 Excel 中的多变量方差分析结果①（续）**

资料来源：笔者自制。

**多变量检验[a]**

| 效应 | | 值 | F | 假设自由度 | 误差自由度 | 显著性 |
|---|---|---|---|---|---|---|
| 截距 | 比莱轨迹 | 0.966 | 2059.169[b] | 2.000 | 145.000 | 0.000 |
| | 威尔克Lambda | 0.034 | 2059.169[b] | 2.000 | 145.000 | 0.000 |
| | 霍特林轨迹 | 28.402 | 2059.169[b] | 2.000 | 145.000 | 0.000 |
| | 罗伊最大根 | 28.402 | 2059.169[b] | 2.000 | 145.000 | 0.000 |
| 座位状态 | 比莱轨迹 | 0.670 | 36.776 | 4.000 | 292.000 | 0.000 |
| | 威尔克Lambda | 0.330 | 53.619[b] | 4.000 | 290.000 | 0.000 |
| | 霍特林轨迹 | 2.025 | 72.890 | 4.000 | 288.000 | 0.000 |
| | 罗伊最大根 | 2.024 | 147.753[c] | 2.000 | 146.000 | 0.000 |
| 商圈位置 | 比莱轨迹 | 0.606 | 31.741 | 4.000 | 292.000 | 0.000 |
| | 威尔克Lambda | 0.397 | 42.550[b] | 4.000 | 290.000 | 0.000 |
| | 霍特林轨迹 | 1.510 | 54.367 | 4.000 | 288.000 | 0.000 |
| | 罗伊最大根 | 1.505 | 109.855[c] | 2.000 | 146.000 | 0.000 |
| 座位状态*商圈位置 | 比莱轨迹 | 0.469 | 11.190 | 8.000 | 292.000 | 0.000 |
| | 威尔克Lambda | 0.532 | 13.445[b] | 8.000 | 290.000 | 0.000 |
| | 霍特林轨迹 | 0.877 | 15.781 | 8.000 | 288.000 | 0.000 |
| | 罗伊最大根 | 0.874 | 31.891[c] | 4.000 | 146.000 | 0.000 |

注：a. 设计：截距 + 座位状态 + 商圈位置 + 座位状态 * 商圈位置；b. 精确统计；c. 此统计是生成显著性水平下限的 F 的上限。

**图 2-23　存储在 Excel 中的多变量方差分析结果②**

**误差方差的莱文等同性检验[a]**

| | | 莱文统计 | 自由度1 | 自由度2 | 显著性 |
|---|---|---|---|---|---|
| 销售额 | 基于平均值 | 10.055 | 8 | 146 | 0.000 |
| | 基于中位数 | 3.812 | 8 | 146 | 0.000 |
| | 基于中位数并具有调整后自由度 | 3.812 | 8 | 27.590 | 0.004 |
| | 基于剪除后平均值 | 9.543 | 8 | 146 | 0.000 |
| 重访率 | 基于平均值 | 0.967 | 8 | 146 | 0.464 |
| | 基于中位数 | 0.367 | 8 | 146 | 0.936 |
| | 基于中位数并具有调整后自由度 | 0.367 | 8 | 112.075 | 0.936 |
| | 基于剪除后平均值 | 0.845 | 8 | 146 | 0.564 |

注：检验"各个组中的因变量误差方差相等"这一原假设。a. 设计：截距＋座位状态＋商圈位置＋座位状态＊商圈位置。

**主体间效应检验**

| 源 | 因变量 | Ⅲ类平方和 | 自由度 | 均方 | F | 显著性 |
|---|---|---|---|---|---|---|
| 修正模型 | 销售额 | 1879.705[a] | 8 | 234.963 | 98.446 | 0.000 |
| | 重访率 | 22.981[b] | 8 | 2.873 | 0.332 | 0.952 |
| 截距 | 销售额 | 6478.314 | 1 | 6478.314 | 2714.305 | 0.000 |
| | 重访率 | 6097.806 | 1 | 6097.806 | 705.625 | 0.000 |
| 座位状态 | 销售额 | 672.078 | 2 | 336.039 | 140.795 | 0.000 |
| | 重访率 | 1.516 | 2 | 0.758 | 0.088 | 0.916 |
| 商圈位置 | 销售额 | 490.086 | 2 | 245.043 | 102.669 | 0.000 |
| | 重访率 | 12.676 | 2 | 6.338 | 0.733 | 0.482 |
| 座位状态*商圈位置 | 销售额 | 291.655 | 4 | 72.914 | 30.550 | 0.000 |
| | 重访率 | 3.784 | 4 | 0.946 | 0.109 | 0.979 |
| 误差 | 销售额 | 348.463 | 146 | 2.387 | | |
| | 重访率 | 1261.690 | 146 | 8.642 | | |
| 总计 | 销售额 | 11090.000 | 155 | | | |
| | 重访率 | 9148.000 | 155 | | | |
| 修正后总计 | 销售额 | 2228.168 | 154 | | | |
| | 重访率 | 1284.671 | 154 | | | |

注：a. $R^2$=0.844（调整后 $R^2$=0.835）；b. $R^2$=0.018（调整后 $R^2$=-0.036）。

图 2-23　存储在 Excel 中的多变量方差分析结果②（续）

资料来源：笔者自制。

068

（4）多变量检验：显著性概率均在 p<0.000 的显著性水平内。在对于"座位状态、商圈位置、座位状态＊商圈位置"的探索方法中：比莱轨迹、威尔克 Lambda、霍特林轨迹、罗伊最大根的情况下拒绝原假设采用研究假设（对立假设）。

（5）误差方差的莱文等同性检验：对"销售额"和"重访率"的显著性概率也分别为 0.000、0.464，因此对于 H0，采用对重访率的原假设，拒绝对销售额的原假设。

（6）主体间效应检验：我们要确认的效应是："自变量（座位状态和商圈位置）是单独影响销量和重访率还是综合影响销量和重访率？"因此，确定"座位状态""商圈位置""座位状态＊商圈位置"的对于销售额和重访率的 F 值。座位状态 – 销售额：F=140.795、商圈位置 – 销售额：F=102.669、吸烟席状态＊位置 – 销售额：F=30.550，所以可以认为销售额受自变量影响。座位状态 – 重访率：F=0.088、商圈位置 – 重访率：F=0.733、吸烟席状态＊位置 – 重访率：F=0.109，所以可以认为重访率不受自变量影响。

---

Note：多变量方差分析的显著性。

通常，在判断多变量方差分析的显著性时，利用比莱轨迹、威尔克 Lambda、霍特林轨迹、罗伊最大根四种方法。在多变量方差分析中，始终输出这四个统计量。该统计量随着错误和验证力而变化，统计验证力顺序如下：比莱轨迹 > 威尔克 Lambda> 霍特林轨迹 > 罗伊最大根。

（1）比莱轨迹：具有最强大、最细致的验证力，如果有任何错误风险，结果立即被拒绝。

（2）威尔克 Lambda：当自变量的分组有两组或更多组时，它最常用，因为它满足最一般和最全面的使用条件（多变量方差分析中使用最多）。

（3）霍特林轨迹：当自变量的分组有两组时使用。

（4）罗伊最大根：组内的方差除以总方差并用作 Lambda 值。它的最大根用作假设平方和矩阵 / 误差平方和矩阵中的 Lambda 值。这个值在使用统计分析的论文中并不常用。

---

1. 估计边际平均值

估计边际平均值，具体分析结果见图 2-24。

座位状态和商圈位置对于因变量（销售额和重访率）的影响力表示为均值和标准差，位置＊吸烟席状态所产生的影响力根据"商圈位置"和"座位状态"分别给出了平均值。

**1.座位状态**

| 因变量 | 座位状态 | 平均值 | 标准误差 | 95%置信区间 | |
|---|---|---|---|---|---|
| | | | | 下限 | 上限 |
| 销售额 | 有座位 | 10.765 | 0.282 | 10.208 | 11.322 |
| | 无座位 | 6.910 | 0.215 | 6.486 | 7.335 |
| | 露天 | 4.579 | 0.238 | 4.108 | 5.050 |
| 重访率 | 有座位 | 7.248 | 0.536 | 6.188 | 8.308 |
| | 无座位 | 7.295 | 0.409 | 6.487 | 8.104 |
| | 露天 | 7.048 | 0.454 | 6.151 | 7.944 |

**2.商圈位置**

| 因变量 | 商圈位置 | 平均值 | 标准误差 | 95%置信区间 | |
|---|---|---|---|---|---|
| | | | | 下限 | 上限 |
| 销售额 | 王府井 | 9.175 | 0.183 | 8.813 | 9.537 |
| | 西单 | 5.241 | 0.206 | 4.834 | 5.647 |
| | 国贸 | 7.839 | 0.327 | 7.194 | 8.484 |
| 重访率 | 王府井 | 7.170 | 0.348 | 6.481 | 7.858 |
| | 西单 | 6.780 | 0.392 | 6.006 | 7.554 |
| | 国贸 | 7.642 | 0.621 | 6.414 | 8.870 |

**3.商圈位置\*座位状态**

| 因变量 | 商圈位置 | 座位状态 | 平均值 | 标准误差 | 95%置信区间 | |
|---|---|---|---|---|---|---|
| | | | | | 下限 | 上限 |
| 销售额 | 王府井 | 有座位 | 14.370 | 0.297 | 13.783 | 14.958 |
| | | 无座位 | 7.583 | 0.315 | 6.960 | 8.207 |
| | | 露天 | 5.571 | 0.337 | 4.905 | 6.238 |
| | 西单 | 有座位 | 6.125 | 0.386 | 5.362 | 6888 |
| | | 无座位 | 5.875 | 0.315 | 5.252 | 6.498 |
| | | 露天 | 3.722 | 0.364 | 3.003 | 4.442 |
| | 国贸 | 有座位 | 11.800 | 0.691 | 10.435 | 13.165 |
| | | 无座位 | 7.273 | 0.466 | 6.352 | 8.193 |
| | | 露天 | 4.444 | 0.515 | 3.427 | 5462 |

**图 2-24  存储在 Excel 中的多变量方差分析的估计边际平均值**

| 因变量 | 商圈位置 | 座位状态 | 平均值 | 标准误差 | 95%置信区间 | |
|---|---|---|---|---|---|---|
| | | | | | 下限 | 上限 |
| 重访率 | 王府井 | 有座位 | 7.407 | 0.566 | 6.289 | 8.526 |
| | | 无座位 | 7.292 | 0.600 | 6.106 | 8.478 |
| | | 露天 | 6.810 | 0.641 | 5.542 | 8.077 |
| | 西单 | 有座位 | 6.937 | 0.735 | 5.485 | 8.390 |
| | | 无座位 | 6.958 | 0.600 | 5.772 | 8.144 |
| | | 露天 | 6.444 | 0.693 | 5.075 | 7.814 |
| | 国贸 | 有座位 | 7.400 | 1.315 | 4.802 | 9.998 |
| | | 无座位 | 7.636 | 0.886 | 5.885 | 9.388 |
| | | 露天 | 7.889 | 0.980 | 5.952 | 9.825 |

图 2-24 存储在 Excel 中的多变量方差分析的估计边际平均值（续）

资料来源：笔者自制。

## 2. 事后检验

事后检验具体分析结果见图 2-25。

**事后检验**
**座位状态**

**多重比较**

雪费

| 因变量 | (I)座位状态 | (J)座位状态 | 平均值差值 (I-J) | 标准误差 | 显著性 | 95%置信区间 | |
|---|---|---|---|---|---|---|---|
| | | | | | | 下限 | 上限 |
| 销售额 | 有座位 | 无座位 | 4.52* | 0.300 | 0.000 | 3.78 | 5.27 |
| | | 露天 | 6.69* | 0.315 | 0.000 | 5.91 | 7.47 |
| | 无座位 | 有座位 | −4.52* | 0.300 | 0.000 | −5.27 | −3.78 |
| | | 露天 | 2.16* | 0.300 | 0.000 | 1.42 | 2.91 |
| | 露天 | 有座位 | −6.69* | 0.315 | 0.000 | −7.47 | −5.91 |
| | | 无座位 | −2.16* | 0.300 | 0.000 | −2.91 | −1.42 |
| 重访率 | 有座位 | 无座位 | 0.03 | 0.571 | 0.999 | −1.38 | 1.44 |
| | | 露天 | 0.37 | 0.600 | 0.823 | −1.11 | 1.86 |
| | 无座位 | 有座位 | −0.03 | 0.571 | 0.999 | −1.44 | 1.38 |
| | | 露天 | 0.35 | 0.571 | 0.833 | −1.07 | 1.76 |
| | 露天 | 有座位 | −0.37 | 0.600 | 0.823 | −1.86 | 1.11 |
| | | 无座位 | −0.35 | 0.571 | 0.833 | −1.76 | 1.07 |

注：基于实测平均值。误差项是均方（误差）=8.642；* 表示平均值差值的显著性水平为 0.05。

图 2-25 存储在 Excel 中的多变量方差分析的多重比较结果①

商圈位置

**多重比较**

雪费

| 因变量 | (I)商圈位置 | (J)商圈位置 | 平均值差值(I-J) | 标准误差 | 显著性 | 95%置信区间 | |
|---|---|---|---|---|---|---|---|
| | | | | | | 下限 | 上限 |
| 销售额 | 王府井 | 西单 | 4.27* | 0.273 | 0.000 | 3.59 | 4.94 |
| | | 国贸 | 2.38* | 0.359 | 0.000 | 1.49 | 3.27 |
| | 西单 | 王府井 | −4.27* | 0.273 | 0.000 | −4.94 | −3.59 |
| | | 国贸 | −1.88* | 0.370 | 0.000 | −2.80 | −0.97 |
| | 国贸 | 王府井 | −2.38* | 0.359 | 0.000 | −3.27 | −1.49 |
| | | 西单 | 1.88* | 0.370 | 0.000 | 0.97 | 2.80 |
| 重访率 | 王府井 | 西单 | 0.40 | 0.519 | 0.742 | −0.88 | 1.68 |
| | | 国贸 | −0.49 | 0.682 | 0.777 | −2.17 | 1.20 |
| | 西单 | 王府井 | −0.40 | 0.519 | 0.742 | −1.68 | 0.88 |
| | | 国贸 | −0.89 | 0.703 | 0.453 | −2.63 | 0.85 |
| | 国贸 | 王府井 | 0.49 | 0.682 | 0.777 | −1.20 | 2.17 |
| | | 西单 | 0.89 | 0.703 | 0.453 | −0.85 | 2.63 |

注：基于实测平均值。误差项是均方（误差）=8.642；* 表示平均值差值的显著性水平为 0.05。

**图 2-25　存储在 Excel 中的多变量方差分析的多重比较结果①（续）**

资料来源：笔者自制。

　　在 Scheffe 的事后比较中，对"销售额"的显著性概率均为 p=0.000，因此可以认为自变量的影响是显著的。即"座位状态"和"商圈位置"影响销售额。这与之前在［主体间效应检验］表中"对于销售额的显著性判断"的结果相同。相反，在关于"重访率"的事后检验中，p>0.05，可以确认为没有显著性。即"座位状态"和"商圈位置"对重访率没有影响。具体分析结果见图 2-26。

　　［销售额］这个表格将可以进行比较的组（座位状态或商圈位置）进行了详细区分。在显著性水平为 0.05 的条件下的子集分为 1、2、3。这里的每个数值意味着销售额的平均值。

**齐性子集**

**销售额**

雪费[a, b, c]

| 座位状态 | 个案数 | 子集 | | |
|---|---|---|---|---|
| | | 1 | 2 | 3 |
| 露天 | 48 | 4.67 | | |
| 无座位 | 59 | | 6.83 | |
| 有座位 | 48 | | | 11.35 |
| 显著性 | | 1.000 | 1.000 | 1.000 |

注：将显示齐性子集中各个组的平均值。基于实测平均值。误差项是均方（误差）=2.387；a. 使用调和平均值样本大小 =51.181；b. 组大小不相等。使用了组大小的调和平均值。无法保证 I 类误差级别；c. Alpha=0.05。

**重访率**

雪费[a, b, c]

| 座位状态 | 个案数 | 子集 |
|---|---|---|
| | | 1 |
| 露天 | 48 | 6.87 |
| 无座位 | 59 | 7.22 |
| 有座位 | 48 | 7.25 |
| 显著性 | | 0.812 |

注：将显示齐性子集中各个组的平均值。基于实测平均值。误差项是均方（误差）=8.642。a. 使用调和平均值样本大小 =51.181；b. 组大小不相等。使用了组大小的调和平均值。无法保证 I 类误差级别；c. Alpha=0.05。

**齐性子集**

**销售额**

雪费[a, b, c]

| 座位状态 | 个案数 | 子集 | | |
|---|---|---|---|---|
| | | 1 | 2 | 3 |
| 西单 | 58 | 5.28 | | |
| 国贸 | 25 | | 7.16 | |
| 王府井 | 72 | | | 9.54 |
| 显著性 | | 1.000 | 1.000 | 1.000 |

注：将显示齐性子集中各个组的平均值。基于实测平均值。误差项是均方（误差）=2.387；a. 使用调和平均值样本大小 =42.176；b. 组大小不相等。使用了组大小的调和平均值。无法保证 I 类误差级别；c. Alpha=0.05。

图 2-26 存储在 Excel 中的多变量方差分析的多重比较结果②

**重访率**

雪费[a, b, c]

| 商圈 | 个案数 | 子集 |
|------|--------|------|
| | | 1 |
| 西单 | 58 | 6.79 |
| 王府井 | 72 | 7.19 |
| 国贸 | 25 | 7.68 |
| 显著性 | | 0.385 |

注：将显示齐性子集中各个组的平均值。基于实测平均值。误差项是均方（误差）=8.642；a. 使用调和平均值样本大小 =42.176；b. 组大小不相等。使用了组大小的调和平均值。无法保证 I 类误差级别；c. Alpha=0.05。

**图 2-26  存储在 Excel 中的多变量方差分析的多重比较结果②（续）**

资料来源：笔者自制。

---

Note: 相关性。

如后所述，为了检查销售额与重访率之间的相关程度，最好事先进行相关分析以确认相关性（相关性分析将在第二章第八节中详细说明）。销售额和重访率之间的相关性分析见表 2-15。

**表 2-15  相关性分析**

| | | 销售额 | 重访率 |
|------|------|--------|--------|
| 销售额 | 皮尔逊相关性 | 1 | −0.016 |
| | Sig.（双尾） | | 0.840 |
| | 个案数 | 155 | 155 |
| 重访率 | 皮尔逊相关性 | −0.016 | 1 |
| | Sig.（双尾） | 0.840 | |
| | 个案数 | 155 | 155 |

资料来源：笔者自制。

---

如表 2-15 所示，销售额与重访率之间存在 −0.018 的相关性，显著性概率为 0.840。首先，根据表 2-19 中的数据，可以判断销售额和重访率之间没有相关性。如果在分析过程中不需要销售额和重访率之间的相关性，则无需对其进行分析。然而，即使我们可以直观地判断销售额和重访率之间存在相关性。但是在论文或研究报告中，需要通过相关性分析来描述它们之间的关系。

## 步骤3  论文写作

实际上，在写研究报告或论文时，比起列出所有结果表，更重要的是［协方差矩阵的博克斯等同性检验］表的显著性概率是否相同，［误差方差的莱文等同性检验］表的显著性概率和方差的同性与否。确认［多变量检验］表的显著性概率，确认存在差异后，如下面的例子进行描述即可。这里还提供了事后比较数据，并详细分析了具体的差异，总结研究问题的结果并得出结论（见表2-16～表2-19）。

例如，［主体间效应检验］我们要确认的是因变量"座位状态"和"商圈位置"，或者这两个变量一起是否都影响销售额和重访率。因此，确认了"座位状态""商圈位置""座位状态＊商圈位置"对销售额和重访率的F值。对销售额的F值均在显著性水平内，座位状态－销售额：F=140.795、商圈位置－销售额：F=102.669、座位状态＊商圈位置－销售额：F=30.550，均显著。另外，关于重访率，座位状态－重访率：F=0.088、商圈位置－重访率：F=0.733、座位状态＊商圈位置－重访率：F=0.109，均不显著。因此，拒绝对于销售额的原假设，采纳对于重访率的原假设。也就是说，根据商圈位置或座位状态，销售额之间有差异，但是根据商圈位置或座位状态，重访率之间没有差异。详细差异的内容可以通过事后分析得知（见表2-20、表2-21）。

表2-16  协方差矩阵的博克斯等同性检验 [a]

| 博克斯M | 52.688 |
|---|---|
| F | 2.035 |
| 自由度1 | 24 |
| 自由度2 | 6797.648 |
| 显著性 | 0.002 |

注：检验"各个组的因变量实测协方差矩阵相等"这一原假设。a. 设计：截距＋座位状态＋商圈位置＋座位状态＊商圈位置

资料来源：笔者自制。

表2-17  多变量检验 [a]

| 效应 | | 值 | F | 假设自由度 | 误差自由度 | 显著性 |
|---|---|---|---|---|---|---|
| 截距 | 比莱轨迹 | 0.966 | 2059.169[b] | 2.000 | 145.000 | 0.000 |
| | 威尔克Lambda | 0.034 | 2059.169[b] | 2.000 | 145.000 | 0.000 |
| | 霍特林轨迹 | 28.402 | 2059.169[b] | 2.000 | 145.000 | 0.000 |
| | 罗伊最大根 | 28.402 | 2059.169[b] | 2.000 | 145.000 | 0.000 |

| 效应 | | 值 | F | 假设自由度 | 误差自由度 | 显著性 |
|---|---|---|---|---|---|---|
| 座位状态 | 比莱轨迹 | 0.670 | 36.776 | 4.000 | 292.000 | 0.000 |
| | 威尔克Lambda | 0.330 | 53.619[b] | 4.000 | 290.000 | 0.000 |
| | 霍特林轨迹 | 2.025 | 72.890 | 4.000 | 288.000 | 0.000 |
| | 罗伊最大根 | 2.024 | 147.753[c] | 2.000 | 146.000 | 0.000 |
| 商圈位置 | 比莱轨迹 | 0.606 | 31.741 | 4.000 | 292.000 | 0.000 |
| | 威尔克Lambda | 0.397 | 42.550[b] | 4.000 | 290.000 | 0.000 |
| | 霍特林轨迹 | 1.510 | 54.367 | 4.000 | 288.000 | 0.000 |
| | 罗伊最大根 | 1.505 | 109.855[c] | 2.000 | 146.000 | 0.000 |
| 座位状态*商圈位置 | 比莱轨迹 | 0.469 | 11.190 | 8.000 | 292.000 | 0.000 |
| | 威尔克Lambda | 0.532 | 13.445[b] | 8.000 | 290.000 | 0.000 |
| | 霍特林轨迹 | 0.877 | 15.781 | 8.000 | 288.000 | 0.000 |
| | 罗伊最大根 | 0.874 | 31.891[c] | 4.000 | 146.000 | 0.000 |

注：a.设计：截距 + 座位状态 + 商圈位置 + 座位状态 * 商圈位置；b.精确统计；c.此统计是生成显著性水平下限的 F 的上限。

资料来源：笔者自制。

**表 2-18　误差方差的莱文等同性检验[a]**

| | | 莱文统计 | 自由度1 | 自由度2 | 显著性 |
|---|---|---|---|---|---|
| 销售额 | 基于平均值 | 10.055 | 8 | 146 | 0.000 |
| 重访率 | 基于平均值 | 0.967 | 8 | 146 | 0.464 |

注：检验"各个组中的因变量误差方差相等"这一原假设。a.设计：截距 + 座位状态 + 商圈位置 + 座位状态 * 商圈位置。

资料来源：笔者自制。

**表 2-19　主体间效应检验**

| 源 | | III类平方和 | 自由度 | 均方 | F | 显著性 |
|---|---|---|---|---|---|---|
| 修正模型 | 销售额 | 1879.705[a] | 8 | 234.963 | 98.446 | 0.000 |
| | 重访率 | 22.981[b] | 8 | 2.873 | 0.332 | 0.952 |
| 截距 | 销售额 | 6478.314 | 1 | 6478.314 | 2714.305 | 0.000 |
| | 重访率 | 6097.806 | 1 | 6097.806 | 705.625 | 0.000 |
| 座位状态 | 销售额 | 672.078 | 2 | 336.039 | 140.795 | 0.000 |
| | 重访率 | 1.516 | 2 | 0.758 | 0.088 | 0.916 |

| 源 | | Ⅲ类平方和 | 自由度 | 均方 | F | 显著性 |
|---|---|---|---|---|---|---|
| 商圈位置 | 销售额 | 490.086 | 2 | 245.043 | 102.669 | 0.000 |
| | 重访率 | 12.676 | 2 | 6.338 | 0.733 | 0.482 |
| 座位状态*商圈位置 | 销售额 | 291.655 | 4 | 72.914 | 30.550 | 0.000 |
| | 重访率 | 3.784 | 4 | 0.946 | 0.109 | 0.979 |
| 误差 | 销售额 | 348.463 | 146 | 2.387 | | |
| | 重访率 | 1261.690 | 146 | 8.642 | | |
| 总计 | 销售额 | 11090.000 | 155 | | | |
| | 重访率 | 9148.000 | 155 | | | |
| 修正后总计 | 销售额 | 2228.168 | 154 | | | |
| | 重访率 | 1284.671 | 154 | | | |

注：a. $R^2$=0.844（调整后 $R^2$=0.835）；b. $R^2$=0.018（调整后 $R^2$=−0.036）。

资料来源：笔者自制。

表 2-20　多重比较

雪费

| 因变量 | | | 平均值差值（I-J） | 标准误差 | 显著性 | 95%置信区间 | |
|---|---|---|---|---|---|---|---|
| | | | | | | 下限 | 上限 |
| 销售额 | 有座位 | 无座位 | 4.52* | 0.300 | 0.000 | 3.78 | 5.27 |
| | | 露天 | 6.69* | 0.315 | 0.000 | 5.91 | 7.47 |
| | 无座位 | 有座位 | −4.52* | 0.300 | 0.000 | −5.27 | −3.78 |
| | | 露天 | 2.16* | 0.300 | 0.000 | 1.42 | 2.91 |
| | 露天 | 有座位 | −6.69* | 0.315 | 0.000 | −7.47 | −5.91 |
| | | 无座位 | −2.16* | 0.300 | 0.000 | −2.91 | −1.42 |
| 重访率 | 有座位 | 无座位 | 0.03 | 0.571 | 0.999 | −1.38 | 1.44 |
| | | 露天 | 0.37 | 0.600 | 0.823 | −1.11 | 1.86 |
| | 无座位 | 有座位 | −0.03 | 0.571 | 0.999 | −1.44 | 1.38 |
| | | 露天 | 0.35 | 0.571 | 0.833 | −1.07 | 1.76 |
| | 露天 | 有座位 | −0.37 | 0.600 | 0.823 | −1.86 | 1.11 |
| | | 无座位 | −0.35 | 0.571 | 0.833 | −1.76 | 1.07 |

注：基于实测平均值。误差项是均方（误差）=8.642；* 表示平均值差值的显著性水平为 0.05。

资料来源：笔者自制。

表2-21 多重比较

雪费

| 因变量 | | | 平均值差值<br>（I-J） | 标准误差 | 显著性 | 95%置信区间 | |
|---|---|---|---|---|---|---|---|
| | | | | | | 下限 | 上限 |
| 销售额 | 王府井 | 西单 | 4.27* | 0.273 | 0.000 | 3.59 | 4.94 |
| | | 国贸 | 2.38* | 0.359 | 0.000 | 1.49 | 3.27 |
| | 西单 | 王府井 | -4.27* | 0.273 | 0.000 | -4.94 | -3.59 |
| | | 国贸 | -1.88* | 0.370 | 0.000 | -2.80 | -0.97 |
| | 国贸 | 王府井 | -2.38* | 0.359 | 0.000 | -3.27 | -1.49 |
| | | 西单 | 1.88* | 0.370 | 0.000 | 0.97 | 2.80 |
| 重访率 | 王府井 | 西单 | 0.40 | 0.519 | 0.742 | -0.88 | 1.68 |
| | | 国贸 | -0.49 | 0.682 | 0.777 | -2.17 | 1.20 |
| | 西单 | 王府井 | -0.40 | 0.519 | 0.742 | -1.68 | 0.88 |
| | | 国贸 | -0.89 | 0.703 | 0.453 | -2.63 | 0.85 |
| | 国贸 | 王府井 | 0.49 | 0.682 | 0.777 | -1.20 | 2.17 |
| | | 西单 | 0.89 | 0.703 | 0.453 | -0.85 | 2.63 |

注：基于实测平均值。误差项是均方（误差）=8.642；* 表示平均值差值的显著性水平为0.05。
资料来源：笔者自制。

# 第五节　效度和信度

## 🎓 学习目标

（1）了解效度的概念和类型；

（2）理解信度的概念，能够用折半法和克隆巴赫 alpha 系数来解释信度。

## 📋 掌握内容

（1）效度的概念和类型；

（2）信度的概念；

（3）折半法和克隆巴赫 alpha 系数法。

社会人文学科领域的研究包含抽象概念，因此必须确认信度和效度。在进行研究时，确保较高的效度和可靠性非常重要。

## 一、效度

一般来说，效度 (validity) 是研究人员在对某个研究问题进行调查时，判断其调查数据准确度的标准。效度可以通过因子分析来确认。表 2-22 总结了效度的种类和概念。

这里，当有测量某个概念 X 的标准方法 A 时，如果用方法 B 对概念 X 进行测量的结果与 A 的相关性很高，那么称其具有高的准则效度。另外，如果调查者要测量的抽象概念是利用测量工具准确测量的，那么具有很高的结构效度。

表 2-22　信度的区分

| 种类 | | 说明 |
|---|---|---|
| 内容效度（content validity） | | 它表明要测量的内容在多大程度上代表了研究对象的主要方面 |
| 准则效度<br>（criterion validity） | 预测效度<br>（predictive validity） | 指测量对象的属性（概念）状态的测量结果，能够准确预测未来某个时间点其他属性（概念）的状态变化，以及被测量到的程度。例如，通过高考能预测进入大学后的数学能力吗？在这种情况下，如果考试成绩与进入大学后的成绩高度相关，则可以说高考的测试分数具有很高的预测效度 |
| | 同时效度<br>（concurrent validity） | 对于当前时间点观测到的被测对象的属性（概念）A，与作为标准的属性（概念）B同时出现在同一时间点时，A和B具有高度的相关性。例如，目前对企业高管进行了职务考试，结果显示，测试分数高的高管，工作绩效也很高 |
| 结构效度<br>（construct validity） | 聚合效度<br>（convergent validity） | 为了测量某一概念而使用了多种测量方法，则测量值之间应该具有很高的相关性 |
| | 辨别效度<br>（discriminant validity） | 对不同概念进行测量得到的测量值，彼此之间应该具有低相关性 |
| | 法则效度<br>（nomological validity） | 不同的概念之间存在理论关系，意味着测量值之间也存在与理论关系等效的关系 |

资料来源：吴明隆.问卷统计分析实务——SPSS 操作与应用［M］.重庆：重庆大学出版社，2010.

## 二、信度

信度（reliability）是研究者对某个研究问题进行了问卷调查，假设该调查再次重复进行时，其结果与原测量值一致性程度的标准。再进行一次测量对研究者来说，无论是时间方面还是费用方面都是相当大的负担。因此，以所测资料为准，如果该调查测量了多个项目，可以利用这些测量项目之间的相关关系找出一致性或相似性。测量信度的方法有两种：折半法（split-half method）和基于内在一致性（internal consistency）方法的克隆巴赫 α 系数（cronbach alpha coefficient）。

### （一）折半法

将测量的项目一分为二，计算它们之间相互关系的方法。如果样本数量很大，没有问题，否则根据折半的方法，结果可能会有所不同。

### （二）利用克隆巴赫 α 系数的方法

计算和转换项目之间的相关关系的方法，克隆巴赫 α 系数值根据测量工具中的项目数（题项的数目）而变化。

$$克隆巴赫\,\alpha\,系数 = \frac{N\rho12}{[1+\rho12(N-1)]} = \frac{（项目数）\times（相关系数的平均值）}{1+（相关系数的平均值）\times[（项目数）-1]}$$

克隆巴赫 α 系数的值介于 0 和 1 之间，系数越高，信度越高。一般来说，在社会人文科学研究领域中，0.6 以上则认为具有内部一致性。但是，在某些情况下，需要更高的信度值。

如果你已经完全理解了效度和信度的概念，可以阅读第六节的因子分析和第七节的信度分析，学习验证效度和信度的具体操作方法。

---

Note: 提高克隆巴赫α系数的方法。

为了提高信度，可以通过增加项数提高克隆巴赫 α 系数。但是，单纯地提高项数是不可取的，应该注意以下五个问题：

（1）增加项目的数量，但要以相同尺度组成。

（2）由明确表达调查者意图的问题组成。

（3）删除模棱两可的项目。

（4）对于难理解的问题，可追加类似的问题进行测量。

（5）使用被认为具有高可靠性的测量方法。

# 第六节　因子分析

## 学习目标

（1）了解因子分析的概念，理解进行因子分析的原因；
（2）可以区分"主成分分析"和"公因子分析"的概念；
（3）知道直角旋转和斜角旋转的区别。

## 掌握内容

（1）因子分析的概念和方法；
（2）因子提取的概念和方法；
（3）因子旋转的方法和适用；
（4）因子分析的变量保存。

目前为止所学的频率分析和 t 检验、方差分析都是对分析结果的解释和对内容的描述，它们只有在撰写论文或研究报告时才有意义，但从现在开始要学习的因子分析、信度分析、相关分析在其自身的分析中也有意义。这些分析方法在大多情况下用于回归分析，根据内容对变量进行分组，确定它们是否正确分组，以及分组变量之间的关系是否正确，有助于了解这些变量对实际研究模型中因变量的影响程度。

## 一、什么是因子分析

因子分析（factor analysis）是对等距尺度或比率尺度组成的对象进行分析。因子分析是利用多个变量之间的协方差和相关关系等，分析变量之间的相互关系，并根据结果确认问题项和变量之间的相关性和结构，将多个变量所携带的信息用较少的因子来表示的分析方法。

当进行因子分析时，各种变量的信息被总结为几个关键的内在因素。这使得信息更容易理解，并且更容易进行下一步的分析。虽然因子分析具有优势，但如果计算出的因子具有随机性，那么进行的因子分析是没有意义的，因此需要对简化后的分析结果进行成果可靠性验证。在没有可行性和可靠性理论支持的情况下，可能会犯只顾将变量进行简化并进行分析的经验主义错误。

现在来看因子分析的两种类型：R 型（R-type）因子分析和 Q 型（Q-type）因子分析。

（1）R 型因子分析：根据变量（评估项目）对因子进行分类。

（2）Q 型因子分析：对于个体受访者，根据个案将具有不同特性的受访者划分为相互同质的几个群体。但该方法存在计算困难的问题，一般采用聚类分析作为替代方案。

在本章中，我们将通过 R 型因子分析，提取因子并将其设置为变量。

Tip：在SPSS Statistics软件中可以进行的因子分析是探索性因子分析（Exploratory Factor Analysis，EFA），这里使用"因子分析"这个名称。

## 二、研究问题

为了对以下模型进行研究，实施问卷调查。针对"质量、价格、有用性、满意度和购买意愿"5 个变量，每个变量各对应 3 个问题，一共 15 个问题进行了调查。让我们对这 15 个问题进行因子分析，并将它们分类为内部同质性和外部异质性变量，研究模型见图 2-27。

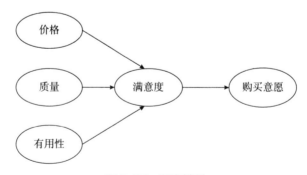

图 2-27　研究模型

资料来源：笔者自制。

> **Note:** 研究模型中的变量名称。
>
> 　　与之前的研究问题相反，在进行因子分析之前，我们并不知道"质量、价格、有用性、满意度、购买意愿"等变量的名称。也就是说，研究人员应该查看问题的内容并适当地命名每个变量。作为参考，在第三章的结构方程模型中涉及的验证性因子分析中，因子分析是通过预先知道变量名称来进行的。

　　表 2-23 是设计的调查问卷表。

　　请回答下面的各项问题（①非常不同意；②不同意；③一般；④同意；⑤非常同意）。

表 2-23　问卷调查表

| 序号 | 问题 | 回答 | | | | |
|---|---|---|---|---|---|---|
| 1 | 我认为产品的价格合理 | ① | ② | ③ | ④ | ⑤ |
| 2 | 我认为产品的价格很实惠 | ① | ② | ③ | ④ | ⑤ |
| 3 | 我能够接受产品的价格 | ① | ② | ③ | ④ | ⑤ |
| 4 | 我认为产品很坚固结实 | ① | ② | ③ | ④ | ⑤ |
| 5 | 我认为产品的质量不错 | ① | ② | ③ | ④ | ⑤ |
| 6 | 我认为该产品能够使用很长时间不会坏 | ① | ② | ③ | ④ | ⑤ |
| 7 | 这个产品对我很有用 | ① | ② | ③ | ④ | ⑤ |
| 8 | 即使现在没有，如果拥有它后，它肯定会有用的 | ① | ② | ③ | ④ | ⑤ |
| 9 | 该产品不仅对我有用，对其他人也有用 | ① | ② | ③ | ④ | ⑤ |
| 10 | 我对该产品整体上满意 | ① | ② | ③ | ④ | ⑤ |
| 11 | 我体验了一次该产品后，还想继续使用它 | ① | ② | ③ | ④ | ⑤ |
| 12 | 我认为该产品的使用效果很好 | ① | ② | ③ | ④ | ⑤ |
| 13 | 考虑到产品的整体实用性，我想购买它 | ① | ② | ③ | ④ | ⑤ |
| 14 | 我想买它，因为我认为它会被广泛使用 | ① | ② | ③ | ④ | ⑤ |
| 15 | 合约期一结束，就立刻购买这个产品 | ① | ② | ③ | ④ | ⑤ |

资料来源：笔者自制。

**Tip:** 本问卷与实际通用的问卷内容不同，本问卷是为了帮助大家理解因子分析而设计的，让大家可以清楚地了解因子分析的全过程和基本概念。

　　在这里，因子分析分为两类：不准确但常用的分析方法（①）和不常用但准确的分析方法（②）。之所以分两部分，是为了比较和解释因子分析中容易遗漏的一些重要概念。如果你是刚接触统计学的初学者，希望你通过学习正确的分析方法（②）来充分理解这个概念。如果你有一定统计学基础，建议同时学习这两种方法，并比较其中的异同。

## （一）因子分析 1：不准确但常用的方法

**步骤1** 操作练习（2-9操作练习）

**步骤2** 结果分析

根据步骤 1 操作完成后，得到的结果见图 2-28。

**描述统计**

|  | 平均值 | 标准偏差 | 分析个案数 |
|---|---|---|---|
| 问题1 | 3.68 | 1.195 | 335 |
| 问题2 | 3.55 | 1.212 | 335 |
| 问题3 | 3.53 | 1.110 | 335 |
| 问题4 | 4.03 | 0.601 | 335 |
| 问题5 | 3.82 | 0.621 | 335 |
| 问题6 | 3.84 | 0.702 | 335 |
| 问题7 | 3.25 | 0.752 | 335 |
| 问题8 | 3.10 | 0.831 | 335 |
| 问题9 | 3.15 | 0.770 | 335 |
| 问题10 | 2.76 | 0.989 | 335 |
| 问题11 | 2.66 | 0.944 | 335 |
| 问题12 | 2.91 | 0.890 | 335 |
| 问题13 | 3.49 | 0.875 | 335 |
| 问题14 | 3.26 | 0.810 | 335 |
| 问题15 | 3.39 | 0.800 | 335 |

**KMO和巴特利特检验**

| KMO取样适切性量数 | | 0.780 |
|---|---|---|
| 巴特利特球形检验 | 近似卡方 | 3090.671 |
|  | 自由度 | 105 |
|  | 显著性 | 0.000 |

**图 2-28 因子分析输出结果①**

**相关性矩阵**

| | | 问题1 | 问题2 | 问题3 | 问题4 | 问题5 | 问题6 | 问题7 | 问题8 | 问题9 | 问题10 | 问题11 | 问题12 | 问题13 | 问题14 | 问题15 |
|---|---|---|---|---|---|---|---|---|---|---|---|---|---|---|---|---|
| 相 | 问题1 | 1.000 | 0.868 | 0.858 | 0.065 | 0.137 | 0.160 | 0.123 | 0.178 | 0.217 | 0.178 | 0.164 | 0.210 | 0.286 | 0.267 | 0.313 |
| 关 | 问题2 | 0.868 | 1.000 | 0.902 | 0.078 | 0.105 | 0.169 | 0.144 | 0.209 | 0.225 | 0.172 | 0.168 | 0.197 | 0.290 | 0.295 | 0.311 |
| 性 | 问题3 | 0.858 | 0.902 | 1.000 | 0.100 | 0.110 | 0.166 | 0.130 | 0.195 | 0.221 | 0.176 | 0.169 | 0.192 | 0.317 | 0.304 | 0.361 |
| | 问题4 | 0.066 | 0.078 | 0.100 | 1.000 | 0.494 | 0.528 | 0.104 | 0.005 | 0.004 | −0.040 | −0.047 | 0.004 | 0.294 | 0.188 | 0.221 |
| | 问题5 | 0.137 | 0.105 | 0.110 | 0.494 | 1.000 | 0.506 | 0.159 | 0.093 | 0.004 | 0.087 | 0.086 | 0.075 | 0.264 | 0.176 | 0.235 |
| | 问题6 | 0.160 | 0.169 | 0.166 | 0.528 | 0.506 | 1.000 | 0.081 | 0.099 | 0.093 | 0.109 | 0.148 | 0.146 | 0.312 | 0.321 | 0.291 |
| | 问题7 | 0.123 | 0.144 | 0.130 | 0.104 | 0.159 | 0.081 | 1.000 | 0.731 | 0.655 | 0.077 | 0.041 | 0.073 | 0.231 | 0.216 | 0.311 |
| | 问题8 | 0.178 | 0.209 | 0.195 | 0.005 | 0.093 | 0.099 | 0.731 | 1.000 | 0.679 | 0.190 | 0.113 | 0.133 | 0.187 | 0.339 | 0.387 |
| | 问题9 | 0.217 | 0.225 | 0.221 | 0.004 | 0.004 | 0.093 | 0.655 | 0.679 | 1.000 | 0.156 | 0.115 | 0.128 | 0.262 | 0.323 | 0.360 |
| | 问题10 | 0.178 | 0.172 | 0.176 | 0.040 | 0.087 | 0.109 | 0.077 | 0.190 | 0.156 | 1.000 | 0.778 | 0.677 | 0.174 | 0.292 | 0.167 |
| | 问题11 | 0.164 | 0.168 | 0.169 | 0.047 | 0.086 | 0.148 | 0.041 | 0.112 | 0.115 | 0.778 | 1.003 | 0.713 | 0.175 | 0.363 | 0.213 |
| | 问题12 | 0.210 | 0.197 | 0.192 | 0.004 | 0.075 | 0.146 | 0.073 | 0.133 | 0.128 | 0.677 | 0.713 | 1.000 | 0.258 | 0.223 | 0.216 |
| | 问题13 | 0.286 | 0.290 | 0.317 | 0.294 | 0.264 | 0.312 | 0.231 | 0.137 | 0.262 | 0.174 | 0.175 | 0.258 | 1.000 | 0.503 | 0.665 |
| | 问题14 | 0.267 | 0.295 | 0.304 | 0.188 | 0.176 | 0.321 | 0.216 | 0.339 | 0.323 | 0.292 | 0.263 | 0.223 | 0.503 | 1.000 | 0.702 |
| | 问题15 | 0.313 | 0.311 | 0.361 | 0.221 | 0.235 | 0.291 | 0.311 | 0.387 | 0.360 | 0.167 | 0.213 | 0.216 | 0.665 | 0.702 | 1.000 |

**公因子方差**

| | 初始 | 提取 |
|---|---|---|
| 问题1 | 1.000 | 0.902 |
| 问题2 | 1.000 | 0.929 |
| 问题3 | 1.000 | 0.923 |
| 问题4 | 1.000 | 0.697 |
| 问题5 | 1.000 | 0.690 |
| 问题6 | 1.000 | 0.669 |
| 问题7 | 1.000 | 0.825 |
| 问题8 | 1.000 | 0.826 |
| 问题9 | 1.000 | 0.756 |
| 问题10 | 1.000 | 0.829 |
| 问题11 | 1.000 | 0.852 |
| 问题12 | 1.000 | 0.764 |
| 问题13 | 1.000 | 0.694 |
| 问题14 | 1.000 | 0.733 |
| 问题15 | 1.000 | 0.843 |

注：提取方法：主成分分析法。

**图 2-28 因子分析输出结果①（续）**

**总方差解释**

| 成分 | 总计 | 初始特征值 方差百分比（%） | 累计 百分比（%） | 总计 | 提取载荷平方 和方差百分比（%） | 累计 百分比（%） | 总计 | 旋转载荷平方 和方差百分比（%） | 累计 百分比（%） |
|---|---|---|---|---|---|---|---|---|---|
| 1 | 4.700 | 31.334 | 31.334 | 4.700 | 31.334 | 31.334 | 2.756 | 18.373 | 18.373 |
| 2 | 2.145 | 14.301 | 45.634 | 2.145 | 14.301 | 45.634 | 2.488 | 16.585 | 34.959 |
| 3 | 2.011 | 13.407 | 59.041 | 2.011 | 13.407 | 59.041 | 2.411 | 16.073 | 51.031 |
| 4 | 1.971 | 13.139 | 72.180 | 1.971 | 13.139 | 72.180 | 2.216 | 14.770 | 65.801 |
| 5 | 1.102 | 7.346 | 79.526 | 1.102 | 7.346 | 79.526 | 2.059 | 13.725 | 79.526 |
| 6 | 0.575 | 3.836 | 83.363 | | | | | | |
| 7 | 0.526 | 3.507 | 86.870 | | | | | | |
| 8 | 0.434 | 2.894 | 89.764 | | | | | | |
| 9 | 0.334 | 2.229 | 91.993 | | | | | | |
| 10 | 0.290 | 1.935 | 93.928 | | | | | | |
| 11 | 0.260 | 1.733 | 95.661 | | | | | | |
| 12 | 0.241 | 1.604 | 97.265 | | | | | | |
| 13 | 0.175 | 1.167 | 98.432 | | | | | | |
| 14 | 0.142 | 0.949 | 99.381 | | | | | | |
| 15 | 0.093 | 0.619 | 100.000 | | | | | | |

注：提取方法：主成分分析法。

图 2-28　因子分析输出结果①（续）

资料来源：笔者自制。

（1）描述统计：平均值和标准偏差是根据第 1~15 题的回答计算得出的。"分析个案数"是每个问卷问题的回答数。即样本的数量。

（2）相关性矩阵：表示问题 1~15 相关性的值。

（3）KMO 和巴特利特检验：该表的值是确认对 15 个问卷问题进行因子分析是否合适的标准。如前所述，在因子分析中，满足 KMO>0.5，Bartlett 的 p<0.05 即可，因此可以判断正在进行的因子分析是合适的。

（4）公因子方差：指被测变量方差中由被提取因子（公因子）决定的比例，问题 1 在解释公因子方面，有 0.902（90.2%）的解释力。

（5）总方差解释：反映了各个主成分的贡献率及累计贡献率。本表确认总成分为 15 种，但并非全部使用。步骤 1~05 的因子提取窗口设定提取固有值大于 1 的因素，按照这个设定提取的 5 个因子解释了总输入变量的 79.526%。

因子分析输出结果②分析见图 2-29。

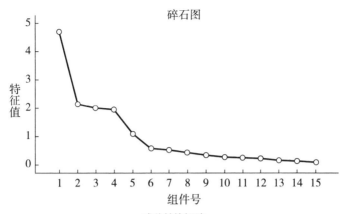

**成分转换矩阵**

| 成分 | 1 | 2 | 3 | 4 | 5 |
|---|---|---|---|---|---|
| 1 | 0.539 | 0.391 | 0.425 | 0.537 | 0.296 |
| 2 | −0.071 | −0.831 | 0.369 | 0.181 | 0.369 |
| 3 | −0.607 | 0.241 | 0.697 | 0.045 | −0.293 |
| 4 | −0.555 | 0.270 | −0.298 | 0.212 | 0.696 |
| 5 | 0.166 | 0.161 | 0.331 | −0.795 | 0.453 |

注：提取方法：主成分分析法。旋转方法：凯撒正态化最大方差法。

**成分矩阵[a]**

| | 成分 | | | | |
|---|---|---|---|---|---|
| | 1 | 2 | 3 | 4 | 5 |
| 问题15 | 0.727 | 0.214 | 0.080 | 0.133 | −0.494 |
| 问题3 | 0.687 | −0.050 | −0.499 | −0.440 | 0.073 |
| 问题14 | 0.680 | 0.089 | 0.091 | 0.168 | −0.474 |
| 问题2 | 0.678 | −0.058 | −0.491 | −0.461 | 0.116 |
| 问题1 | 0.663 | −0.071 | −0.498 | −0.441 | 0.123 |
| 问题13 | 0.647 | 0.166 | −0.051 | 0.237 | −0.435 |
| 问题9 | 0.546 | 0.262 | 0.541 | −0.288 | 0.119 |
| 问题11 | 0.469 | −0.727 | 0.192 | 0.243 | 0.087 |
| 问题10 | 0.480 | −0.698 | 0.234 | 0.201 | 0.125 |
| 问题12 | 0.489 | −0.666 | 0.161 | 0.218 | 0.088 |
| 问题8 | 0.548 | 0.276 | 0.590 | −0.248 | 0.199 |
| 问题7 | 0.477 | 0.390 | 0.572 | −0.187 | 0.288 |
| 问题4 | 0.287 | 0.402 | −0.278 | 0.569 | 0.226 |
| 问题6 | 0.442 | 0.236 | −0.226 | 0.563 | 0.224 |
| 问题5 | 0.355 | 0.281 | −0.207 | 0.549 | 0.375 |

注：提取方法：主成分分析法。a. 提取了 5 个成分。

**图 2-29 因子分析输出结果②**

**旋转后的成分矩阵<sup>a</sup>**

| | 成分 | | | | |
|---|---|---|---|---|---|
| | 1 | 2 | 3 | 4 | 5 |
| 问题2 | 0.943 | 0.089 | 0.100 | 0.141 | 0.055 |
| 问题3 | 0.933 | 0.083 | 0.081 | 0.186 | 0.058 |
| 问题1 | 0.930 | 0.099 | 0.080 | 0.129 | 0.064 |
| 问题11 | 0.067 | 0.913 | 0.021 | 0.112 | 0.023 |
| 问题10 | 0.076 | 0.899 | 0.091 | 0.086 | 0.012 |
| 问题12 | 0.107 | 0.856 | 0.038 | 0.126 | 0.044 |
| 问题7 | 0.034 | −0.005 | 0.896 | 0.084 | 0.118 |
| 问题8 | 0.089 | 0.092 | 0.885 | 0.160 | 0.009 |
| 问题9 | 0.126 | 0.067 | 0.830 | 0.209 | −0.046 |
| 问题15 | 0.173 | 0.082 | 0.240 | 0.854 | 0.140 |
| 问题14 | 0.133 | 0.183 | 0.178 | 0.799 | 0.110 |
| 问题13 | 0.164 | 0.097 | 0.086 | 0.771 | 0.235 |
| 问题5 | 0.054 | 0.065 | 0.071 | 0.050 | 0.822 |
| 问题4 | 0.017 | −0.099 | −0.019 | 0.155 | 0.814 |
| 问题6 | 0.083 | 0.111 | 0.023 | 0.211 | 0.778 |

注：提取方法：主成分分析法。旋转方法：凯撒正态化最大方差法。a. 旋转在 5 次迭代后已收敛。

**图 2-29　因子分析输出结果②（续）**

资料来源：笔者自制。

（6）碎石图：将图 2-28 表中确认的 15 种成分的固有值（eigen value）从大到小依次用图表显示。在步骤 1~05 的因子提取窗口中，设置提取特征值大于等于 1 的因子，所以从图中可以确认，共提取 5 个成分作为因子是合适的。如果特征值大于 1，说明一个因子解释了一个或多个变量的方差，如果小于 1，则表示没有作为因子的意义，因此将边界值设置为"1"。

（7）成分矩阵：在图 2-29 中，可以确认已经提取了 5 个成分，在图 2-29 中可以确认因子载荷值。

（8）旋转后的成分矩阵：表格中用粗线框勾选的值是各因子的载荷值。在步骤中的因子旋转窗口中选择了最大方差（Varimax）法，因此此处的因子载荷值是由最大方差法旋转得到的值。之所以按降序排序，是因为步骤中的选项窗口选择了"按大小排序"的计数输出格式。

（9）成分转换矩阵：这些值是指进行因子旋转时使用的矩阵值。

因子分析输出结果③分析见图 2-30。

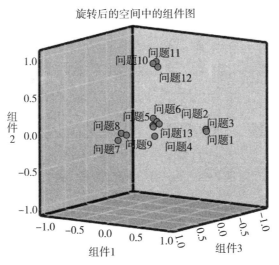

成分得分系数矩阵

| | 成分 | | | | |
|---|---|---|---|---|---|
| | 1 | 2 | 3 | 4 | 5 |
| 问题1 | 0.371 | −0.019 | −0.021 | −0.078 | −0.003 |
| 问题2 | 0.375 | −0.026 | −0.014 | −0.072 | −0.011 |
| 问题3 | 0.366 | −0.033 | −0.031 | −0.037 | −0.018 |
| 问题4 | −0.022 | −0.054 | −0.020 | −0.041 | 0.422 |
| 问题5 | −0.004 | 0.026 | 0.038 | −0.152 | 0.449 |
| 问题6 | −0.014 | 0.029 | −0.016 | −0.036 | 0.393 |
| 问题7 | −0.035 | −0.027 | 0.423 | −0.128 | 0.066 |
| 问题8 | −0.025 | 0.004 | 0.398 | −0.071 | −0.010 |
| 问题9 | −0.011 | −0.013 | 0.361 | −0.020 | −0.052 |
| 问题10 | −0.030 | 0.384 | 0.011 | −0.067 | −0.002 |
| 问题11 | −0.036 | 0.390 | −0.027 | −0.040 | −0.002 |
| 问题12 | −0.018 | 0.361 | −0.021 | −0.037 | 0.006 |
| 问题13 | −0.048 | −0.048 | −0.097 | 0.426 | −0.019 |
| 问题14 | −0.071 | −0.013 | −0.060 | 0.448 | −0.091 |
| 问题15 | −0.059 | −0.067 | −0.038 | 0.473 | −0.085 |

注：提取方法：主成分分析法。旋转方法：凯撒正态化最大方差法。组件得分。

图 2-30 因子分析输出结果③

**成分得分协方差矩阵**

| 成分 | 1 | 2 | 3 | 4 | 5 |
|---|---|---|---|---|---|
| 1 | 1.000 | 0.000 | 0.000 | 0.000 | 0.000 |
| 2 | 0.000 | 1.000 | 0.000 | 0.000 | 0.000 |
| 3 | 0.000 | 0.000 | 1.000 | 0.000 | 0.000 |
| 4 | 0.000 | 0.000 | 0.000 | 1.000 | 0.000 |
| 5 | 0.000 | 0.000 | 0.000 | 0.000 | 1.000 |

注：提取方法：主成分分析法。旋转方法：凯撒正态化最大方差法。组件得分。

**图2-30 因子分析输出结果③（续）**

资料来源：笔者自制。

（10）旋转后的空间中的组件图：在成分1、2、3的坐标空间中，用点表示原变量的位置。

（11）成分得分系数矩阵：成分得分矩阵表示各项指标变量与提取的公因子之间的关系，在某一公因子上得分越高，表明该指标与该公因子之间的关系越密切。研究问题中的15个变量被降维到5个成分。对某个公因子的响应结果可以通过将各指标变量的回答结果乘以相应的标准化值后，将其全部相加得到。

（12）成分得分协方差矩阵：这个表格是因为我们在步骤1~07的因素得分窗口中，选择了"显示因子得分系数矩阵"。这里除了自身以外的所有值都输出为0。每个因子之间的协方差都输出为0，原因是采用正交旋转方法（Verimax）旋转进行了分析。正交旋转方法是以各因素之间相互独立的基本假设为基础的，因此协方差自然输出为零。

## （二）因子分析2：准确的方法

到目前为止进行的因子分析是大部分社会人文学科领域使用的统计学方法，并且已被许多研究人员应用在撰写论文的过程中。但是，就该方法而言，在解释过程中可能会出现一些问题。首先，在因子之间相互独立的假设下，进行正交旋转得到的结果，因此协方差为零。其次，没有正确确认成分得分协方差矩阵表就给出结果，这是因为忽略了"成分得分协方差矩阵"的意义而出现的失误。因此，我们将确认所有表格，用"最大似然法"的方法和斜交旋转的方法再次进行准确的分析。

对比因子分析1和因子分析2，分析过程大体相同，仅在步骤1~05、步骤1~06有所不同。通过学习因子分析2，您将看到两种分析方法之间的明显差异。

使用 SPSS Statistics 等统计程序的优势在于，即使是不熟悉统计方法的研究人员也能够很容易地得到结果，但如果对程序处理不当，可能会得到错误的结果。因此研究者必须足够了解 SPSS Statistics 软件程序的设置方法。

**步骤1** 操作练习(2-10操作练习）

**步骤2** 结果分析

根据步骤 1 操作完成后，得到的结果见图 2-31。

**描述统计**

|  | 平均值 | 标准偏差 | 分析个案数 |
|---|---|---|---|
| 问题1 | 3.68 | 1.195 | 335 |
| 问题2 | 3.55 | 1.212 | 335 |
| 问题3 | 3.53 | 1.110 | 335 |
| 问题4 | 4.03 | 0.601 | 335 |
| 问题5 | 3.82 | 0.621 | 335 |
| 问题6 | 3.84 | 0.702 | 335 |
| 问题7 | 3.25 | 0.752 | 335 |
| 问题8 | 3.10 | 0.831 | 335 |
| 问题9 | 3.15 | 0.770 | 335 |
| 问题10 | 2.76 | 0.989 | 335 |
| 问题11 | 2.66 | 0.944 | 335 |
| 问题12 | 2.91 | 0.890 | 335 |
| 问题13 | 3.49 | 0.875 | 335 |
| 问题14 | 3.26 | 0.810 | 335 |
| 问题15 | 3.39 | 0.800 | 335 |

**KMO和巴特利特检验**

| KMO取样适切性量数 |  | 0.780 |
|---|---|---|
| 巴特利特球形检验 | 近似卡方 | 3090.671 |
|  | 自由度 | 105 |
|  | 显著性 | 0.000 |

**图 2-31 因子分析的输出结果①**

**相关性矩阵**

|  |  | 问题1 | 问题2 | 问题3 | 问题4 | 问题5 | 问题6 | 问题7 | 问题8 | 问题9 | 问题10 | 问题11 | 问题12 | 问题13 | 问题14 | 问题15 |
|---|---|---|---|---|---|---|---|---|---|---|---|---|---|---|---|---|
| 相关性 | 问题1 | 1.000 | 0.868 | 0.858 | 0.065 | 0.137 | 0.160 | 0.123 | 0.178 | 0.217 | 0.178 | 0.164 | 0.210 | 0.286 | 0.267 | 0.313 |
|  | 问题2 | 0.868 | 1.000 | 0.902 | 0.078 | 0.105 | 0.169 | 0.144 | 0.209 | 0.225 | 0.172 | 0.168 | 0.197 | 0.290 | 0.295 | 0.311 |
|  | 问题3 | 0.858 | 0.902 | 1.000 | 0.100 | 0.110 | 0.166 | 0.130 | 0.195 | 0.221 | 0.176 | 0.169 | 0.192 | 0.317 | 0.304 | 0.361 |
|  | 问题4 | 0.066 | 0.078 | 0.100 | 1.000 | 0.494 | 0.528 | 0.104 | 0.005 | 0.004 | −0.040 | −0.047 | 0.004 | 0.294 | 0.188 | 0.221 |
|  | 问题5 | 0.137 | 0.105 | 0.110 | 0.494 | 1.000 | 0.506 | 0.159 | 0.093 | 0.004 | 0.087 | 0.086 | 0.075 | 0.264 | 0.176 | 0.235 |
|  | 问题6 | 0.160 | 0.169 | 0.166 | 0.528 | 0.506 | 1.000 | 0.081 | 0.099 | 0.093 | 0.109 | 0.148 | 0.146 | 0.312 | 0.321 | 0.291 |
|  | 问题7 | 0.123 | 0.144 | 0.130 | 0.104 | 0.159 | 0.081 | 1.000 | 0.731 | 0.655 | 0.077 | 0.041 | 0.073 | 0.231 | 0.216 | 0.311 |
|  | 问题8 | 0.178 | 0.209 | 0.195 | 0.005 | 0.093 | 0.099 | 0.731 | 1.000 | 0.679 | 0.190 | 0.113 | 0.133 | 0.187 | 0.339 | 0.387 |
|  | 问题9 | 0.217 | 0.225 | 0.221 | 0.004 | 0.004 | 0.093 | 0.655 | 0.679 | 1.000 | 0.156 | 0.115 | 0.128 | 0.262 | 0.323 | 0.360 |
|  | 问题10 | 0.178 | 0.172 | 0.176 | 0.040 | 0.087 | 0.109 | 0.077 | 0.190 | 0.156 | 1.000 | 0.778 | 0.677 | 0.174 | 0.292 | 0.167 |
|  | 问题11 | 0.164 | 0.168 | 0.169 | 0.047 | 0.086 | 0.148 | 0.041 | 0.112 | 0.115 | 0.778 | 1.003 | 0.713 | 0.175 | 0.363 | 0.213 |
|  | 问题12 | 0.210 | 0.197 | 0.192 | 0.004 | 0.075 | 0.146 | 0.073 | 0.133 | 0.128 | 0.677 | 0.713 | 1.000 | 0.258 | 0.223 | 0.216 |
|  | 问题13 | 0.286 | 0.290 | 0.317 | 0.294 | 0.264 | 0.312 | 0.231 | 0.137 | 0.262 | 0.174 | 0.175 | 0.258 | 1.000 | 0.503 | 0.665 |
|  | 问题14 | 0.267 | 0.295 | 0.304 | 0.188 | 0.176 | 0.321 | 0.216 | 0.339 | 0.323 | 0.292 | 0.263 | 0.223 | 0.503 | 1.000 | 0.702 |
|  | 问题15 | 0.313 | 0.311 | 0.361 | 0.221 | 0.235 | 0.291 | 0.311 | 0.387 | 0.360 | 0.167 | 0.213 | 0.216 | 0.665 | 0.702 | 1.000 |

**公因子方差[a]**

|  | 初始 | 提取 |
|---|---|---|
| 问题1 | 0.791 | 0.826 |
| 问题2 | 0.851 | 0.915 |
| 问题3 | 0.843 | 0.893 |
| 问题4 | 0.400 | 0.574 |
| 问题5 | 0.377 | 0.467 |
| 问题6 | 0.421 | 0.526 |
| 问题7 | 0.619 | 0.725 |
| 问题8 | 0.654 | 0.767 |
| 问题9 | 0.555 | 0.613 |
| 问题10 | 0.665 | 0.757 |
| 问题11 | 0.685 | 0.812 |
| 问题12 | 0.571 | 0.621 |
| 问题13 | 0.513 | 0.490 |
| 问题14 | 0.558 | 0.526 |
| 问题15 | 0.671 | 0.999 |

注：提取方法：最大似然法。a. 在迭代过程中，遇到了一个或多个大于1的公因子方差估算值。应该谨慎地对产生的解进行解释。

**图2-31 因子分析的输出结果①（续）**

**总方差解释**

| 因子 | 初始特征值 | | | 提取载荷平方和 | | | 旋转载荷平方[a]<br>总计 |
|---|---|---|---|---|---|---|---|
| | 总计 | 方差百分比<br>（%） | 累计<br>百分比<br>（%） | 总计 | 方差百分比<br>（%） | 累计<br>百分比<br>（%） | |
| 1 | 4.700 | 31.334 | 31.334 | 2.975 | 19.832 | 19.832 | 3.218 |
| 2 | 2.145 | 14.301 | 45.634 | 2.464 | 16.424 | 36.256 | 3.244 |
| 3 | 2.011 | 13.407 | 59.041 | 2.003 | 13.355 | 49.611 | 2.610 |
| 4 | 1.971 | 13.139 | 72.180 | 1.678 | 11.185 | 60.796 | 2.638 |
| 5 | 1.102 | 7.346 | 79.526 | 1.392 | 9.279 | 70.075 | 2.023 |
| 6 | 0.575 | 3.836 | 83.363 | | | | |
| 7 | 0.526 | 3.507 | 86.870 | | | | |
| 8 | 0.434 | 2.894 | 89.764 | | | | |
| 9 | 0.334 | 2.229 | 91.993 | | | | |
| 10 | 0.290 | 1.935 | 93.928 | | | | |
| 11 | 0.260 | 1.733 | 95.661 | | | | |
| 12 | 0.241 | 1.604 | 97.265 | | | | |
| 13 | 0.175 | 1.167 | 98.432 | | | | |
| 14 | 0.142 | 0.949 | 99.381 | | | | |
| 15 | 0.093 | 0.619 | 100.000 | | | | |

注：提取方法：最大似然法。a. 如果各因子相关，则无法添加载荷平方和以获取总方差。

**图 2-31　因子分析的输出结果①（续）**

资料来源：笔者自制。

（1）描述统计：平均值和标准偏差是根据第 1~15 题的回答计算得出的。"分析个案数"是每个问题的回答数。即样本的数量。

（2）相关性矩阵：表示问题 1~15 相关性的值。

（3）KMO 和巴特利特检验：该表的值是确认对 15 个问题进行因子分析是否合适的标准。如前所述，在因子分析中，满足 KMO>0.5，Bartlett 的 p<0.05 即可，因此可以判断正在进行的因子分析是合适的。

（4）公因子方差：指被测变量方差中由被提取因子（公因子）决定的比例，问题 1 在解释公因子方面，有 0.826（82.6%）的解释力。

（5）总方差解释：反映了各个主成分的贡献率及累计贡献率。本表确认总成分为 15 种，但并非全部使用。步骤 1~05 的因子提取窗口设定提取固有值大于 1 的因素，按照这个设定提取的 5 个因子解释了总输入变量的 70.075%。提取的因子载荷（提取载荷平方和方差百分比：累计百分比的最后一行）一般在社会人文科学研究领域中要求在 60% 以上，在自然科学中要求在 95% 以上。本书聚焦于社会科学研究，因此提取的因子可以认为具有足够的解释力。

因子分析输出结果②分析结果见图 2-32。

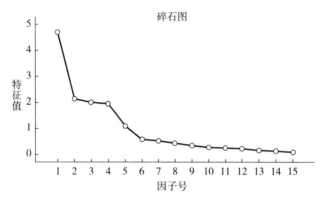

**因子矩阵ᵃ**

| | 因子 | | | | |
|---|---|---|---|---|---|
| | 1 | 2 | 3 | 4 | 5 |
| 问题15 | 0.999 | −0.009 | −0.002 | −0.002 | −0.001 |
| 问题14 | 0.704 | 0.081 | 0.137 | 0.022 | 0.070 |
| 问题13 | 0.666 | 0.091 | 0.040 | −0.048 | 0.183 |
| 问题2 | 0.319 | 0.896 | −0.095 | −0.007 | −0.009 |
| 问题3 | 0.368 | 0.863 | −0.103 | −0.041 | −0.016 |
| 问题1 | 0.321 | 0.846 | −0.083 | −0.032 | −0.007 |
| 问题11 | 0.216 | 0.196 | 0.842 | −0.137 | −0.014 |
| 问题10 | 0.170 | 0.223 | 0.823 | −0.044 | −0.002 |
| 问题12 | 0.219 | 0.218 | 0.718 | −0.096 | 0.019 |
| 问题7 | 0.313 | 0.064 | 0.071 | 0.778 | 0.111 |
| 问题8 | 0.390 | 0.112 | 0.144 | 0.763 | −0.010 |
| 问题9 | 0.363 | 0.145 | 0.116 | 0.668 | −0.032 |
| 问题4 | 0.222 | 0.005 | −0.105 | −0.070 | 0.713 |
| 问题6 | 0.293 | 0.092 | 0.068 | −0.065 | 0.650 |
| 问题5 | 0.236 | 0.049 | 0.031 | −0.019 | 0.638 |

注：提取方法：最大似然法。a. 提取了 5 个因子。需要进行 10 次迭代。

**拟合优度检验**

| 卡方 | 自由度 | 显著性 |
|---|---|---|
| 81.106 | 40 | 0.000 |

图 2-32　因子分析的输出结果②

**模式矩阵[a]**

| | 因子 | | | | |
|---|---|---|---|---|---|
| | 1 | 2 | 3 | 4 | 5 |
| 问题15 | 1.061 | −0.037 | −0.075 | 0.011 | −0.087 |
| 问题14 | 0.646 | 0.019 | 0.100 | 0.058 | 0.021 |
| 问题13 | 0.605 | 0.058 | 0.015 | −0.020 | 0.148 |
| 问题2 | −0.039 | 0.966 | −0.003 | 0.023 | 0.003 |
| 问题3 | 0.046 | 0.935 | −0.015 | −0.015 | −0.011 |
| 问题1 | −0.008 | 0.911 | 0.006 | −0.004 | 0.003 |
| 问题11 | 0.040 | −0.027 | 0.903 | −0.047 | −0.017 |
| 问题10 | −0.057 | −0.001 | 0.877 | 0.054 | 0.001 |
| 问题12 | 0.029 | 0.026 | 0.772 | −0.012 | 0.018 |
| 问题7 | −0.054 | −0.037 | −0.047 | 0.871 | 0.096 |
| 问题8 | 0.043 | 0.000 | 0.030 | 0.856 | −0.041 |
| 问题9 | 0.050 | 0.053 | 0.020 | 0.749 | −0.061 |
| 问题4 | 0.013 | −0.013 | −0.104 | −0.028 | 0.759 |
| 问题6 | 0.038 | 0.030 | 0.080 | −0.004 | 0.689 |
| 问题5 | −0.009 | −0.006 | 0.034 | 0.039 | 0.679 |

注：提取方法：最大似然法。旋转方法：凯撒正态化斜交法。a. 旋转在 3 次迭代后已收敛。

**结构矩阵**

| | 因子 | | | | |
|---|---|---|---|---|---|
| | 1 | 2 | 3 | 4 | 5 |
| 问题15 | 0.993 | 0.351 | 0.229 | 0.409 | 0.328 |
| 问题14 | 0.716 | 0.313 | 0.310 | 0.340 | 0.300 |
| 问题13 | 0.684 | 0.320 | 0.221 | 0.253 | 0.401 |
| 问题2 | 0.351 | 0.956 | 0.211 | 0.222 | 0.154 |
| 问题3 | 0.399 | 0.945 | 0.210 | 0.208 | 0.163 |
| 问题1 | 0.352 | 0.909 | 0.213 | 0.196 | 0.154 |
| 问题11 | 0.276 | 0.183 | 0.900 | 0.102 | 0.074 |
| 问题10 | 0.229 | 0.190 | 0.868 | 0.167 | 0.065 |
| 问题12 | 0.274 | 0.215 | 0.786 | 0.127 | 0.104 |
| 问题8 | 0.380 | 0.208 | 0.172 | 0.874 | 0.068 |
| 问题7 | 0.306 | 0.141 | 0.072 | 0.844 | 0.154 |
| 问题9 | 0.354 | 0.234 | 0.158 | 0.778 | 0.048 |
| 问题4 | 0.270 | 0.090 | −0.037 | 0.036 | 0.749 |
| 问题6 | 0.350 | 0.180 | 0.162 | 0.102 | 0.717 |
| 问题5 | 0.287 | 0.122 | 0.099 | 0.109 | 0.682 |

注：提取方法：最大似然法。旋转方法：凯撒正态化斜交法。

**图 2-32　因子分析的输出结果②（续）**

**因子相关性矩阵**

| 因子 | 1 | 2 | 3 | 4 | 5 |
|---|---|---|---|---|---|
| 1 | 1.000 | 0.394 | 0.301 | 0.402 | 402 |
| 2 | 0.394 | 1.000 | 0.230 | 0.222 | 0.170 |
| 3 | 0.301 | 0.230 | 1.000 | 0.155 | 0.093 |
| 4 | 0.402 | 0.222 | 0.155 | 1.000 | 0.104 |
| 5 | 0.402 | 0.170 | 0.093 | 0.104 | 1.000 |

注：提取方法：最大似然法。旋转方法：凯撒正态化斜交法。

**图 2-32　因子分析的输出结果②（续）**

资料来源：笔者自制。

（6）碎石图：将图 2-31 表中确认的 15 种成分的固有值（eigen value）从大到小依次用图表显示。在步骤 1~15 的因子提取窗口中，设置提取特征值大于等于 1 的因子，所以从图中可以确认，共提取 5 个成分作为因子是合适的。如果特征值大于 1，说明一个因子解释了一个或多个变量的方差，如果小于 1，则表示没有作为因子的意义，因此将边界值设置为 "1"。

（7）因子矩阵：该表中的因子载荷值表示各变量和相应因子之间的相关系数。表示相关系数的表格与正交矩阵不同，后者假设因子之间的相关系数为 0。"因子分析 1" 的分析结果中无法显示因子和变量之间的相关性矩阵的原因是正交旋转假设变量之间的相关系数为 0。

（8）拟合优度检验：在此表中，需要确认变量是否独立。通过卡方检验进行拟合优度检验，并给出显著性概率。即由于 $p < 0.05$，拒绝了原假设，可以看出变量不是独立的。因此判断 "变量之间存在关联性"，拒绝相关系数为 0 的原假设。

（9）模式矩阵：可以认为该表与正交旋转中的图 2-32 中的表相同。利用因子得分预测该研究问题特定变量的线性方程系数，计算旋转后的因子载荷，显示因子的直接效果。一般来说，0.3 以上的话，认为提取的因子在统计学上有意义；0.5 以上的话，认为非常显著。值得关注的是，根据情况的不同，因子之间的直接影响都考虑在内，因此也有超过 1 的情况。

（10）结构矩阵：本表中的因子载荷值表示因子与变量之间的相关系数。直接和间接影响都反映在表示相关性的系数中。在像 "直接斜交法" 这样的斜交旋转方法中，由于不假设因子之间的独立性，因此需要在相关性基础上，考虑直接/间接影响。在正交旋转的情况下，不容易得到结果值，所以需要计算几个矩阵，做出复杂的判断。如果因子之间相互独立，则模式矩阵和结构矩阵显示相同的值，因为没有其他因素的间接影响。

（11）因子相关性矩阵：显示各因子之间的相关系数。

因子分析输出结果③分析见图 2-33。

旋转后的因子空间中的因子图

**因子得分系数矩阵**

| | 因子 | | | | |
|---|---|---|---|---|---|
| | 1 | 2 | 3 | 4 | 5 |
| 问题1 | 0.009 | 0.209 | 0.011 | −0.003 | 0.007 |
| 问题2 | 0.016 | 0.449 | 0.009 | 0.032 | 0.008 |
| 问题3 | 0.012 | 0.350 | 0.001 | −0.017 | −0.007 |
| 问题4 | 0.031 | 0.000 | −0.022 | −0.012 | 0.397 |
| 问题5 | 0.024 | 0.001 | 0.008 | 0.006 | 0.283 |
| 问题6 | 0.028 | 0.004 | 0.019 | −0.004 | 0.325 |
| 问题7 | 0.000 | −0.006 | −0.015 | 0.367 | 0.067 |
| 问题8 | −0.007 | 0.000 | 0.017 | 0.427 | −0.043 |
| 问题9 | −0.004 | 0.006 | 0.008 | 0.225 | −0.037 |
| 问题10 | 0.024 | 0.005 | 0.350 | 0.030 | 0.000 |
| 问题11 | 0.033 | 0.001 | 0.469 | −0.024 | −0.010 |
| 问题12 | 0.016 | 0.006 | 0.198 | −0.002 | 0.014 |
| 问题13 | 0.009 | 0.007 | 0.012 | −0.007 | 0.087 |
| 问题14 | 0.006 | 0.004 | 0.030 | 0.013 | 0.035 |
| 问题15 | 0.939 | 0.009 | −0.014 | 0.045 | 0.003 |

注：提取方法：最大似然法。旋转方法：凯撒正态化斜交法。因子评分方法：回归法。

**图 2-33 因子分析的输出结果③**

**因子得分协方差矩阵**

| 成分 | 1 | 2 | 3 | 4 | 5 |
|---|---|---|---|---|---|
| 1 | 3.199 | 2.333 | 3.548 | 2.300 | 3.158 |
| 2 | 2.333 | 2.211 | 2.520 | 1.743 | 3.204 |
| 3 | 3.548 | 2.520 | 3.886 | 2.508 | 3.396 |
| 4 | 2.300 | 1.743 | 2.508 | 2.298 | 2.776 |
| 5 | 3.158 | 3.204 | 3.396 | 2.776 | 4.729 |

注：提取方法：最大似然法。旋转方法：凯撒正态化斜交法。因子评分方法：回归法。

图 2-33　因子分析的输出结果③（续）

资料来源：笔者自制。

（12）旋转后的因子空间中的因子图：在成分 1、2、3 的坐标空间中，用点表示变量的位置。

（13）因子得分系数矩阵：15 个变量被降维到 5 个成分。对这些因子的响应结果可以通过将各指标变量的回答结果乘以相应的标准化值后，将其全部相加得到。

（14）因子得分协方差矩阵：与"因子分析 1"的输出结果中的［成分得分协方差矩阵］表不同，所有值都不是 0。因为"最大方差法"旋转的分析是在假设相关系数为零的前提下进行分析的，而"直接斜交法"是以变量之间存在相关性（不独立）的前提下进行分析的。

**步骤3　论文写作**

因子分析旨在通过将相互关联的变量组合到一起，将数量较多的变量简洁地表达为几个因子。仅凭这一分析结果无法为研究模型指明方向。此外，还需要判断因子分析的结果是否可靠，而不是进行完因子分析就结束了。因此，在呈现因子分析结果时，最好同时给出因子分析与信度分析的结果（参见第七节）。

# 第七节 信度分析

## ♀ 学习目标

（1）理解因子分析与信度分析的关系；
（2）了解信度的概念和进行信度分析的原因；
（3）能够解释并说明克隆巴赫 α 系数。

## 📋 掌握内容

（1）信度的概念和测量信度的方法；
（2）解释输出结果；
（3）论文写作要领。

信度是假设对研究对象进行反复测量时，得出相同值的可能性。信度分析在效度分析（因子分析）后进行。因此，可以认为信度分析总是在因子分析之后进行。为了进行信度分析，问卷的题项应该是以等距尺度和比率尺度设计的。

在判断信度时，使用克隆巴赫 α（Cronbach α）系数。计算克隆巴赫 α 系数的公式如下：

$$克隆巴赫\alpha系数=\frac{N\rho_{12}}{[1+\rho_{12}(N-1)]}=\frac{（项目数）\times（相关系数的平均值）}{1+（相关系数的平均值）\times[（项目数）-1]}$$

让我们回想一下第六节中所讨论的因子分析的研究问题。对某产品实施了问卷调查。该问卷共设置五个变量：价格、质量、有用性、满意度、购买意愿，每个变量各对应三个问题，共 15 个问题。对该问卷数据进行因子分析的结果整理如表 2-24 所示。

表 2-24 因子与对应的题项整理

| 区分 | 问题 | 名称 |
|---|---|---|
| 因子1 | 问题13、问题14、问题15 | 购买意愿 |
| 因子2 | 问题1、问题2、问题3 | 价格 |
| 因子3 | 问题10、问题11、问题12 | 满意度 |
| 因子4 | 问7、问题8、问题9 | 有用性 |
| 因子5 | 问题4、问题5、问题6 | 质量 |

资料来源：笔者自制。

根据以这种方式分类的因子，为研究模型中使用的变量设置名称。作为因子分析的结果，研究模型是根据几个既定的先前的研究（参考文献）重新设置的，而不是由研究人员自行决定的，研究模型见图 2-34。由于这些内容超出了本书的范围，此处将不进行过多说明。

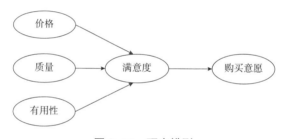

图 2-34 研究模型

资料来源：笔者自制。

Tip：虽然通过因子分析明确了研究模型的变量名，但这只是根据研究意愿随意提出的，并不是确定的模型。由于还没有完成信度分析和相关分析，如果信度或相关性方面出现问题，可能需要放弃图2-34的研究模型。

### 研究问题

让我们对第六节因子分析的结果做一个效度分析。

**步骤1** 操作练习（2-11操作练习）

**步骤2 结果分析**

1. 对"问题 13、14、15"的信度分析

问题 13、14、15 的信度分析结果见图 2-35。

**个案处理摘要**

| | | 个案数 | % |
|---|---|---|---|
| 个案 | 有效 | 335 | 100.0 |
| | 排除ª | 0 | 0.0 |
| | 总计 | 335 | 100.0 |

注：a. 基于过程中所有变量的成列删除。

**可靠性统计**

| 克隆巴赫 α | 项数 |
|---|---|
| 0.830 | 3 |

**项统计**

| | 平均值 | 标准偏差 | 个案数 |
|---|---|---|---|
| 问题13 | 3.49 | 0.875 | 335 |
| 问题14 | 3.26 | 0.810 | 335 |
| 问题15 | 3.39 | 0.800 | 335 |

**项总计统计**

| | 删除项后的标度平均值 | 删除项后的标度方差 | 修正后的项与总计相关性 | 删除项后的克隆巴赫Alpha |
|---|---|---|---|---|
| 问题13 | 6.65 | 2.204 | 0.632 | 0.825 |
| 问题14 | 6.88 | 2.335 | 0.655 | 0.797 |
| 问题15 | 6.75 | 2.133 | 0.788 | 0.668 |

**标度统计**

| 平均值 | 方差 | 标准偏差 | 项数 |
|---|---|---|---|
| 10.14 | 4.612 | 2.148 | 3 |

**图 2-35 可靠性分析结果：问题 13、14、15**

资料来源：笔者自制。

（1）个案处理摘要：可以确认样本的数量（N）。如果有缺失值，可以在"排除"行中确认。

（2）可靠性统计：问题 13、14、15 的克隆巴赫 α 系数为 0.830。

（3）项统计：显示问题 13、14、15 的平均值、标准偏差和样本数 (N)。

（4）项总统计：显示该问题被删除后的平均值、方差、相关性以及在项目被删除后重新计算的克隆巴赫 α 系数。

（5）标度统计：显示问题 13、14、15 的平均值、方差和标准偏差。

2. 对"问题 1、2、3"的信度分析

问题 1、2、3 的信度分析结果见图 2-36。

**个案处理摘要**

|  |  | 个案数 | % |
|---|---|---|---|
| 个案 | 有效 | 335 | 100.0 |
|  | 排除ᵃ | 0 | 0.0 |
|  | 总计 | 335 | 100.0 |

注：a. 基于过程中所有变量的成列删除。

**可靠性统计**

| 克隆巴赫 α | 项数 |
|---|---|
| 0.954 | 3 |

**项统计**

|  | 平均值 | 标准偏差 | 个案数 |
|---|---|---|---|
| 问题1 | 3.68 | 1.195 | 335 |
| 问题2 | 3.55 | 1.212 | 335 |
| 问题3 | 3.53 | 1.110 | 335 |

**项总计统计**

|  | 删除项后的标度平均值 | 删除项后的标度方差 | 修正后的项与总计相关性 | 删除项后的克隆巴赫Alpha |
|---|---|---|---|---|
| 问题1 | 7.08 | 5.128 | 0.886 | 0.946 |
| 问题2 | 7.21 | 4.938 | 0.917 | 0.922 |
| 问题3 | 7.23 | 5.415 | 0.911 | 0.930 |

**标度统计**

| 平均值 | 方差 | 标准偏差 | 项数 |
|---|---|---|---|
| 10.76 | 11.352 | 3.369 | 3 |

图 2-36 可靠性分析结果：问题 1、2、3

资料来源：笔者自制。

（1）个案处理摘要：可以确认样本的数量（N）。如果有缺失值，可以在"排除"行中确认。

（2）可靠性统计：问题1、2、3的克隆巴赫 α 系数为0.954。

（3）项统计：显示问题1、2、3的平均值、标准偏差和样本数 (N)。

（4）项总计统计：显示该问题被删除后的平均值、方差、相关性以及在项目被删除后重新计算的克隆巴赫 α 系数。

（5）标度统计：显示问题1、2、3的平均值、方差和标准偏差。

3. 对"问题4、5、6"的信度分析

问题4、5、6的信度分析结果见图2-37。

**个案处理摘要**

|  |  | 个案数 | % |
|---|---|---|---|
| 个案 | 有效 | 335 | 100.0 |
|  | 排除[a] | 0 | 0.0 |
|  | 总计 | 335 | 100.0 |

注：a.基于过程中所有变量的成列删除。

**可靠性统计**

| 克隆巴赫 α | 项数 |
|---|---|
| 0.755 | 3 |

**项统计**

|  | 平均值 | 标准偏差 | 个案数 |
|---|---|---|---|
| 问题4 | 4.03 | 0.601 | 335 |
| 问题5 | 3.82 | 0.621 | 335 |
| 问题6 | 3.84 | 0.702 | 335 |

**项总计统计**

|  | 删除项后的标度平均值 | 删除项后的标度方差 | 修正后的项与总计相关性 | 删除项后的克隆巴赫Alpha |
|---|---|---|---|---|
| 问题4 | 7.67 | 1.319 | 0.590 | 0.669 |
| 问题5 | 7.87 | 1.300 | 0.572 | 0.686 |
| 问题6 | 7.85 | 1.115 | 0.598 | 0.661 |

**标度统计**

| 平均值 | 方差 | 标准偏差 | 项数 |
|---|---|---|---|
| 11.69 | 2.495 | 1.580 | 3 |

**图 2-37 可靠性分析结果：问题 4、5、6**

资料来源：笔者自制。

（1）个案处理摘要：可以确认样本的数量（N）。如果有缺失值，可以在"排除"行中确认。

（2）可靠性统计：问题 4、5、6 的克隆巴赫 α 系数为 0.755。

（3）项统计：显示问题 4、5、6 的平均值、标准偏差和样本数 (N)。

（4）项总计统计：显示该问题被删除后的平均值、方差、相关性以及在项目被删除后重新计算的克隆巴赫 α 系数。

（5）标度统计：显示问题 4、5、6 的平均值、方差和标准偏差。

4. 对"问题 7、8、9"的信度分析

问题 7、8、9 的信度分析结果见图 2-38。

**个案处理摘要**

| | | 个案数 | % |
|---|---|---|---|
| 个案 | 有效 | 335 | 100.0 |
| | 排除ª | 0 | 0.0 |
| | 总计 | 335 | 100.0 |

注：a. 基于过程中所有变量的成列删除。

**可靠性统计**

| 克隆巴赫 α | 项数 |
|---|---|
| 0.868 | 3 |

**项统计**

| | 平均值 | 标准偏差 | 个案数 |
|---|---|---|---|
| 问题7 | 3.25 | 0.752 | 335 |
| 问题8 | 3.10 | 0.831 | 335 |
| 问题9 | 3.15 | 0.770 | 335 |

**项总计统计**

| | 删除项后的标度平均值 | 删除项后的标度方差 | 修正后的项与总计相关性 | 删除项后的克隆巴赫Alpha |
|---|---|---|---|---|
| 问题7 | 6.25 | 2.151 | 0.758 | 0.807 |
| 问题8 | 6.40 | 1.917 | 0.774 | 0.792 |
| 问题9 | 6.35 | 2.169 | 0.718 | 0.842 |

**标度统计**

| 平均值 | 方差 | 标准偏差 | 项数 |
|---|---|---|---|
| 9.50 | 4.388 | 2.095 | 3 |

图 2-38 可靠性分析结果：问题 7、8、9

资料来源：笔者自制。

（1）个案处理摘要：可以确认样本的数量（N）。如果有缺失值，可以在"排除"行中确认。

（2）可靠性统计：问题 7、8 和 9 的克隆巴赫 α 系数为 0.868。

（3）项统计：显示问题 7、8 和 9 的平均值、标准偏差和样本数 (N)。

（4）项总计统计：显示该问题被删除后的平均值、方差、相关性以及在项目被删除后重新计算的克隆巴赫 α 系数。

（5）标度统计：显示问题 7、8 和 9 的平均值、方差和标准偏差。

5. 对"问题 10、11、12"的信度分析

问题 10、11、12 的信度分析结果见图 2-39。

**个案处理摘要**

|  |  | 个案数 | % |
|---|---|---|---|
| 个案 | 有效 | 335 | 100.0 |
|  | 排除[a] | 0 | 0.0 |
|  | 总计 | 335 | 100.0 |

注：a. 基于过程中所有变量的成列删除。

**可靠性统计**

| 克隆巴赫 α | 项数 |
|---|---|
| 0.886 | 3 |

**项统计**

|  | 平均值 | 标准偏差 | 个案数 |
|---|---|---|---|
| 问题10 | 2.76 | 0.989 | 335 |
| 问题11 | 2.66 | 0.944 | 335 |
| 问题12 | 2.91 | 0.890 | 335 |

**项总计统计**

|  | 删除项后的标度平均值 | 删除项后的标度方差 | 修正后的项与总计相关性 | 删除项后的克隆巴赫Alpha |
|---|---|---|---|---|
| 问题10 | 5.57 | 2.881 | 0.787 | 0.832 |
| 问题11 | 5.67 | 2.963 | 0.816 | 0.805 |
| 问题12 | 5.42 | 3.322 | 0.737 | 0.874 |

**标度统计**

| 平均值 | 方差 | 标准偏差 | 项数 |
|---|---|---|---|
| 8.33 | 6.504 | 2.550 | 3 |

图 2-39　可靠性分析结果：问题 10、11、12

资料来源：笔者自制。

（1）个案处理摘要：可以确认样本的数量（N）。如果有缺失值，可以在"排除"行中确认。

（2）可靠性统计：问题 10、11、12 的克隆巴赫 α 系数为 0.886。

（3）项统计：显示问题 10、11、12 的平均值、标准偏差和样本数 (N)。

（4）项总计统计：显示该问题被删除后的平均值、方差、相关性以及在项目被删除后重新计算的克隆巴赫 α 系数。

（5）标度统计：显示问题 10、11、12 的平均值、方差和标准偏差。

> Note: 项总计统计的意义。
>
> 　　根据研究主题，可能需要满足一定程度的信度值。表 2-35~ 表 2-39 给出了项目被删除时的"平均值""方差""相关性""克隆巴赫 α 值"，这是为确保一定程度的可信度，可以选择需要删除的问题的标准。因此，如果信度较低，可以通过确认［项总计统计］表，删除某些项目，提高可信度。值得注意的是，不能只注重提高可信度，而删除太多问题。因为如果因子对应的问题太少的话，将不能成为一个因子，所以至少要保留 2 个以上的问题。

### 步骤3　论文写作

在进行完因子分析（效度分析）和信度分析后，建议在论文中用一个表来展示所有数据，以便读者能一目了然地进行比较。这样既可以节省版面，又有助于直观地理解结果。

表 2-25 所列的因子载荷值是使用（公）因子分析的最大似然法和直接斜交旋转法得出的输出结果，并根据［模式矩阵］表来整理的。

表 2-25　因子载荷值是使用（公）因子分析的最大似然法和直接斜交旋转法的输出结果

| 序号 | 成分 | | | | | Cronbach α 系数 |
|---|---|---|---|---|---|---|
| | 因子1 | 因子2 | 因子3 | 因子4 | 因子5 | |
| 问题15 | 1.061 | −0.037 | −0.075 | 0.011 | −0.087 | |
| 问题14 | 0.646 | 0.019 | 0.100 | 0.058 | 0.021 | 0.830 |
| 问题13 | 0.605 | 0.058 | 0.015 | −0.020 | 0.148 | |
| 问题2 | −0.039 | 0.966 | −0.003 | 0.023 | 0.003 | |
| 问题3 | 0.046 | 0.935 | −0.015 | −0.015 | −0.011 | 0.954 |
| 问题1 | −0.008 | 0.911 | 0.006 | −0.004 | 0.003 | |

续表

| 序号 | 成分 | | | | | Cronbach α 系数 |
|------|------|------|------|------|------|------|
| | 因子1 | 因子2 | 因子3 | 因子4 | 因子5 | |
| 问题11 | 0.040 | −0.027 | 0.903 | −0.047 | −0.017 | |
| 问题10 | −0.057 | −0.001 | 0.877 | 0.054 | 0.001 | 0.886 |
| 问题12 | 0.029 | 0.026 | 0.772 | −0.012 | 0.018 | |
| 问题7 | −0.054 | −0.037 | −0.047 | 0.871 | 0.096 | |
| 问题8 | 0.043 | 0.000 | 0.030 | 0.856 | −0.041 | 0.868 |
| 问题9 | 0.050 | 0.053 | 0.020 | 0.749 | −0.061 | |
| 问题4 | 0.013 | −0.013 | −0.104 | −0.028 | 0.759 | |
| 问题6 | 0.038 | 0.030 | 0.080 | −0.004 | 0.689 | 0.755 |
| 问题5 | −0.009 | −0.006 | 0.034 | 0.039 | 0.679 | |
| 固有值 | 4.700 | 2.145 | 2.011 | 1.971 | 1.102 | |
| KMO（Kaiser-Meyer-Olkin） | | | | | | 0.780 |
| 巴特利特球形检验 （Bartlett Test Sphericity） | | | Chi-Square | | | 3090.671 |
| | | | df(p) | | | 105(.000) |

资料来源：笔者自制。

# 第八节　相关性分析

## 🔆 学习目标

（1）理解相关性分析的概念，查看其种类；

（2）查看相关性分析的步骤和相关性分析中使用的变量生成及分析过程；

（3）了解相关性分析中因变量生成错误（按提取方法、旋转方法）而产生的分析结果的差异。

## 📘 掌握内容

（1）相关性分析的概念和类型；

（2）了解相关性分析的概念和方法；

（3）因子提取和因子旋转；

（4）根据因子提取和旋转方法不同产生的结果差异。

## 一、相关性分析

相关性分析是一种分析变量之间是否相互独立（关联性 =0），还是因为有一定程度的关联而受到影响（0< 关联性≤ 1）的分析方法。

相关性分析主要分为四种（见表 2-26），适用方法根据使用的尺度也会有所不同。我们在此处研究的 Pearson 相关分析是在回归分析过程中执行的一种分析方法，用于确认变量之间的因果关系。一般来说，"相关分析"是指没有其他变量干预的皮尔逊相关分析。

表 2-26　相关性分析的种类

| 区分 | 使用尺度 | 分析方法 | 是否涉及其他变量 |
|---|---|---|---|
| 相关性分析 | 顺序尺度 | 斯皮尔曼（Spearman）序列相关性分析 | |
| | 等距尺度、比率尺度 | 皮尔逊（Pearson）相关性分析 | × |
| | | 偏相关分析 | ○ |
| 交叉分析 | 名义尺度，顺序尺度 | 交叉分析 | |

资料来源：贾俊平，何晓群，金勇进.统计学（第 7 版）[M].北京：中国人民大学出版社，2018.

---

Note：　"是否涉及其他变量"的概念。

是否涉及其他变量是偏相关分析（partial correlation analysis）中主要考虑的问题。例如，假设存在演讲练习（X）、演讲分数（Y）和演讲焦虑（Z）等变量。这三个变量可以说是相互关联的。换句话说，如果你经常练习（X），当然演讲分数（Y）会更高，但如果你是一个有演讲焦虑（Z）的学生，结果就不同了。在这种情况下，可以说通过将 Z 设置为控制变量而排除的内在相关性。

---

## 二、相关分析

第六节通过因子分析确认问卷的效度，第一节对问卷问题进行信度分析。

从现在开始，有必要通过确认因素之间的关联性来确定是否继续进行进一步的分析。

　　与第六节一样，因子分析分为两种，相关性分析也分为两种（不准确但常用的方法和不常用但准确的方法）来进行说明。如果你是刚接触统计学的初学者，希望你通过学习正确的分析方法来充分理解这个概念。如果你已经具备一定的统计学基础，我们建议你边比较边学习。

**研究问题**

　　为了确认由第六节实施的因子分析和第七节实施的信度分析确定的因子之间的相关性，进行相关性分析并解释结果。

> Note: 不准确但常用的方法 vs. 准确的分析方法。
>
> 这两者的区别总结如表 2–27 所示。
>
> 表 2–27　不准确但常用的方法 vs. 准确的分析方法
>
> | 不准确但常用的方法 | 准确的方法 |
> | --- | --- |
> | 用主成分分析的结果进行分析 | 对使用最大似然法和直接斜交旋转法的因子分析结果进行分析 |
> | 通过将算术平均值存储为变量进行分析 | 基于因子分析的存储变量值进行分析 |
>
> 资料来源：笔者自制。

　　如果按照本书中介绍的准确方法进行相关性分析后，查看输出结果的［描述统计］表，平均值将均为 0。研究者对此感到非常困惑。因此，在没有统计学知识背景的情况下，建议直接计算算术平均值后进行相关性分析。事实上，只有平均为 0，才能用准确的方法进行相关性分析。

　　相关分析是在不同的变量之间进行的，因此需要某种机制来比较各个变量。这种机制可以称为"标准化"。"标准化"的意思是将每个样本的平均值调整为 0，并以其他数值（方差、标准偏差等）为标准确认相关关系。因此，如果利用问题项之间的算术平均，可能会造成多重共线性及数据失真。如果你对这部分不是很了解，请参考基础统计学相关的书籍。

　　此外，在相关性分析中，应使用通过最大似然法的因子分析和直接斜交旋转得出的结果进行相关性分析。关于主因子分析（主成分）和公因子分析的区别，正交旋转和斜交旋转的区别，在第六节中已经进行了说明。

109

## （一）相关性分析 1：不准确但常用的方法

**步骤1** 操作练习（2-12操作练习）

**步骤2** 结果分析

根据步骤 1 操作完成后，得到的结果见图 2-40。

**描述统计**

| | 平均值 | 标准偏差 | 个案数 |
|---|---|---|---|
| 价格 | 3.5861 | 1.12307 | 335 |
| 质量 | 3.8975 | 0.52652 | 335 |
| 有用性 | 3.1662 | 0.69829 | 335 |
| 满意度 | 2.7771 | 0.85008 | 335 |
| 购买意愿 | 3.3801 | 0.71585 | 335 |

**相关性**

| | | 价格 | 质量 | 有用性 | 满意度 | 购买意愿 |
|---|---|---|---|---|---|---|
| 价格 | 皮尔逊相关性 | 1 | 0.157** | 0.215** | 0.208** | 0.367** |
| | Sig.(双尾) | | 0.004 | 0.000 | 0.000 | 0.000 |
| | 个案数 | 335 | 335 | 335 | 335 | 335 |
| 质量 | 皮尔逊相关性 | 0.157** | 1 | 0.097 | 0.090 | 0.365** |
| | Sig.(双尾) | 0.004 | | 0.076 | 0.100 | 0.000 |
| | 个案数 | 335 | 335 | 335 | 335 | 335 |
| 有用性 | 皮尔逊相关性 | 0.215** | 0.097 | 1 | 0.144** | 0.376** |
| | Sig.(双尾) | 0.000 | 0.076 | | 0.008 | 0.000 |
| | 个案数 | 335 | 335 | 335 | 335 | 335 |
| 满意度 | 皮尔逊相关性 | 0.208** | 0.090 | 0.144** | 1 | 0.281 |
| | Sig.(双尾) | 0.000 | 0.100 | 0.008 | | 0.000 |
| | 个案数 | 335 | 335 | 335 | 335 | 335 |
| 购买意愿 | 皮尔逊相关性 | 0.367** | 0.365** | 0.376** | 0.281** | 1 |
| | Sig.(双尾) | 0.000 | 0.000 | 0.000 | 0.000 | |
| | 个案数 | 335 | 335 | 335 | ·335 | 335 |

注：** 表示在 0.01 级别（双尾），相关性显著。

**图 2-40 相关性分析的输出结果：算术平均**

资料来源：笔者自制。

（1）描述统计：分别给出了价格、质量、有用性、满意度、购买意愿的平均值和标准偏差，以及样本的个数。

（2）相关性：以皮尔逊相关系数表示因子之间的相关性，同时也给出了相关性系数的显著性概率。相同因子之间的相关系数用 1 表示。由此表可知，"质量 ↔ 有用性"和"质量 ↔ 满意度"这两个组合的相关性系数不显著。

### （二）相关性分析 2：准确的方法

相关性分析 1 是直接计算数据的平均值，帮助直观理解分析方法。相反，相关性分析 2 是利用因子分析中"因子分析：因子得分—保存为变量"功能保存的因子得分的值，来去除测量误差的纯因子得分的方法。

因此，可以说相关分析 2 的分析结果是准确的。

> Note：用于相关性分析的变量。
>
> 　在进行因子分析时，为了利用因子分数，勾选"保存为变量"，可以确认保存了通过因子分析的变量，如下所示。
>
> 　在因子分析中这样做的原因是，将"因子分数"单独计算，作为变量保存后再利用。因子分析的因子提取方法是"最大似然法"，旋转方法是"直接斜交法"。
>
> 　这些保存的变量被标记为 FAC1~FAC5（变量视图标签），在相关性分析 2 中使用它们。保存这些因子的文件是"相关性分析 .xls"。

**步骤1**　操作练习（2-13操作练习）

**步骤2**　结果分析

　根据步骤 1 操作完成后，得到结果见图 2-41。

（1）描述统计：因子分析 2 是使用最大似然法从特征值大于 1 的水平上提取的因子，此表显示的是这些因子得分的平均值、标准偏差和样本数。

（2）相关性：以皮尔逊相关系数表示因子之间的相关性，同时也给出了相关性系数的显著性概率。由图 2-41 的表中可知所有因子之间的相关系数都显著。

对比相关性分析 1 和相关性分析 2 的结果如下：

· 相关性分析 1：两组因子之间的相关系数不显著。
· 相关性分析 2：所有因子之间的相关系数均显著。

描述统计

|  | 平均值 | 标准偏差 | 个案数 |
|---|---|---|---|
| REGR factor score 1 for analysis 1 | 0.0000000 | 0.99851860 | 335 |
| REGR factor score 2 for analysis 1 | 0.0000000 | 0.97988178 | 335 |
| REGR factor score 3 for analysis 1 | 0.0000000 | 0.95014591 | 335 |
| REGR factor score 4 for analysis 1 | 0.0000000 | 0.94016258 | 335 |
| REGR factor score 5 for analysis 1 | 0.0000000 | 0.88168372 | 335 |

相关性

|  |  | REGR factor score 1 for analysis 1 | REGR factor score 2 for analysis 1 | REGR factor score 3 for analysis 1 | REGR factor score 4 for analysis 1 | REGR factor score 5 for analysis 1 |
|---|---|---|---|---|---|---|
| REGR factor score 1 for analysis 1 | 皮尔逊相关性 | 1 | 0.401** | 0.310** | 0.430** | 0.436** |
|  | Sig.(双尾) |  | 0.000 | 0.000 | 0.000 | 0.000 |
|  | 个案数 | 335 | 335 | 335 | 335 | 335 |
| REGR factor score 2 for analysis 1 | 皮尔逊相关性 | 0.401** | 1 | 0.245** | 0.241** | 0.196** |
|  | Sig.(双尾) | 0.000 |  | 0.000 | 0.000 | 0.000 |
|  | 个案数 | 335 | 335 | 335 | 335 | 335 |
| REGR factor score 3 for analysis 1 | 皮尔逊相关性 | 0.310** | 0.245** | 1 | 0.172** | 0.110* |
|  | Sig.(双尾) | 0.000 | 0.000 |  | 0.002 | 0.045 |
|  | 个案数 | 335 | 335 | 335 | 335 | 335 |
| REGR factor score 4 for analysis 1 | 皮尔逊相关性 | 0.430** | 0.241** | 0.172** | 1 | 0.128** |
|  | Sig.(双尾) | 0.000 | 0.000 | 0.002 |  | 0.019 |
|  | 个案数 | 335 | 335 | 335 | 335 | 335 |
| REGR factor score 5 for analysis 1 | 皮尔逊相关性 | 0.436** | 0.196** | 0.110* | 0.128* | 1 |
|  | Sig.(双尾) | 0.000 | 0.000 | 0.045 | 0.019 |  |
|  | 个案数 | 335 | 335 | 335 | 335 | 335 |

注：* 表示在 0.05 级别（双尾），相关性显著；** 表示在 0.01 级别（双尾），相关性显著。

图 2-41　相关性分析的输出结果：存储的变量

资料来源：笔者自制。

Note: 描述统计的平均值。

可以观察到［描述统计］表中的平均值都是 0，你可能会怀疑是不是分析错了。但是这里，只有当平均值显示为 0 时，才能正确地完成分析。原因是因子分析 2 中的"保存为变量"的方法导致的。

（1）回归分析：将平均值为 0 的真实因子值与估计因子之间的平方差最小化的值作为变量单独存储。

（2）巴特利特：在平均值为 0 的变量之间的范围内，使固有因子平方和最小的值，并保存该值。

（3）安德森—鲁宾：（平均值）=0，（标准偏差）=1，为确认估计因子之间没有相关性，单独保存修正后的 Bartlett 值。

从以上可以看出，基于变量的平均值构成因子的相关分析方式（相关性分析 1）和以因子分析 2 保存的因子得分为标准进行的相关分析方式（相关性分析 2）之间会产生很大的差异。因此，从以后的分析中，我们将使用相关性分析 2，因为它是根据因子分析 2 的因子得分保存成的值进行分析的，这是一种准确的方法。

**步骤3　论文写作**

将相关性分析的结果在论文中表示时，最好将相关数据整理到一个表格中，这样既可以节约版面，又可以直观地进行比较判断。可以按照如表 2-28 所示进行整理。

表 2-28　相关性分析

| 变量 | 平均值 | 标准偏差 | 1 | 2 | 3 | 4 | 5 |
|---|---|---|---|---|---|---|---|
| 1.购买意愿 | 3.3801 | 0.71585 | 1 | | | | |
| 2.价格 | 3.5861 | 1.12307 | 0.401** | 1 | | | |
| 3.满意度 | 2.7771 | 0.85008 | 0.310** | 0.245** | 1 | | |
| 4.有用性 | 3.1662 | 0.69829 | 0.430** | 0.241** | 0.172** | 1 | |
| 5.质量 | 3.8975 | 0.52652 | 0.436** | 0.196** | 0.110* | 0.128* | 1 |

注：* 表示在 0.05 级别（双尾），相关性显著；** 表示在 0.01 级别（双尾），相关性显著。

资料来源：笔者自制。

相关性分析的结果表明，所有变量间的相关系数均显著。

## 三、因子提取与因子旋转比较

通过选择"主成分"和"最大似然"作为因子提取方法来保存变量，并且选择作为正交旋转的"最大方差法"和作为斜交旋转的"直接斜交法"作为旋转方法。

为了了解这些选择所得到的结果值之间的差异，并找到最合适的方法，让我们对每个组合（四种类型）进行相关性分析，如图 2-43 所示。

（1）选择"最大似然—直接斜交"进行分析并确认结果。

（2）选择"主成分—最大方差"进行分析并得到结果，与①的结果进行比较。

（3）选择"最大似然—最大方差"进行公因子分析及正交旋转后，对结果进行比较。

（4）选择"主成分—直接斜交"进行主成分分析及斜交旋转后，对结果进行比较。

### （一）最大似然—直接斜交法旋转

将因子提取方法设置为"最大似然"，因子旋转方法设置为"直接斜交"进行分析，图 2-42 是对其保存的变量进行相关性分析得到的结果。

### （二）主成分—最大方差法旋转

将因子提取方法设置为"主成分"，因子旋转方法设置为"最大方差"进行分析，图 2-43 是对其保存的变量进行相关性分析得到的结果。

**描述统计**

|  | 平均值 | 标准偏差 | 个案数 |
|---|---|---|---|
| REGR factor score 1 for analysis 1 | 0.0000000 | 0.99851860 | 335 |
| REGR factor score 2 for analysis 1 | 0.0000000 | 0.97988178 | 335 |
| REGR factor score 3 for analysis 1 | 0.0000000 | 0.95014591 | 335 |
| REGR factor score 4 for analysis 1 | 0.0000000 | 0.94016258 | 335 |
| REGR factor score 5 for analysis 1 | 0.0000000 | 0.88168372 | 335 |

图 2-42　最大似然—直接斜交法的相关性分析输出结果

**相关性**

| | | REGR factor score 1 for analysis 1 | REGR factor score 2 for analysis 1 | REGR factor score 3 for analysis 1 | REGR factor score 4 for analysis 1 | REGR factor score 5 for analysis 1 |
|---|---|---|---|---|---|---|
| REGR factor score 1 for analysis 1 | 皮尔逊相关性 | 1 | 0.401** | 0.310** | 0.430** | 0.436** |
| | Sig.(双尾) | | 0.000 | 0.000 | 0.000 | 0.000 |
| | 个案数 | 335 | 335 | 335 | 335 | 335 |
| REGR factor score 2 for analysis 1 | 皮尔逊相关性 | 0.401** | 1 | 0.245** | 0.241** | 0.196** |
| | Sig.(双尾) | 0.000 | | 0.000 | 0.000 | 0.000 |
| | 个案数 | 335 | 335 | 335 | 335 | 335 |
| REGR factor score 3 for analysis 1 | 皮尔逊相关性 | 0.310** | 0.245** | 1 | 0.172** | 0.110* |
| | Sig.(双尾) | 0.000 | 0.000 | | 0.002 | 0.045 |
| | 个案数 | 335 | 335 | 335 | 335 | 335 |
| REGR factor score 4 for analysis 1 | 皮尔逊相关性 | 0.430** | 0.241** | 0.172** | 1 | 0.128** |
| | Sig.(双尾) | 0.000 | 0.000 | 0.002 | | 0.019 |
| | 个案数 | 335 | 335 | 335 | 335 | 335 |
| REGR factor score 5 for analysis 1 | 皮尔逊相关性 | 0.436** | 0.196** | 0.110* | 0.128* | 1 |
| | Sig.(双尾) | 0.000 | 0.000 | 0.045 | 0.019 | |
| | 个案数 | 335 | 335 | 335 | 335 | 335 |

注：* 表示在 0.05 级别（双尾），相关性显著；** 表示在 0.01 级别（双尾），相关性显著。

**图 2-42 最大似然—直接斜交法的相关性分析输出结果（续）**

资料来源：笔者自制。

**描述统计**

| | 平均值 | 标准偏差 | 个案数 |
|---|---|---|---|
| REGR factor score 1 for analysis 2 | 0.0000000 | 1.00000000 | 335 |
| REGR factor score 2 for analysis 2 | 0.0000000 | 1.00000000 | 335 |
| REGR factor score 3 for analysis 2 | 0.0000000 | 1.00000000 | 335 |
| REGR factor score 4 for analysis 2 | 0.0000000 | 1.00000000 | 335 |
| REGR factor score 5 for analysis 2 | 0.0000000 | 1.00000000 | 335 |

**图 2-43 主成分—最大方差法的相关性分析输出结果**

**相关性**

| | | REGR factor score 1 for analysis 2 | REGR factor score 2 for analysis 2 | REGR factor score 3 for analysis 2 | REGR factor score 4 for analysis 2 | REGR factor score 5 for analysis 2 |
|---|---|---|---|---|---|---|
| REGR factor score 1 for analysis 2 | 皮尔逊相关性 | 1 | 0.000 | 0.000 | 0.000 | 0.000 |
| | Sig.(双尾) | | 1.000 | 1.000 | 1.000 | 1.000 |
| | 个案数 | 335 | 335 | 335 | 335 | 335 |
| REGR factor score 2 for analysis 2 | 皮尔逊相关性 | 0.000 | 1 | 0.000 | 0.000 | 0.000 |
| | Sig.(双尾) | 1.000 | | 1.000 | 1.000 | 1.000 |
| | 个案数 | 335 | 335' | 335 | 335 | 335 |
| REGR factor score 3 for analysis 2 | 皮尔逊相关性 | 0.000 | 0.000 | 1 | 0.000 | 0.000 |
| | Sig.(双尾) | 1.000 | 1.000 | | 1.000 | 1.000 |
| | 个案数 | 335 | 335 | 335 | 335 | 335 |
| REGR factor score 4 for analysis 2 | 皮尔逊相关性 | 0.000 | 0.000 | 0.000 | 1 | 0.000 |
| | Sig.(双尾) | 1.000 | 1.000 | 1.000 | | 1.000 |
| | 个案数 | 335 | 335 | 335 | 335 | 335 |
| REGR factor score 5 for analysis 2 | 皮尔逊相关性 | 0.000 | 0.000 | 0.000 | 0.000 | 1 |
| | Sig.(双尾) | 1.000 | 1.000 | 1.000 | 1.000 | |
| | 个案数 | 335 | 335 | 335 | 335 | 335 |

图 2-43  主成分—最大方差法的相关性分析输出结果（续）

资料来源：笔者自制。

5 个因子构成的变量之间相关性系数均为 0（所有因素相互独立），因此可以认为所有因子都是相互独立的，显著性概率均为 p=1，结果均不显著。也就是说，［相关性］表证明因子之间不存在相关性。因此，可以确定正交旋转方法（最大方差法）是假设因素之间的独立性（相关性 =0）。

### （三）最大似然—最大方差法旋转

将因子提取方法设置为"最大似然"，因子旋转方法设置为"最大方差"进行分析，图 2-44 是对其保存的变量进行相关性分析得到的结果。

**描述统计**

|  | 平均值 | 标准偏差 | 个案数 |
|---|---|---|---|
| REGR factor score 1 for analysis 3 | 0.0000000 | 0.97599737 | 335 |
| REGR factor score 2 for analysis 3 | 0.0000000 | 0.94635460 | 335 |
| REGR factor score 3 for analysis 3 | 0.0000000 | 0.93069466 | 335 |
| REGR factor score 4 for analysis 3 | 0.0000000 | 0.99240987 | 335 |
| REGR factor score 5 for analysis 3 | 0.0000000 | 0.86901490 | 335 |

**相关性**

|  |  | REGR factor score 1 for analysis 3 | REGR factor score 2 for analysis 3 | REGR factor score 3 for analysis 3 | REGR factor score 4 for analysis 3 | REGR factor score 5 for analysis 3 |
|---|---|---|---|---|---|---|
| REGR factor score 1 for analysis 3 | 皮尔逊相关性 | 1 | 0.012 | 0.011 | 0.003 | 0.015 |
|  | Sig.(双尾) |  | 0.820 | 0.836 | 0.961 | 0.780 |
|  | 个案数 | 335 | 335 | 335 | 335 | 335 |
| REGR factor score 2 for analysis 3 | 皮尔逊相关性 | 0.012 | 1 | 0.008 | 0.005 | 0.004 |
|  | Sig.(双尾) | 0.820 |  | 0.878 | 0.926 | 0.946 |
|  | 个案数 | 335 | 335 | 335 | 335 | 335 |
| REGR factor score 3 for analysis 3 | 皮尔逊相关性 | 0.011 | 0.008 | 1 | 0.032 | 0.003 |
|  | Sig.(双尾) | 0.836 | 0.878 |  | 0.554 | 0.952 |
|  | 个案数 | 335 | 335 | 335 | 335 | 335 |
| REGR factor score 4 for analysis 3 | 皮尔逊相关性 | 0.003 | 0.005 | 0.032 | 1 | 0.042 |
|  | Sig.(双尾) | 0.961 | 926 | 0.554 |  | 0.445 |
|  | 个案数 | 335 | 335 | 335 | 335 | 335 |
| REGR factor score 5 for analysis 3 | 皮尔逊相关性 | 0.015 | 0.004 | 0.003 | 0.042 | 1 |
|  | Sig.(双尾) | 0.780 | 0.946 | 0.952 | 0.445 |  |
|  | 个案数 | 335 | 335 | 335 | 335 | 335 |

**图 2-44　最大似然—最大方差法的相关性分析输出结果**

资料来源：笔者自制。

与"主成分—最大方差"一样，5 个因子之间的相关性系数的显著性概率均大于 0.05，因此不显著。因此可以认为所有因子都没有任何关联。将"主成分—最大方差"方法和"最大似然—最大方差"方法进行比较时，可以确认正交旋转方法最大方差法是假设因子之间的独立性（相关性 =0）。

## （四）主成分—直接斜交法旋转

将因子提取方法设置为"主成分"，因子旋转方法设置为"直接斜交"进行分析，图2-45是对其保存的变量进行相关性分析得到的结果。

**描述统计**

|  | 平均值 | 标准偏差 | 个案数 |
|---|---|---|---|
| REGR factor score 1 for analysis 4 | 0.0000000 | 1.00000000 | 335 |
| REGR factor score 2 for analysis 4 | 0.0000000 | 1.00000000 | 335 |
| REGR factor score 3 for analysis 4 | 0.0000000 | 1.00000000 | 335 |
| REGR factor score 4 for analysis 4 | 0.0000000 | 1.00000000 | 335 |
| REGR factor score 5 for analysis 4 | 0.0000000 | 1.00000000 | 335 |

**相关性**

|  |  | REGR factor score 1 for analysis 4 | REGR factor score 2 for analysis 4 | REGR factor score 3 for analysis 4 | REGR factor score 4 for analysis 4 | REGR factor score 5 for analysis 4 |
|---|---|---|---|---|---|---|
| REGR factor score 1 for analysis 4 | 皮尔逊相关性 | 1 | -0.207** | 0.201** | 0.135* | -0.357** |
|  | Sig.(双尾) |  | 0.000 | 0.000 | 0.013 | 0.000 |
|  | 个案数 | 335 | 335 | 335 | 335 | 335 |
| REGR factor score 2 for analysis 4 | 皮尔逊相关性 | -0.207** | 1 | -0.131* | -0.064 | 0.266** |
|  | Sig.(双尾) | 0.000 |  | 0.016 | 0.244 | 0.000 |
|  | 个案数 | 335 | 335 | 335 | 335 | 335 |
| REGR factor score 3 for analysis 4 | 皮尔逊相关性 | 0.201** | -0.131* | 1 | 0.074 | -0.341** |
|  | Sig.(双尾) | 0.000 | 0.016 |  | 0.177 | 0.000 |
|  | 个案数 | 335 | 335 | 335 | 335 | 335 |
| REGR factor score 4 for analysis 4 | 皮尔逊相关性 | 0.135* | -0.064 | 0.074 | 1 | -0.321** |
|  | Sig.(双尾) | 0.013 | 0.244 | 0.177 |  | 0.000 |
|  | 个案数 | 335 | 335 | 335 | 335 | 335 |
| REGR factor score 5 for analysis 4 | 皮尔逊相关性 | -0.357** | 0.266** | -0.341** | -0.321** | 1 |
|  | Sig.(双尾) | 0.000 | 0.000 | 0.000 | 0.000 |  |
|  | 个案数 | 335 | 335 | 335 | 335 | 335 |

注：* 表示在0.05级别（双尾），相关性显著；** 表示在0.01级别（双尾），相关性显著。

图2-45 主成分—直接斜交法的相关性分析输出结果

资料来源：笔者自制。

存在因子间显著性概率小于0.05（p<0.05）的情况，从相关系数来看，负（-）值的情况比较多。这种负相关意味着这些因子之间具有负向（-）的影响。

查看因子提取和因子旋转的每种组合，可以看出即使使用相同的数据，结果也会因提取方法和旋转方法的不同而不同。

总之，"主成分—最大方差"的组合是不准确的，因为相关系数为 0 和显著性概率为 1 是不合理的。在"最大似然—最大方差"组合中，相关系数可以在一定程度上得到证实，但这也是不准确的，因为显著性概率不符合 p<0.05 的标准。在"主成分—直接斜交"的组合中，有很多显著性概率 p<0.05 的研究问题，但也发现了许多负相关系数。由于这些原因，因此我们进行相关性分析时，需要对通过"最大似然—直接斜交"导出的变量进行相关性分析。

为了准确地得到预期的结果，研究者们应该明确地知道这些分析方法之间的差异。

## 四、交叉分析和 $\chi^2$ 检验

交叉分析是相关性分析中的一种，但由于这个术语本身没有包含"相关分析"的这种表达词汇，因此很难知道交叉分析与相关性分析之间有什么关系。当问卷项目由名义尺度和顺序尺度组成时，用交叉分析进行相关性分析。也就是说，交叉分析是比较特定群体之间频率分布的分析。

$\chi^2$ 检验（chi-square），也称为卡方检验，是一种在交叉分析后确定组间差异是否显著的分析。例如，通过交叉分析比较不同性别的手机购买意愿，或比较不同地区的手机购买意愿，同时检验该分析结果是否显著。

在 $\chi^2$ 检验中，进行了三个检验：独立性检验（确定变量之间是否存在相关性）、拟合优度检验（样本的拟合优度）和同一性检定（组间分布是否相同）。通过下面的研究问题，我们来学习一下交叉分析和检验过程。

**研究问题**

比较地区 1 和地区 2 的折叠屏智能手机购买意愿，分析两地购买意愿的差异。

**步骤1** 操作练习（2-14操作练习）

119

## 步骤2 结果分析

根据步骤1操作完成后，得到结果见图2-46。

**个案处理摘要**

| | 个案 | | | | | |
|---|---|---|---|---|---|---|
| | 有效 | | 缺失 | | 总计 | |
| | N | 百分比（%） | N | 百分比（%） | N | 百分比（%） |
| 购买意愿*地区 | 320 | 100.0 | 0 | 0.0 | 320 | 100.0 |

**购买意愿*地区 交叉表**

| | | | 地区 | | 总计 |
|---|---|---|---|---|---|
| | | | 1 | 2 | |
| 购买意愿 | 1 | 计数 | 152 | 7 | 159 |
| | | 期望计数 | 99.9 | 59.1 | 159.0 |
| | | 占地区的百分比 | 75.6% | 5.9% | 49.7% |
| | | 占总计的百分比 | 47.5% | 2.2% | 49.7% |
| | 2 | 计数 | 49 | 112 | 161 |
| | | 期望计数 | 101.1 | 59.9 | 161.0 |
| | | 占地区的百分比 | 24.4% | 94.1% | 50.3% |
| | | 占总计的百分比 | 15.3% | 35.0% | 50.3% |
| 总计 | | 计数 | 201 | 119 | 320 |
| | | 期望计数 | 201.0 | 119.0 | 320.0 |
| | | 占地区的百分比 | 100.0% | 100.0% | 100.0% |
| | | 占总计的百分比 | 62.8% | 37.2% | 100.0% |

**卡方检验**

| | 值 | 自由度 | 渐进显著性（双侧） | 精确显著性（双侧） | 精确显著性（单侧） |
|---|---|---|---|---|---|
| 皮尔逊卡方 | 145.421[a] | 1 | 0.000 | | |
| 连续性修正[b] | 142.645 | 1 | 0.000 | | |
| 似然比 | 167.086 | 1 | 0.000 | | |
| 费希尔精确检验 | | | | 0.000 | 0.000 |
| 线性关联 | 144.967 | 1 | 0.000 | | |
| 有效个案数 | 320 | | | | |

注：a.0个单元格（0.0%）的期望计数小于5。最小期望计数为59.13。b.仅针对2×2表进行计算。

**图2-46 交叉分析的输出结果**

资料来源：笔者自制。

（1）个案处理摘要：显示有关样本的数量和有效、缺失值的信息。

（2）购买意愿*地区交叉表：作为交叉分析的结果，显示了各地区购买意愿的观测频率。

（3）卡方检验：交叉分析后，组间差异显著性 p<0.05，说明组间存在差异。这意味着拒绝相互独立的原假设并采纳相互关联的对立假设。

## 步骤3　论文写作

在论文中表达交叉分析和卡方检验的结果时，只需在图 2-46 的表中掌握有效 / 缺失的数值，并以购买意愿*地区 交叉表的观测频率为准，给出预测期望频率的依据即可。在图 2-46 的表中，根据皮尔逊卡方的显著性来描述组间是否存在差异就可以了。

但实际上，撰写论文的方法因研究者而异，只要以适合各自的形式准确地填充相关内容即可。

表 2-29 为相关样本摘要。

表 2-29　样本摘要

| | 个案 | | | | | |
|---|---|---|---|---|---|---|
| | 有效 | | 缺失 | | 总计 | |
| | N | 百分比（%） | N | 百分比（%） | N | 百分比（%） |
| 购买意愿*地区 | 320 | 100.0 | 0 | 0.0 | 320 | 100.0 |

资料来源：笔者自制。

本书研究数据总共包含 320 个样本，见表 2-30。

表 2-30　购买意愿 * 地区交叉

| | | | 地区 | | 总计 |
|---|---|---|---|---|---|
| | | | 1 | 2 | |
| 购买意愿 | 1 | 计数 | 152 | 7 | 159 |
| | | 期望计数 | 99.9 | 59.1 | 159.0 |
| | | 占地区的百分比（%） | 75.6 | 5.9 | 49.7 |
| | | 占总计的百分比（%） | 47.5 | 2.2 | 49.7 |
| | 2 | 计数 | 49 | 112 | 161 |
| | | 期望计数 | 101.1 | 59.9 | 161.0 |
| | | 占地区的百分比（%） | 24.4 | 94.1 | 50.3 |
| | | 占总计的百分比（%） | 15.3 | 35.0 | 50.3 |
| 总计 | | 计数 | 201 | 119 | 320 |
| | | 期望计数 | 201.0 | 119.0 | 320.0 |
| | | 占地区的百分比（%） | 100.0 | 100.0 | 100.0 |
| | | 占总计的百分比（%） | 62.8 | 37.2 | 100.0 |

资料来源：笔者自制。

如表 2-31 所示，交叉分析后组间差异的显著性 $p<0.05$，表明所有组之间存在差异。因此，我们拒绝相互独立的原假设，并采纳相互关联的研究假设。也就是说地区 1 和地区 2 的人对于折叠屏智能手机的购买意愿存在差异。

表 2-31　卡方检验

|  | 值 | 自由度 | 渐进显著性（双侧） | 精确显著性（双侧） | 精确显著性（单侧） |
|---|---|---|---|---|---|
| 皮尔逊卡方 | 145.421[a] | 1 | 0.000 | | |
| 连续性修正[b] | 142.645 | 1 | 0.000 | | |
| 似然比 | 167.086 | 1 | 0.000 | | |
| 费希尔精确检验 | | | | 0.000 | 0.000 |
| 线性关联 | 144.967 | 1 | 0.000 | | |
| 有效个案数 | 320 | | | | |

注：a.0 个单元格（0.0%）的期望计数小于 5。最小期望计数为 59.13。b. 仅针对 2×2 表进行计算。

资料来源：笔者自制。

# 第九节　初级回归分析（一元／多元）

## 学习目标

（1）理解回归分析的概念，可以区分每种类型；

（2）理解一元回归分析和多元回归分析的区别；

（3）了解线性回归分析中的线性意义；

（4）从回归分析的输出结果可以导出回归式；

（5）了解 F 值 t 值、非标准化系数、标准化系数、相关性和多重共线性的概念；

（6）了解回归分析中使用的德宾 – 沃森（Durbin-Watson）值、容差、VIF 指标的概念，可以利用上述指标对结果进行分析。

## 掌握内容

（1）回归分析的概念；

（2）一元 / 多元回归分析的适用；

（3）一元 / 多元回归分析的区分；

（4）线性回归分析方法。

回归分析（regression analysis）是了解自变量和因变量之间相互关联程度的分析方法。也就是说，测量一个变量的变化对另一个变量有多大影响的方法，在分析两个变量之间的因果关系时经常使用。回归分析用于分析以等距尺度和比率尺度测量的数据，如果以名义尺度和顺序尺度测量，可以使用虚拟变量（dummy variable）对尺度进行变形后进行分析。

回归分析根据变量的数量和尺度等环境分为以下种类，如表 2-32 所示。

表 2-32　回归分析的类型

| 分类因素1 | 分类因素2 | 分类名称 |
| --- | --- | --- |
| 自变量的个数 | 1个 | 一元回归分析 |
| | 2个以上 | 多元回归分析 |
| 自变量的尺度 | 名义尺度、顺序尺度 | 虚拟变量回归分析 |
| | 等距尺度、比率尺度 | 一般回归分析 |
| 自变量和因变量的关系 | 线性 | 线性回归分析 |
| | 非线性 | 非线性回归分析 |

资料来源：谢宇 . 回归分析［M］. 北京：社会科学文献出版社，2013.

表 2-32 是回归分析的一般划分方法。本书不遵循这种方法，而是按照以下分析方法进行划分说明：第九节：一元 / 多元回归分析；第十节：逐步 / 层次 / 虚拟变量回归分析；第十一节：调节 / 中介 / 逻辑回归分析

为了帮助大家理解回归分析，让我们看一个例子以试图了解企业的投入成本和销售额之间有什么因果关系。

假设与现有广告费支出相比，销售额之间存在以下相关关系：

投入成本 10 万元 = 销售额 100 万元

投入成本 20 万元 = 销售额 200 万元

投入成本 30 万元 = 销售额 300 万元

投入成本 40 万元 = 销售额 400 万元

投入成本 50 万元 = 销售额 500 万元

那么，如果投入 60 万元，销售额会是多少？通过以上数据导出了"销售额 = 投入成本 ×10 万元"方程式，销售额将为 600 万元。以这些数据为基础，

用圆点表示，可以看出它们虽然不完整，但呈黑色的直线状分布。这时，利用黑线的倾斜和切点导出回归式的过程称为回归分析。图 2-47 呈现了投入成本和销售额之间的关系。

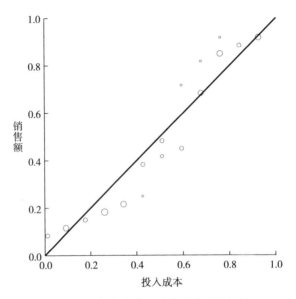

销售额 (y轴)
投入成本 (x轴)

图 2-47　投入成本和销售额之间的关系

资料来源：笔者自制。

Tip：实际上不存在这样极端线性的情况。后面会说明，根据散点图的分布程度，大致分为线性和非线性。

## 一、一元回归分析

一元回归分析是回归分析其中的一种，用于分析用等距尺度和比率尺度测量的数据。因为只有一个自变量，所以被称为一元回归分析。要进行回归分析，基本上要对样本的测量值进行线性化。因此，在正式分析之前，先绘制测量资料的散点图，确认是否为线性。

**研究问题**

试图确定企业增加或减少投入成本的政策对销售额有何影响。图 2-48 是为了观察投入成本（自变量）的变化对销售额（因变量）的影响而建立的模型。通过一元回归分析，看看投入成本和销售额的关系。

**图 2-48 一元回归模型**

资料来源：笔者自制。

**步骤1 操作练习（2-15操作练习）**

**步骤2 结果分析**

根据步骤 1 操作完成后，得到的结果见图 2-49。

**输入/除去的变量[a]**

| 模型 | 输入的变量 | 除去的变量 | 方法 |
|------|-----------|-----------|------|
| 1 | 投入成本[b] | | 输入 |

注：a. 因变量：销售额；b. 已输入所请求的所有变量。

**模型摘要[b]**

| 模型 | R | $R^2$ | 调整后$R^2$ | 标准估算的错误 |
|------|-----|-------|------------|--------------|
| 1 | 0.831[a] | 0.691 | 0.686 | 0.817 |

注：a. 预测变量：（常量），投入成本；b. 因变量：销售额。

**ANOVA[a]**

| 模型 | | 平方和 | 自由度 | 均方 | F | 显著性 |
|------|------|--------|--------|------|------|--------|
| 1 | 回归 | 86.700 | 1 | 86.700 | 129.938 | 0.000[b] |
| | 残差 | 38.700 | 58 | 0.667 | | |
| | 总计 | 125.400 | 59 | | | |

注：a. 因变量：销售额；b. 预测变量：（常量），投入成本。

**系数[a]**

| 模型 | | 未标准化系数 | | 标准化系数 | t | 显著性 | B的95.0%置信区间 | |
|------|--------|------|----------|------|-----|--------|--------|--------|
| | | B | 标准错误 | Beta | | | 下限 | 上限 |
| 1 | （常量） | 0.350 | 0.247 | | 1.415 | 0.162 | −0.145 | 0.845 |
| | 投入成本 | 0.850 | 0.075 | 0.831 | 11.399 | 0.000 | 0.701 | 0.999 |

注：a. 因变量：销售额。

**图 2-49 一元回归分析的导出结果**

资料来源：笔者自制。

Note: 回归分析中自变量和因变量。

为了进行回归分析，首先要确认变量。在一元回归分析中，自变量是 1 个，自变量影响因变量。以"投入成本、销售额"的 2 个变量为准。其次为了确认投入成本对销售额的影响，应把"投入成本"作为自变量，"销售额"作为因变量。

（1）输入 / 除去的变量：在"输入的变量"中，确认自变量是"投入成本"，注释 a 中的因变量是"销售额"。

（2）模型摘要：R=0.831 表示自变量和因变量之间的相关关系，$R^2$=0.691 说明回归式销售额变化的 69.1%，调整后的 $R^2$ 值为 0.686，这是考虑到自变量的数量和样本的大小而修改的。这个修改后的值用于估计样本量的决定系数，如果样本的数量较大，则会计算出与 $R^2$ 相同的值。

（3）方差分析：可以判断回归方程式是否显著。在回归模型中，F=129.938 固有概率为 0.000，可以从统计上判断显著。

（4）系数：可以确认组成回归方程式的常数和系数，如 $Y=\beta_0+\beta_1X$，即常数为 0.350，自变量 X 的系数为 0.850，回归式如下：

Y=0.350+0.850X →销售额 =（0.350+0.850）× 投入成本

置信区间的下限值 / 上限值的意义是指，如果将自变量的投入成本 X 值增加 1，相应于因变量 Y 的值将在 0.701（下限值）~0.999（下限值）之间增加。

由确认结果可知，随着投入成本的增加，销售额将增加到 0.850 的倾斜。斜率是指投入成本增加 1 个单位时，销售额增加的比率。

步骤3 论文写作

在本书中，为了理解回归分析的概念和性质，将一元回归分析作为实战内容。但是，只利用一元回归分析写论文的情况是没有意义的。因此，在论文中表达的方法将从多元回归分析后开始提出。

Note: 回归式中的非标准化系数（B）和标准化系数（β）。

要导出回归方程，必须使用［系数］表。［系数］表中显示了非标准化系数和标准化系数，回归式中使用非标准化系数，因为非标准化系数与测量数据有关。上面的示例是一个自变量为 1 的一元回归模型，只受一个单位投入成本的影响，因此不需要考虑测量数据的单位，所以使用非标准化系数。

　　让我们看一下使用标准化系数的情况。如果说有以 cm 或 m 为单位测量的"身高"变量和以 kg 或 g 为单位测量的"体重"两个自变量，那么两个变量的单位不同，大小也不同，即使各自的数值都是 2.0，也不能说两个变量是一样的。如果单位不同的变量是两个以上，就使用标准化系数作为统一各单位的系数。也就是说，在创建回归式时，可以使用非标准化系数，但在比较自变量之间的系数时，需要使用标准化系数来比较、判断各变量的影响力。

## 二、多元回归分析

　　一元回归分析和多元回归分析划分的依据是自变量的个数，当自变量为 2 个以上时，采用多元回归分析。多元回归分析也是回归分析，适用研究的尺度是等距尺度和比率尺度。

### 研究问题

　　为了了解某商店的商品属性对消费者购买意愿的影响因素，我们对商品的质量、价格、有用性进行回归分析。研究模型设置如下，对 4 个变量分别进行了 3 个问题共 12 个问项的问卷调查。多元回归分析研究模型如图 2-50 所示。

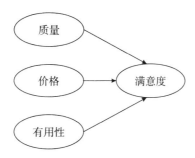

**图 2-50　多元回归分析研究模型**

资料来源：笔者自制。

　　这个示例应该使用"多元回归分析"进行分析。将 3 个与自变量相对应的变量作为"质量、价格、有用性"，将因变量作为"满意度"进行分析。正如之前在因素分析和相关分析中所述，这里也将多元回归分析方法分为两种方法进行说明：①常用但不准确的分析方法（通过变量计算进行多元回归分析），②准确但不常用的分析方法（通过因子分析进行多元回归分析）。

如果是第一次接触统计的入门者，希望从正确的分析方法②开始学习，完全理解概念。而且，如果是在一定程度上接触统计的中级研究者，建议通过比较不太准确的分析方法①和准确的分析方法②来学习。

## （一）多元回归分析 1：利用变量计算的分析

**步骤1** 操作练习（2-16操作练习）

**步骤2** 结果分析

根据步骤 1 操作完成后，得到的结果见图 2-51。

**描述统计**

|  | 平均值 | 标准偏差 | 个案数 |
|---|---|---|---|
| 满意度 | 3.3675 | 0.70722 | 331 |
| 质量 | 3.5801 | 1.12347 | 331 |
| 价格 | 3.2062 | 0.72009 | 331 |
| 有用性 | 2.815 | 0.7638 | 331 |

**相关性**

| 满意度 |  | | 质量 | 价格 | 有用性 |
|---|---|---|---|---|---|
| 皮尔逊相关性 | 满意度 | 1.000 | 0.362 | 0.399 | 0.311 |
|  | 质量 | 0.362 | 1.000 | 0.226 | 0.223 |
|  | 价格 | 0.399 | 0.226 | 1.000 | 0.184 |
|  | 有用性 | 0.311 | 0.223 | 0.184 | 1.000 |
| 显著性（单尾） | 满意度 |  | 0.000 | 0.000 | 0.000 |
|  | 质量 | 0.000 |  | 0.000 | 0.000 |
|  | 价格 | 0.000 | 0.000 |  | 0.000 |
|  | 有用性 | 0.000 | 0.000 | 0.000 |  |
| 个案数 | 满意度 | 331 | 331 | 331 | 331 |
|  | 质量 | 331 | 331 | 331 | 331 |
|  | 价格 | 331 | 331 | 331 | 331 |
|  | 有用性 | 331 | 331 | 331 | 331 |

**输入/除去的变量[a]**

| 模型 | 输入的变量 | 除去的变量 | 方法 |
|---|---|---|---|
| 1 | 有用性，价格，质量[b] |  | 输入 |

注：a. 因变量：满意度；b. 已输入所请求的所有变量。

图 2-51 多元回归分析导出结果

**模型摘要[b]**

| 模型 | R | R² | 调整后R² | 标准估算的错误 | 德宾-沃森 |
|---|---|---|---|---|---|
| 1 | 0.524[a] | 0.274 | 0.267 | 0.60529 | 1.827 |

注：a.预测变量：（常量），有用性、价格、质量；b.因变量：满意度。

**ANOVA[a]**

| 模型 | | 平方和 | 自由度 | 均方 | F | 显著性 |
|---|---|---|---|---|---|---|
| 1 | 回归 | 45.249 | 3 | 15.083 | 41.168 | 0.000[b] |
| | 残差 | 119.805 | 327 | 0.366 | | |
| | 总计 | 165.054 | 330 | | | |

注：a.因变量：满意度；b.预测变量：（常量），有用性、价格、质量。

**系数[a]**

| 模型 | | 未标准化系数 | | 标准化系数 | t | 显著性 | B的95.0%置信区间 | | 共线性统计 | |
|---|---|---|---|---|---|---|---|---|---|---|
| | | B | 标准错误 | Beta | | | 下限 | 上限 | 容差 | VIF |
| 1 | （常量） | 1.323 | 0.189 | | 6.992 | 0.000 | 0.951 | 1.696 | | |
| | 质量 | 0.156 | 0.031 | 0.248 | 5.032 | 0.000 | 0.095 | 0.217 | 0.915 | 1.093 |
| | 价格 | 0.301 | 0.048 | 0.306 | 6.273 | 0.000 | 0.207 | 0.395 | 0.930 | 1.075 |
| | 有用性 | 0.185 | 0.045 | 0.200 | 4.091 | 0.000 | 0.096 | 0.274 | 0.931 | 1.074 |

注：a.因变量：满意度。

**共线性诊断[a]**

| 模型 | 维 | 特征值 | 条件指标 | 方差比例 | | | |
|---|---|---|---|---|---|---|---|
| | | | | （常量） | 质量 | 价格 | 有用性 |
| 1 | 1 | 3.866 | 1.000 | 0.00 | 0.01 | 0.00 | 0.00[b] |
| | 2 | 0.064 | 7.777 | 0.01 | 0.91 | 0.03 | 0.22 |
| | 3 | 0.048 | 8.946 | 0.03 | 0.06 | 0.40 | 0.64 |
| | 4 | 0.022 | 13.357 | 0.95 | 0.02 | 0.57 | 0.14 |

注：a.因变量：满意度。

**个案诊断[a]**

| 个案号 | 标准残差 | 满意度 | 预测值 | 残差 |
|---|---|---|---|---|
| 149 | 3.026 | 5.00 | 3.1683 | 1.83168 |
| 254 | 3.161 | 5.00 | 3.0868 | 1.91323 |

注：a.因变量：满意度。

**残差统计[a]**

| | 最小值 | 最大值 | 平均值 | 标准偏差 | 个案数 |
|---|---|---|---|---|---|
| 预测值 | 2.1158 | 4.3837 | 3.3675 | 0.37030 | 331 |
| 残差 | −1.22430 | 1.91323 | 0.00000 | 0.60253 | 331 |
| 标准预测值 | −3.380 | 2.744 | 0.000 | 1.000 | 331 |
| 标准残差 | −2.023 | 3.161 | 0.000 | 0.995 | 331 |

注：a.因变量：满意度。

图2-51　多元回归分析导出结果（续）

资料来源：笔者自制。

（1）描述统计：显示各变量的平均值、标准偏差和样本个数。

（2）相关系数：显示各变量之间的皮尔逊（Pearson）相关性、显著性和样本个数。经确认，所有变量之间对相关系数的显著性是有意义的，所有变量之间显著性水平 $p<0.001$。

（3）输入/除去的变量：在导入的变量中"质量、价格、有用性"作自变量，注释 a 中"满意度"作为因变量。

（4）模型摘要：$R=0.524$，表示自变量和因变量之间的相关关系，$R^2=0.274$，对回归线的满意度解释了 27.4%。调整后的 $R^2=0.267$ 是考虑到自变量和样本大小而调整的值。德宾 – 沃森（Durbin-Watson）的数值为 1.827，接近 2，则可以认为样本是独立的。残差的正态性和等分散性在图 2–51 可以确认。

Tip：检查残差独立性的德宾-沃森（Durbin-Watson）的数值应该在 0~4，接近 2 可以说明样本是独立的。

（5）方差分析：这是判断回归方程式本身显著性的表。在回归模型中的 $F=41.168$，显著性水平 0.000，说明是有意义的。

（6）系数：表中显示的是"$Y=\beta_0+\beta_1X_1+\beta_2X_2+\beta_3X_3+\cdots+\beta_nX_n$"的多元回归方程式的系数和常数。常数是 1.323。自变量"质量"的相关系数为 0.156，"价格"为 0.301，"有用性"为 0.185，回归式如下。如图 2–51 所示，VIF 小于 10，则认为没有多重共线性的问题。

$$Y=\beta_0+\beta_1X_1+\beta_2X_2+\beta_3X_3+\cdots+\beta_nX_n$$

→满意度 =1.323+0.156× 质量 +0.301× 价格 +0.185× 有用性

（7）共线性诊断：这是判断是否存在多重共线性的其他指标。"特征值"是对自变量的变形值进行因子分析求得的。"条件指标"是固有值的变形值，小于 15 才能判断不存在多重共线性的问题。方差比例表示每个自变量的说明力。

（8）个案诊断："标准化残差"的值对异常值的判断有用。在分析/回归分析/线性/统计量/个案诊断中，将出现的异常值（O）设置为标准偏差 3。该设置除了超出标准偏差 ±3 的值外，还要进行分析。个案诊断表中标准化残差的绝对值在 3 以上即为异常观测值，在 2~3 即为有可能的异常观测值。对于满意度，将因变量的实际观测值、预测值和残差一起表示。

（9）残差统计：以因变量满意度的预测值为准，显示最小值、最大值、平均值、标准偏差、对样本个数（N）的残差、标准预测值、标准残差。

Note：容差和VIF。

共线性统计是一个结果表，可以用"容差"和"VIF"的值确认多重共线性。容差是指容差极限（tolerance），VIF 是指方差膨胀系数（Variance Inflation Factor）。VIF 和容差是负相关关系。VIF 具有 1~ ∞（1 到无穷大）的值，小于 10 则说明不存在多重共线性的问题。相关直接分析见图 2-52。

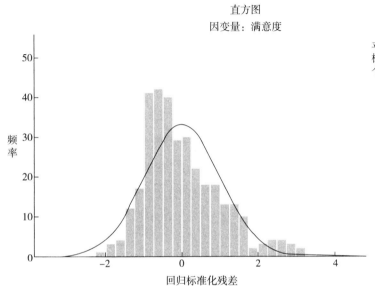

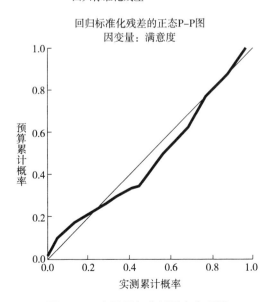

**图 2-52　多元回归分析导出直观图**

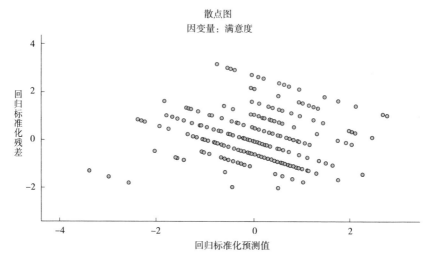

图 2-52　多元回归分析导出直观图（续）

资料来源：笔者自制。

（10）直方图：以因变量满意度的标准化残差的直方图，实线呈标准正态分布。

（11）回归标准化残差的正态 P-P 图：如果标准残差呈标准正态分布，那么点应位于 45° 直线上。

（12）散点图：表示标准化残差（ZRESID）与标准化预测值（ZPRED）的关系。散点图也被用作等分散验证。在本例中，标准化残差和标准化预测值之间不应出现任何关系。

回归式的显著性为 0.000，回归模型的说明力为 0.274。另外，德宾－沃森（Durbin-Watson）的数值为 1.827，接近 2，则可以认为样本是独立的。残差的正态性和等分散性也可以确认。在这里，VIF 小于 10，没有多重共线性的问题。从回归式的系数来看，自变量"质量"的相关系数为 0.156，"价格"为 0.301，"有用性"为 0.185，相较其影响力的话，可以分别确认为 0.248、0.306、0.200。

Note：如何判断存在多重共线性。

（1）看 VIF 值，VIF 值大于 10 的话，说明模型存在严重的共线性问题。

（2）看容差值，容差值 =1/VIF，当容差值小于 0.1 的话，则表示模型存在多重共线性问题。

（3）看条件指标值，最大值在 15 以上时，说明模型存在严重的共线性问题。

（4）看方差比例值，最大值两个以上大于 0.9 时，说明模型存在严重的共线性问题。

（二）多元回归分析 2：通过因子分析

通过算术平均值得出的变量可能出现误差或存在多重共线性等问题，另外，应用平均值进行分析的方法不具有逻辑上的可行性。从现在开始，将以因子分析得到的变量值为标准进行回归分析。

**步骤1**　操作练习(2-17操作练习）

**步骤2**　结果分析

根据步骤 1 操作完成后，得到的结果如图 2-53 所示。

（1）描述统计：显示各变量的平均值、标准偏差和样本个数。偶尔在描述统计表中看到平均值都是 0，可能会误认为分析错误。但是，用于回归分析的变量都是进行因子分析后保存的变量值。

（2）相关系数：显示各变量之间的皮尔逊（Pearson）相关性、显著性和样本个数。经确认，所有变量之间对相关系数的显著性是有意义的，所有变量之间显著性水平 $p<0.001$。

（3）输入/除去的变量：在导入的变量中"FAC 质量、FAC 价格、FAC 有用性"作自变量，注释 a 中的"FAC 满意度"作为因变量。

（4）模型摘要：R=0.472，表示自变量和因变量之间的相关关系，$R^2=0.223$，对回归线的满意度解释了 22.3%。调整后的 $R^2=0.216$ 是考虑到自变量和样本大小而调整的值。德宾 - 沃森（Durbin-Watson）的数值为 2.111，接近 2，则可以认为样本是独立的。残差的正态性和等分散性在图 5-54 中可以确认。

**Tip：**检查残差独立性的德宾-沃森（Durbin-Watson）的数值应该在0~4，接近2可以说明样本是独立的。

（5）方差分析：这是判断回归方程式本身显著性的表。在回归模型中的 F=31.242，显著性水平 0.000，说明是有意义的。

**描述统计**

| | 平均值 | 标准偏差 | 个案数 |
|---|---|---|---|
| FAC满意度 | −0.0079432 | 0.96389754 | 331 |
| FAC质量 | −0.0183556 | 1.03043574 | 331 |
| FAC价格 | −0.0153842 | 0.99849300 | 331 |
| FAC有用性 | −0.0152036 | 0.96708635 | 331 |

**相关性**

| | FAC满意度 | | FAC质量 | FAC价格 | FAC有用性 |
|---|---|---|---|---|---|
| 皮尔逊相关性 | FAC满意度 | 1.000 | 0.464 | 0.253 | 0.214 |
| | FAC质量 | 0.464 | 1.000 | 0.402 | 0.353 |
| | FAC价格 | 0.253 | 0.402 | 1.000 | 0.255 |
| | FAC有用性 | 0.214 | 0.353 | 0.255 | 1.000 |
| 显著性（单尾） | FAC满意度 | | 0.000 | 0.000 | 0.000 |
| | FAC质量 | 0.000 | | 0.000 | 0.000 |
| | FAC价格 | 0.000 | 0.000 | | 0.000 |
| | FAC有用性 | 0.000 | 0.000 | 0.000 | |
| 个案数 | FAC满意度 | 331 | 331 | 331 | 331 |
| | FAC质量 | 331 | 331 | 331 | 331 |
| | FAC价格 | 331 | 331 | 331 | 331 |
| | FAC有用性 | 331 | 331 | 331 | 331 |

**输入/除去的变量[a]**

| 模型 | 输入的变量 | 除去变量 | 方法 |
|---|---|---|---|
| 1 | FAC有用性，FAC价格，FAC质量[b] | | 输入 |

注：a.因变量：FAC满意度；b.已输入所请求的所有变量。

**模型摘要[b]**

| 模型 | R | $R^2$ | 调整后$R^2$ | 标准估算的错误 | 德宾-沃森 |
|---|---|---|---|---|---|
| 1 | 0.472[a] | 0.223 | 0.216 | 0.85366672 | 2.111 |

注：a.预测变量：（常量），FAC有用性，FAC价格，FAC质量；b.因变量：FAC满意度。

**图2-53 多元回归分析导出结果**

ANOVA[a]

| 模型 | | 平方和 | 自由度 | 均方 | F | 显著性 |
|---|---|---|---|---|---|---|
| 1 | 回归 | 68.302 | 3 | 22.767 | 31.242 | 0.000[b] |
| | 残差 | 238.300 | 327 | 0.729 | | |
| | 总计 | 306.602 | 330 | | | |

注：a. 因变量：FAC 满意度；b. 预测变量：（常量），FAC 有用性，FAC 价格，FAC 质量。

系数[a]

| 模型 | | 未标准化系数 | | 标准化系数 | t | 显著性 | B的95.0%置信区间 | | 共线性统计 | |
|---|---|---|---|---|---|---|---|---|---|---|
| | | B | 标准错误 | Beta | | | 下限 | 上限 | 容差 | VIF |
| 1 | （常量） | 0.001 | 0.047 | | 0.022 | 0.982 | −0.091 | 0.093 | | |
| | FAC质量 | 0.391 | 0.052 | 0.418 | 7.536 | 0.000 | 0.289 | 0.494 | 0.771 | 1.297 |
| | FAC价格 | 0.070 | 0.052 | 0.072 | 1.341 | 0.181 | −0.032 | 0.172 | 0.824 | 1.214 |
| | FAC有用性 | 0.048 | 0.052 | 0.048 | 0.916 | 0.361 | −0.055 | 0.151 | 0.860 | 1.162 |

注：a. 因变量：FAC 满意度。

共线性诊断[a]

| 模型 | 维 | 特征值 | 条件指标 | 方差比例 | | | |
|---|---|---|---|---|---|---|---|
| | | | | （常量） | FAC质量 | FAC价格 | FAC有用性 |
| 1 | 1 | 1.678 | 1.000 | 0.00 | 0.18 | 0.16 | 0.15 |
| | 2 | 0.999 | 1.296 | 1.00 | 0.00 | 0.00 | 0.00 |
| | 3 | 0.749 | 1.497 | 0.00 | 0.01 | 0.42 | 0.70 |
| | 4 | 0.574 | 1.710 | 0.00 | 0.81 | 0.42 | 0.15 |

注：a. 因变量：FAC 满意度。

残差统计[a]

| | 最小值 | 最大值 | 平均值 | 标准偏差 | 个案数 |
|---|---|---|---|---|---|
| 预测值 | −1.5638890 | 1.0885971 | −0.0079432 | 0.45494678 | 331 |
| 残差 | 2.73437023 | 2.64190793 | 0.00000000 | 0.84977755 | 331 |
| 标准预测值 | −3.420 | 2.410 | 0.000 | 1.000 | 331 |
| 标准残差 | −3.203 | 3.095 | 0.000 | 0.995 | 331 |

注：a. 因变量：FAC 满意度。

**图 2-53　多元回归分析导出结果（续）**

资料来源：笔者自制。

（6）系数：表中显示的是"$Y=\beta_0+\beta_1X_1+\beta_2X_2+\beta_3X_3+\cdots+\beta_nX_n$"的多元回归方程式的系数和常数。常数是 0.001。自变量"FAC 质量"的相关系数为 0.391，"FAC 价格"为 0.070，"FAC 有用性"为 0.048，回归式如下。如图 2-53 表中所示，VIF 小于 10，则认为没有多重共线性的问题。

$$Y=\beta_0+\beta_1X_1+\beta_2X_2+\beta_3X_3+\cdots+\beta_nX_n$$
$$\rightarrow 满意度 =0.001+0.391\times 质量 +0.070\times 价格 +0.048\times 有用性$$

（7）共线性诊断：这是判断是否存在多重共线性的其他指标。"特征值"是对自变量的变形值进行因子分析求得的。"条件指标"是固有值的变形值，小于 15 才能判断不存在多重共线性的问题。方差比例表示每个自变量的说明力。

（8）残差统计：以因变量满意度的预测值为准，显示最小值、最大值、平均值、标准偏差、对样本个数（N）的残差、标准预测值、标准残差。

相关直接分析图见图 2-54。

（9）直方图：以因变量满意度的标准化残差的直方图，实线呈标准正态分布。

（10）回归标准化残差的正态 P-P 图：如果标准残差呈标准正态分布，则点应位于 45° 直线上。

（11）散点图：表示标准化残差（ZRESID）与标准化预测值（ZPRED）的关系。散点图也被用作等分散验证。在本例中，标准化残差和标准化预测值之间不应出现任何关系。

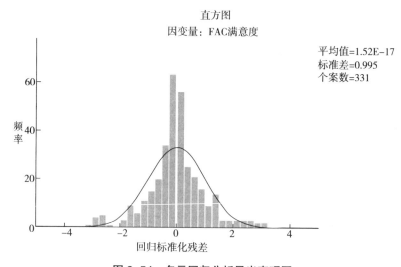

直方图
因变量：FAC满意度

平均值=1.52E-17
标准差=0.995
个案数=331

图 2-54　多元回归分析导出直观图

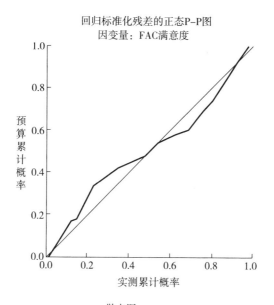

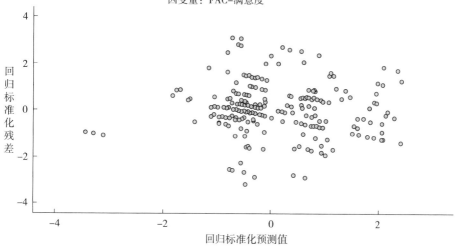

图 2-54 多元回归分析导出直观图（续）

资料来源：笔者自制。

　　回归式的显著性为 0.000，回归模型的说明力为 0.223。另外，德宾 – 沃森（Durbin-Watson）的数值为 2.111，接近 2，则可以认为样本是独立的。残差的正态性和等分散性也可以确认。在这里，VIF 小于 10，没有多重共线性的问题。从回归式的系数来看，自变量"FAC 质量"的相关系数为 0.391，"FAC 价格"为 0.070，"FAC 有用性"为 0.048，相较其影响力的话，可以分别确认为 0.418、

0.072、0.048。

**步骤3　论文写作**

在本书中，虽然将回归分析得出的结果表整理得很好，并给出了提示，但实际上，要想正确地给出回归分析的结果，需要先进行因子分析，确认相关因子的信度结果，并确认因子之间相关关系的分析结果，然后描述最终导出的因子。

因此，不仅要简单地描述，表 2-33 还要描述进行回归分析的过程（因子分析、信度分析、相关关系分析、回归分析）。另外，表中还可以描述自变量对因变量的影响，这可以根据研究模型将回归分析结果转换为适当的形式给出。

如表 2-33 所示，自变量从"FAC 质量、FAC 价格、FAC 有用性"变为"质量、价格、有用性"，因变量从"FAC 满意度"变为"满意度"，这是根据论文或报告的内容修改的。

**表 2-33　回归分析结果**

| 分类 | 自变量 | 非标准化系数（B） | 标准误差（SE） | 标准化系数（β） | t | 显著性 | 德宾-沃森（Durbin-Watson） | $R^2$ |
|------|--------|------|------|------|------|------|------|------|
| 因变量：满意度 | 常数 | 0.001 | 0.047 | | 0.022 | 0.982 | 2.111 | 0.223 |
| | 质量 | 0.391 | 0.052 | 0.418 | 7.536 | 0.000 | | |
| | 价格 | 0.070 | 0.052 | 0.072 | 1.341 | 0.181 | | |
| | 有用性 | 0.048 | 0.052 | 0.048 | 0.916 | 0.361 | | |

资料来源：笔者自制。

# 第十节　中级回归分析
# （逐步／层次／虚拟变量）

💡 **学习目标**

（1）可以理解逐步回归分析的概念和特性；

（2）可以理解层次回归分析的概念和特性；

（3）可以区分逐步回归分析和层次回归分析；

（4）学习为回归分析创建虚拟变量的方法。

📖 掌握内容

（1）逐步回归分析的操作方法；

（2）层次回归分析的操作方法；

（3）虚拟变量回归分析的操作方法。

　　到目前为止，已经确认了作为回归分析基础的一般回归分析中一元回归分析和多元回归分析的概念及分析方法。在本节中，将其延伸，学习更高一级的分析方法。首先，将了解变量的导入方法带来的逐步回归分析和层次回归分析，并学习使用变量尺度不同的虚拟变量进行回归分析。其次，将这种分析方法运用到研究中，将得到更好的研究结果。

## 一、逐步回归分析

　　如果假设自变量的个数，从现在开始应该考虑自变量的导入方法。在第三节的多元回归分析中，重点是将设置的自变量全部投入进行多元回归分析，并解释结果。但从现在开始，我们将考虑自变量的导入方法，如分析"是否应该导入自变量"或"应该用什么方法导入自变量"，了解自变量对因变量的影响。虽然导入所有的自变量，但根据研究者的设置，区分了影响因变量的因素和不影响因变量的因素，只显示有影响的自变量的方法称为逐步回归分析。表 2-34 总结了根据自变量的导入方法不同而变化的分析方法。

表 2-34　变量导入方法及特性

| 导入方法 | 特性 |
|---|---|
| 输入 | 将所有自变量一次性强制导入，得出有意义的结果和没有意义的结果 |
| 步进 | 这是前进和后退相结合的方式。在评估自变量的贡献度后，用前进的方法先导入贡献度最高的变量，逐级审阅变量并剔除变量。以不再有可添加或删除的变量时的模型为基准，计算出最佳回归式，开始分析 |
| 除去 | 强制剔除研究者选择的变量后进行分析 |

续表

| 导入方法 | 特性 |
|---|---|
| 后退 | 从包含所有自变量的模型开始分析。从影响力最小的变量开始剔除（倒退剔除法），在没有可以进一步剔除的变量时，中断剔除，最终选择模型进行分析 |
| 前进 | 从对因变量影响最大的自变量开始导入模型，当不再有可添加的自变量时，停止选择变量，并开始分析 |

资料来源：吴明隆．问卷统计分析实务——SPSS 操作与应用［M］．重庆：重庆大学出版社，2010.

在本书中，为了确认导入自变量的方法产生结果的差异和特性，决定说明"输入、步进、后退"这三种方法（将省略"除去"和"前进"）。根据研究主题或研究的特性，导入变量的方法可能会有所不同，但本书说明了最常用的方法。

**研究问题**

假设消费者选择商品的标准是"购买意愿最强的时候"的说法，以商品的质量、价格、有用性和品牌为标准，了解哪些变量对购买意愿影响最大。

1."输入"回归分析

**步骤1** 操作练习（2-18操作练习）

**步骤2** 结果分析

2."输入"方法

"输入"导入方法进行的分析基本上是设定的值，与第九节多元回归分析输出结果的方式相同。因此，这里只给出分析结果，见图 2-55。

**输入/除去的变量[a]**

| 模型 | 输入的变量 | 除去的变量 | 方法 |
|---|---|---|---|
| 1 | FAC有用性，FAC品牌，FAC价格，FAC质量[b] | | 输入 |

注：a. 因变量：FAC 满意度；b. 已输入所请求的所有变量。

**图 2-55　多元回归分析变量导入的输出结果（"输入"方法）**

**模型摘要[b]**

| 模型 | R | R² | 调整后R² | 标准估算的错误 | 德宾–沃森 |
|---|---|---|---|---|---|
| 1 | 0.583[a] | 0.340 | 0.332 | 0.84142555 | 1.878 |

注：a. 预测变量：（常量），FAC 有用性，FAC 品牌，FAC 价格，FAC 质量；b. 因变量：FAC 满意度。

**ANOVA[a]**

| 模型 | | 平方和 | 自由度 | 均方 | F | 显著性 |
|---|---|---|---|---|---|---|
| 1 | 回归 | 118.833 | 4 | 29.708 | 41.961 | 0.000[b] |
| | 残差 | 230.807 | 326 | 0.708 | | |
| | 总计 | 349.640 | 330 | | | |

注：a. 因变量：FAC 满意度；b. 预测变量：（常量），FAC 有用性，FAC 品牌，FAC 价格，FAC 质量。

**系数[a]**

| 模型 | | 未标准化系数 | | 标准化系数 | t | 显著性 | 共线性统计 | |
|---|---|---|---|---|---|---|---|---|
| | | B | 标准错误 | Beta | | | 容差 | VIF |
| 1 | （常量） | −0.008 | 0.046 | | −0.168 | 0.867 | | |
| | FAC品牌 | −0.005 | 0.047 | −0.005 | −0.111 | 0.912 | 0.990 | 1.011 |
| | FAC质量 | 0.271 | 0.049 | 0.262 | 5.514 | 0.000 | 0.894 | 1.118 |
| | FAC价格 | 0.226 | 0.050 | 0.212 | 4.492 | 0.000 | 0.910 | 1.099 |
| | FAC有用性 | 0.372 | 0.050 | 0.349 | 7.397 | 0.000 | 0.910 | 1.099 |

注：a. 因变量：FAC 满意度。

**共线性诊断[a]**

| 模型 | 维 | 特征值 | 条件指标 | 方差比例 | | | | |
|---|---|---|---|---|---|---|---|---|
| | | | | （常量） | FAC品牌 | FAC质量 | FAC价格 | FAC有用性 |
| 1 | 1 | 1.487 | 1.000 | 0.00 | 0.01 | 0.20 | 0.20 | 0.20 |
| | 2 | 1.012 | 1.212 | 0.24 | 0.68 | 0.05 | 0.00 | 0.00 |
| | 3 | 0.995 | 1.223 | 0.75 | 0.22 | 0.02 | 0.00 | 0.00 |
| | 4 | 0.789 | 1.373 | 0.00 | 0.00 | 0.00 | 0.57 | 0.58 |
| | 5 | 0.717 | 1.440 | 0.00 | 0.09 | 0.72 | 0.23 | 0.22 |

注：a. 因变量：FAC 满意度。

**残差统计[a]**

| | 最小值 | 最大值 | 平均值 | 标准偏差 | 个案数 |
|---|---|---|---|---|---|
| 预测值 | −2.0576038 | 1.6753676 | −0.0182991 | 0.60008414 | 331 |
| 残差 | −2.01308036 | 2.24226904 | 0.00000000 | 0.83631045 | 331 |
| 标准预测值 | 3.398 | 2.822 | 0.000 | 1.000 | 331 |
| 标准残差 | −2.392 | 2.665 | 0.000 | 0.994 | 331 |

注：a. 因变量：FAC 满意度。

**图 2-55 多元回归分析变量导入的输出结果（"输入"方法）（续）**

资料来源：笔者自制。

### 3."步进"方法

"步进"方法分析结果见图 2-56。

**输入/除去的变量[a]**

| 模型 | 输入的变量 | 除去的变量 | 方法 |
|---|---|---|---|
| 1 | FAC 有用性 | | 步进（条件：要输入的F的概率≤0.050，要除去的F的概率≥0.100） |
| 2 | FAC 质量 | | 步进（条件：要输入的F的概率≤0.050，要除去的F的概率≥0.100） |
| 3 | FAC 价格 | | 步进（条件：要输入的F的概率≤0.050，要除去的F的概率≥0.100） |

注：a.因变量：FAC 满意度。

**模型摘要[d]**

| 模型 | R | $R^2$ | 调整后$R^2$ | 标准估算的错误 | 德宾-沃森 |
|---|---|---|---|---|---|
| 1 | 0.458[a] | 0.210 | 0.208 | 0.91630789 | |
| 2 | 0.547[b] | 0.299 | 0.295 | 0.86445983 | |
| 3 | 0.583[c] | 0.340 | 0.334 | 0.84015386 | 1.878 |

注：a.预测变量：（常量），FAC 有用性；b.预测变量：（常量），FAC 有用性，FAC 质量；c.预测变量：（常量），FAC 有用性，FAC 质量，FAC 价格；d.因变量：FAC 满意度。

**ANOVA[a]**

| 模型 | | 平方和 | 自由度 | 均方 | F | 显著性 |
|---|---|---|---|---|---|---|
| 1 | 回归 | 73.405 | 1 | 73.405 | 87.427 | 0.000[b] |
| | 残差 | 276.235 | 329 | 0.840 | | |
| | 总计 | 349.640 | 330 | | | |
| 2 | 回归 | 104.529 | 2 | 52.264 | 69.939 | 0.000[c] |
| | 残差 | 245.111 | 328 | 0.747 | | |
| | 总计 | 349.640 | 330 | | | |
| 3 | 回归 | 118.825 | 3 | 39.608 | 56.114 | 0.000[d] |
| | 残差 | 230.816 | 327 | 0.706 | | |
| | 总计 | 349.640 | 330 | | | |

注：a.因变量：FAC 满意度；b.预测变量：（常量），FAC 有用性；c.预测变量：（常量），FAC 有用性，FAC 质量；d.预测变量：（常量），FAC 有用性，FAC 质量，FAC 价格。

**图 2-56 多元回归分析变量导入的输出结果（"步进"方法）**

系数[a]

| 模型 | | 未标准化系数 | | 标准化系数 | t | 显著性 | 共线性统计 | |
|---|---|---|---|---|---|---|---|---|
| | | B | 标准错误 | Beta | | | 容差 | VIF |
| 1 | （常量） | −0.014 | 0.050 | | −0.286 | 0.775 | | |
| | FAC有用性 | 0.489 | 0.052 | 0.458 | 9.350 | 0.000 | 1.000 | 1.000 |
| 2 | （常量） | −0.010 | 0.048 | | −0.214 | 0.831 | | |
| | FAC有用性 | 0.408 | 0.051 | 0.382 | 8.000 | 0.000 | 0.938 | 1.066 |
| | FAC质量 | 0.318 | 0.049 | 0.308 | 6.454 | 0.000 | 0.938 | 1.066 |
| 3 | （常量） | −0.008 | 0.046 | | −0.168 | 0.866 | | |
| | FAC有用性 | 0.372 | 0.050 | 0.349 | 7.420 | 0.000 | 0.915 | 1.093 |
| | FAC质量 | 0.271 | 0.049 | 0.263 | 5.534 | 0.000 | 0.896 | 1.116 |
| | FAC价格 | 0.225 | 0.050 | 0.212 | 4.500 | 0.000 | 0.913 | 1.096 |

注：a. 因变量：FAC 满意度。

排除的变量[a]

| 模型 | | 输入Beta | t | 显著性 | 偏相关 | 共线性统计 | | |
|---|---|---|---|---|---|---|---|---|
| | | | | | | 容差 | VIF | 最小容差 |
| 1 | FAC品牌 | −0.004[b] | −0.072 | 0.943 | −0.004 | 0.994 | 1.006 | 0.994 |
| | FAC质量 | 0.308[b] | 6.454 | 0.000 | 0.336 | 0.938 | 1.066 | 0.938 |
| | FAC价格 | 0.267[b] | 5.562 | 0.000 | 0.294 | 0.956 | 1.046 | 0.956 |
| 2 | FAC品牌 | 0.007[c] | 0.143 | 0.886 | 0.008 | 0.993 | 1.007 | 0.932 |
| | FAC价格 | 0.212[c] | 4.500 | 0.000 | 0.242 | 0.913 | 1.096 | 0.896 |
| 3 | FAC品牌 | −0.005[d] | −0.111 | 0.912 | −0.006 | 0.990 | 1.011 | 0.894 |

注：a. 因变量：FAC 满意度；b. 模型中的预测变量：（常量），FAC 有用性；c. 模型中的预测变量：（常量），FAC 有用性，FAC 质量；c. 模型中的预测变量：（常量），FAC 有用性，FAC 质量，FAC 价格。

共线性诊断[a]

| 模型 | 维 | 特征值 | 条件指标 | 方差比例 | | | |
|---|---|---|---|---|---|---|---|
| | | | | （常量） | FAC有用性 | FAC质量 | FAC价格 |
| 1 | 1 | 1.008 | 1.000 | 0.50 | 0.50 | | |
| | 2 | 0.992 | 1.008 | 0.50 | 0.50 | | |
| 2 | 1 | 1.249 | 1.000 | 0.00 | 0.37 | 0.37 | |
| | 2 | 0.999 | 1.118 | 1.00 | 0.00 | 0.00 | |
| | 3 | 0.752 | 1.289 | 0.00 | 0.62 | 0.62 | |
| 3 | 1 | 1.476 | 1.000 | 0.00 | 0.20 | 0.22 | 0.20 |
| | 2 | 0.999 | 1.216 | 1.00 | 0.00 | 0.00 | 0.00 |
| | 3 | 0.790 | 1.367 | 0.00 | 0.62 | 0.00 | 0.54 |
| | 4 | 0.735 | 1.417 | 0.00 | 0.18 | 0.78 | 0.26 |

注：a. 因变量：FAC 满意度。

图 2-56　多元回归分析变量导入的输出结果（ "步进"方法）（续）

**残差统计<sup>a</sup>**

| | 最小值 | 最大值 | 平均值 | 标准偏差 | 个案数 |
|---|---|---|---|---|---|
| 预测值 | −2.0618033 | 1.6762024 | −0.0182991 | 0.60006211 | 331 |
| 残差 | −2.00763988 | 2.24052191 | 0.00000000 | 0.83632626 | 331 |
| 标准预测值 | −3.405 | 2.824 | 0.000 | 1.000 | 331 |
| 标准残差 | −2.390 | 2.667 | 0.000 | 0.995 | 331 |

注：a. 因变量：FAC 满意度。

**图 2-56　多元回归分析变量导入的输出结果（"步进"方法）（续）**

资料来源：笔者自制。

（1）输入 / 除去的变量：自变量"FAC 质量，FAC 价格，FAC 有用性"依次输入后进行分析。从这里可以看出"FAC 满意度"被用作因变量。

（2）模型摘要：根据模型 1、模型 2、模型 3 导入自变量。在图 2-56 中，可以用 $R^2$ 值确认回归式的说明量，也可以确认调整后的 $R^2$ 值。另外，德宾 - 沃森（Durbin-Watson）的值为 1.878，接近 2，因此是独立的。对于模型 3，$R^2$ 值为 0.340，是最大的。因此，说明在这种情况下，自变量对因变量的解释力为34.0%。

（3）方差分析：给出了模型 1、模型 2、模型 3 的回归式各自的 F 值和显著性。注释显示了每个模型使用了哪些自变量。

（4）系数：将模型 1、模型 2、模型 3 各回归式的系数表示为 B 值，并给出 B 值，以便相互比较。在这里，VIF 不到 10，可以判断多重共线性没有问题。

（5）共线性诊断：这是判断是否存在多重共线性的其他指标。"特征值"是对自变量的变形值进行因子分析求得的。"条件指标"是固有值的变形值，小于 15 才能判断不存在多重共线性的问题。方差比例表示每个自变量的说明力。

（6）残差统计：以因变量 FAC 满意度的预测值为准，显示最小值、最大值、平均值、标准偏差、对样本个数（N）的残差、标准预测值、标准残差。

4. "后退"方法

"后退"方法分析结果见图 2-57。

**输入/除去的变量[a]**

| 模型 | 输入的变量 | 除去的变量 | 方法 |
|---|---|---|---|
| 1 | FAC有用性、FAC品牌、FAC价格、FAC质量[b] | | 输入 |
| 2 | | FAC品牌 | 向后（准则：要除去F的概率≥0.100） |

注：a.因变量：FAC满意度；b.已输入所请求的所有变量。

**模型摘要[c]**

| 模型 | R | $R^2$ | 调整后$R^2$ | 标准估算的错误 | 德宾-沃森 |
|---|---|---|---|---|---|
| 1 | 0.583[a] | 0.340 | 0.332 | 0.84142555 | |
| 2 | 0.583[b] | 0.340 | 0.334 | 0.84015386 | 1.878 |

注：a.预测变量：（常量），FAC有用性，FAC品牌，FAC价格，FAC质量；b.预测变量：（常量），FAC有用性，FAC价格，FAC质量；c.因变量：FAC满意度。

**ANOVA[a]**

| 模型 | | 平方和 | 自由度 | 均方 | F | 显著性 |
|---|---|---|---|---|---|---|
| 1 | 回归 | 118.833 | 4 | 29.708 | 41.961 | 0.000[b] |
| | 残差 | 230.807 | 326 | 0.708 | | |
| | 总计 | 349.640 | 330 | | | |
| 2 | 回归 | 118.825 | 3 | 39.608 | 56.114 | 0.000[c] |
| | 残差 | 230.816 | 327 | 0.706 | | |
| | 总计 | 349.640 | 330 | | | |

注：a.因变量：FAC满意度；b.预测变量：（常量），FAC有用性，FAC品牌，FAC价格，FAC质量；c.预测变量：（常量），FAC有用性，FAC价格，FAC质量。

**系数[a]**

| 模型 | | 未标准化系数 | | 标准化系数 | t | 显著性 | 共线性统计 | |
|---|---|---|---|---|---|---|---|---|
| | | B | 标准错误 | Beta | | | 容差 | VIF |
| 1 | （常量） | −0.008 | 0.046 | | −0.168 | 0.867 | | |
| | FAC品牌 | −0.005 | 0.047 | −0.005 | −0.111 | 0.912 | 0.990 | 1.011 |
| | FAC质量 | 0.271 | 0.049 | 0.262 | 5.514 | 0.000 | 0.894 | 1.118 |
| | FAC价格 | 0.226 | 0.050 | 0.212 | 4.492 | 0.000 | 0.910 | 1.099 |
| | FAC有用性 | 0.372 | 0.050 | 0.349 | 7.397 | 0.000 | 0.910 | 1.099 |
| 2 | （常量） | −0.008 | 0.046 | | −0.168 | 0.866 | | |
| | FAC质量 | 0.271 | 0.049 | 0.263 | 5.534 | 0.000 | 0.896 | 1.116 |
| | FAC价格 | 0.225 | 0.050 | 0.212 | 4.500 | 0.000 | 0.913 | 1.096 |
| | FAC有用性 | 0.372 | 0.050 | 0.349 | 7.420 | 0.000 | 0.915 | 1.093 |

注：a.因变量：FAC满意度。

**图 2-57 多元回归分析变量导入的输出结果（"后退"方法）**

**共线性诊断ᵃ**

| 模型 | 维 | 特征值 | 条件指标 | 方差比例 | | | | |
|---|---|---|---|---|---|---|---|---|
| | | | | （常量） | FAC品牌 | FAC质量 | FAC价格 | FAC有用性 |
| 1 | 1 | 1.487 | 1.000 | 0.00 | 0.01 | 0.20 | 0.20 | 0.20 |
| | 2 | 1.012 | 1.212 | 0.24 | 0.68 | 0.05 | 0.00 | 0.00 |
| | 3 | 0.995 | 1.223 | 0.75 | 0.22 | 0.02 | 0.00 | 0.00 |
| | 4 | 0.789 | 1.373 | 0.00 | 0.00 | 0.00 | 0.57 | 0.58 |
| | 5 | 0.717 | 1.440 | 0.00 | 0.09 | 0.72 | 0.23 | 0.22 |
| 2 | 1 | 1.476 | 1.000 | 0.00 | | 0.22 | 0.20 | 0.20 |
| | 2 | 0.999 | 1.216 | 1.00 | | 0.00 | 0.00 | 0.00 |
| | 3 | 0.790 | 1.367 | 0.00 | | 0.00 | 0.54 | 0.62 |
| | 4 | 0.735 | 1.417 | 0.00 | | 0.78 | 0.26 | 0.18 |

注：a. 因变量：FAC 满意度。

**排除的变量ᵃ**

| 模型 | | 输入Beta | t | 显著性 | 偏相关 | 共线性统计 | | |
|---|---|---|---|---|---|---|---|---|
| | | | | | | 容差 | VIF | 最小容差 |
| 2 | FAC品牌 | −0.005ᵇ | −0.111 | 0.912 | −0.006 | 0.990 | 1.011 | 0.894 |

注：a. 因变量：FAC 满意度；b. 模型中的预测变量：（常量），FAC 有用性，FAC 价格，FAC 质量。

**残差统计ᵃ**

| | 最小值 | 最大值 | 平均值 | 标准偏差 | 个案数 |
|---|---|---|---|---|---|
| 预测值 | −2.0618033 | 1.6762024 | −0.0182991 | 0.60006211 | 331 |
| 残差 | −2.00763988 | 2.24052191 | 0.00000000 | 0.83632626 | 331 |
| 标准预测值 | −3.405 | 2.824 | 0.000 | 1.000 | 331 |
| 标准残差 | −2.390 | 2.667 | 0.000 | 0.995 | 331 |

注：a. 因变量：FAC 满意度。

**图 2-57　多元回归分析变量导入的输出结果（"后退"方法）（续）**

资料来源：笔者自制。

（7）输入 / 除去的变量：这里构造了模型 1、模型 2。后退剔除法是从 F 值最小的自变量开始，边剔除边分析，因此可以确认导入的自变量和剔除的自变量"FAC 品牌"。

（8）模型摘要：根据模型 1、模型 2 导入 / 剔除自变量。在模型 1 中，可以确认变量全部导入回归式的说明量 $R^2$ 值和调整后的 $R^2$ 值。在模型 2 中，可以确认 "FAC 品牌" 被移除状态下的回归式说明量 $R^2$ 值和调整后的 $R^2$ 值。另外，德

宾 – 沃森（Durbin-Watson）的值为 1.878，接近 2，因此是独立的。

（9）方差分析：给出回归式各自的 F 值和显著性。注释显示了每个模型使用了哪些自变量。

（10）系数：将每个回归式的系数表示为 B 值，并给出 B 值，以便相互比较。在这里，VIF 不到 10，可以判断多重共线性没有问题。

（11）共线性诊断：这是判断是否存在多重共线性的其他指标。"特征值"是对自变量的变形值进行因子分析求得的。"条件指标"是固有值的变形值，小于 15 才能判断不存在多重共线性的问题。方差比例表示每个自变量的说明力。

（12）排除的变量：在模型 2 的结果中，可以确认在 4 个自变量中，最没有意义的是"FAC 品牌"，所以被排除在外。

（13）残差统计：以因变量 FAC 满意度的预测值为准，显示最小值、最大值、平均值、标准偏差、对样本个数（N）的残差、标准预测值、标准残差。

根据输入、步进、后退等变量的导入方法，可以看出回归分析结果及其表示形式不同。根据研究者的习惯，表达的方法可能不同。也就是说，当变量的导入量不同时，回归式的说明力或显著性、回归式的系数等会发生不同的变化。另外，比起用一次性全部导入变量的方法进行分析，先确认没有意义的变量再导入，会提供更多的信息，对研究者也更有帮助。

---

Note：使用较多变量的投入方法。

变量越多，需要考虑的事项就越多，因此多采用"步进"和"后退"的方法。对于"输入""步进""后退"，分析结果略有不同，最理想的情况是"步进"和"后退"的结果相同。

---

步骤3　论文写作

逐步回归分析的论文展示与一般回归分析的论文展示方法相同，因此不做单独说明。逐步回归分析采用多元回归分析等方法进行，并对结果进行分析。在回归式中找到有意义的变量，用只导入有意义的变量的方法进行了不同的分析，因此可以运用多元回归分析的例子来描述逐步回归分析的结果。

## 二、层次回归分析

层次回归分析（hierarchical regression analysis）用于变量尺度为等距尺度和

比率尺度的情况。在多元回归分析中，可以将 2 个以上的自变量全部投入分析研究模型，而在层次回归分析中，可以以研究者的经验依据为基础，逐个导入影响力较大的变量，确认自变量中影响力最大的变量是什么，影响力最小的变量是什么。

### 研究问题

采用层次回归分析法，分析商品的"质量、价格、有用性"对消费者购买意愿的影响。

为了进行层次回归分析，假设"满意度"为因变量，"质量、价格、有用性"为导入的自变量。依次添加一个自变量，如表 2-35 所示用"第 1 阶段、第 2 阶段、第 3 阶段"进行分析，导入的变量不同，回归式按各个阶段组成不同。在层次回归分析中，分为第 1 阶段、第 2 阶段、第 3 阶段进行分析，这是与多元回归分析的区别。因此，分析方法和分析结果要分阶段进行解释，说明方法也不同于一般回归分析。

表 2-35 层次回归分析的变量导入方法

| 阶段 | 自变量 | 因变量 |
|---|---|---|
| 第1阶段 | 质量 | |
| 第2阶段 | 质量+价格 | 满意度 |
| 第3阶段 | 质量+价格+有用性 | |

资料来源：谢宇.回归分析［M］.北京：社会科学文献出版社，2013.

---

Note: 为什么要区分逐步回归分析和层次回归分析。

与一般论文或研究报告中一样，进行多元回归分析，将整体的自变量全部一次性导入，得出的结果本身也很有意义。另外，回归分析的目的不是仅为了判断"对 / 错"的概念，而是为了确认变量之间的因果关系。自变量之间的影响可以通过分析结果确认。可以确认自变量的导入量所带来的变量之间的结果，这意味着回归模型之间是可以比较的。因此，导入自变量的方法不同，产生的结果也不同。对各个结果进行比较、确认，可以得出更多不同的观点和信息。分析研究模型的方法可以分为自变量导入方法不同的分析方法和研究者主观决定的变量导入方法。逐步回归分析是在导入自变量的过程中，借助 SPSS Statistics（导入方法），找到有意义的变量，并确认变量的导入量。另外，层次回归分析是根据研究者的判断，在增加导入变量的同时，确认其带来的变化。

步骤1　操作练习（2-19操作练习）

步骤2　结果分析

根据步骤 1 操作完成后，得到的结果见图 2-58。

**输入/除去的变量[a]**

| 模型 | 输入的变量 | 除去的变量 | 方法 |
|------|-----------|-----------|------|
| 1 | FAC质量[b] | | 输入 |
| 2 | FAC价格[b] | | 输入 |
| 3 | FAC有用性[b] | | 输入 |

注：a.因变量：FAC 满意度；b.已输入所请求的所有变量。

**模型摘要[d]**

| 模型 | R | $R^2$ | 调整后$R^2$ | 标准估算的错误 | 德宾-沃森 |
|------|-----|-------|------------|---------------|-----------|
| 1 | 0.402[a] | 0.162 | 0.159 | 0.94474405 | |
| 2 | 0.478[b] | 0.229 | 0.224 | 0.90763364 | |
| 3 | 0.586[c] | 0.343 | 0.337 | 0.83907688 | 1.879 |

注：a.预测变量：（常量），FAC 质量；b.预测变量：（常量），FAC 质量，FAC 价格；c.预测变量：（常量），FAC 质量，FAC 价格，FAC 有用性；d.因变量：FAC 满意度。

**ANOVA[a]**

| 模型 | | 平方和 | 自由度 | 均方 | F | 显著性 |
|------|------|--------|--------|------|------|--------|
| 1 | 回归 | 56.747 | 1 | 56.747 | 63.579 | 0.000[b] |
| | 残差 | 293.646 | 329 | 0.893 | | |
| | 总计 | 350.393 | 330 | | | |
| 2 | 回归 | 80.187 | 2 | 40.094 | 48.669 | 0.000[c] |
| | 残差 | 270.206 | 328 | 0.824 | | |
| | 总计 | 350.393 | 330 | | | |
| 3 | 回归 | 120.169 | 3 | 40.056 | 56.894 | 0.000[d] |
| | 残差 | 230.224 | 327 | 0.704 | | |
| | 总计 | 350.393 | 330 | | | |

注：a.因变量：FAC 满意度；b.预测变量：（常量），FAC 质量；c.预测变量：（常量），FAC 质量，FAC 价格；d.预测变量：（常量），FAC 质量，FAC 价格，FAC 有用性。

图 2-58　层次回归分析导出结果

**系数[a]**

| 模型 | | 未标准化系数 | | 标准化系数 | t | 显著性 | B的95.0%置信区间 | | 共线性统计 | |
|---|---|---|---|---|---|---|---|---|---|---|
| | | B | 标准错误 | Beta | | | 下限 | 上限 | 容差 | VIF |
| 1 | （常量） | -0.012 | 0.052 | | 0.230 | 0.818 | -0.114 | 0.090 | | |
| | FAC质量 | 0.415 | 0.052 | 0.402 | 7.974 | 0.000 | 0.313 | 0.518 | 1.000 | 1.000 |
| 2 | （常量） | -0.009 | 0.050 | | -0.175 | 0.861 | -0.107 | 0.089 | | |
| | FAC质量 | 0.345 | 0.052 | 0.334 | 6.667 | 0.000 | 0.243 | 0.447 | 0.935 | 1.069 |
| | FAC价格 | 0.285 | 0.053 | 0.267 | 5.334 | 0.000 | 0.180 | 0.390 | 0.935 | 1.069 |
| 3 | （常量） | -0.008 | 0.046 | | -0.169 | 0.866 | -0.099 | 0.083 | | |
| | FAC质量 | 0.268 | 0.049 | 0.259 | 5.471 | 0.000 | 0.171 | 0.364 | 0.894 | 1.119 |
| | FAC价格 | 0.225 | 0.050 | 0.211 | 4.491 | 0.000 | 0.126 | 0.323 | 0.911 | 1.097 |
| | FAC有用性 | 0.378 | 0.050 | 0.354 | 7.536 | 0.000 | 0.279 | 0.477 | 0.912 | 1.096 |

注：a. 因变量：FAC 满意度。

**排除的变量[a]**

| 模型 | | 输入Beta | t | 显著性 | 偏相关 | 共线性统计 | | |
|---|---|---|---|---|---|---|---|---|
| | | | | | | 容差 | VIF | 最小容差 |
| 1 | FAC价格 | 0.267[b] | 5.334 | 0.000 | 0.283 | 0.935 | 1.069 | 0.935 |
| | FAC有用性 | 0.387[b] | 8.128 | 0.000 | 0.409 | 0.936 | 1.068 | 0.936 |
| 2 | FAC有用性 | 0.354[c] | 7.536 | 0.000 | 0.385 | 0.912 | 1.096 | 0.894 |

注：a. 因变量：FAC 满意度；b. 模型中的预测变量：（常量），FAC 质量；c. 模型中的预测变量：（常量），FAC 质量，FAC 价格。

**共线性诊断[a]**

| 模型 | 维 | 特征值 | 条件指标 | 方差比例 | | | |
|---|---|---|---|---|---|---|---|
| | | | | （常量） | FAC质量 | FAC价格 | FAC有用性 |
| 1 | 1 | 1.015 | 1.000 | 0.49 | 0.49 | | |
| | 2 | 0.985 | 1.016 | 0.51 | 0.51 | | |
| 2 | 1 | 1.257 | 1.000 | 0.01 | 0.37 | 0.37 | |
| | 2 | 0.998 | 1.122 | 0.99 | 0.00 | 0.00 | |
| | 3 | 0.745 | 1.299 | 0.00 | 0.63 | 0.63 | |
| 3 | 1 | 1.483 | 1.000 | 0.00 | 0.21 | 0.20 | 0.20 |
| | 2 | 0.999 | 1.218 | 1.00 | 0.00 | 0.00 | 0.00 |
| | 3 | 0.786 | 1.374 | 0.00 | 0.00 | 0.56 | 0.60 |
| | 4 | 0.732 | 1.423 | 0.00 | 0.78 | 0.24 | 0.21 |

注：a. 因变量：FAC 满意度。

图 2-58　层次回归分析导出结果（续）

**残差统计[a]**

|  | 最小值 | 最大值 | 平均值 | 标准偏差 | 个案数 |
|---|---|---|---|---|---|
| 预测值 | −2.0647528 | 1.6921145 | −0.0183556 | 0.60344698 | 331 |
| 残差 | −1.99179506 | 2.22873473 | 0.00000000 | 0.83525419 | 331 |
| 标准预测值 | −3.391 | 2.834 | 0.000 | 1.000 | 331 |
| 标准残差 | −2.374 | 2.656 | 0.000 | 0.995 | 331 |

注：a. 因变量：FAC 满意度。

**图 2-58　层次回归分析导出结果（续）**

资料来源：笔者自制。

（1）输入 / 除去的变量："FAC 质量、FAC 价格、FAC 有用性"作为自变量，"FAC 满意度"作为因变量。

（2）模型摘要：根据模型 1、模型 2、模型 3 导入自变量。在图 2-58 中，可以用 $R^2$ 值确认回归式的说明量，也可以确认调整后的 $R^2$ 值。另外，德宾－沃森（Durbin-Watson）的值为 1.879，接近 2，因此是独立的。对于各模型的解释如下。

1）模型 1：自变量为 FAC 质量，和因变量的相关关系为 R=0.402。另外，自变量对因变量的说明力为 16.2%。

2）模型 2：自变量为 FAC 质量、FAC 价格，和因变量相关关系为 R=0.478。另外，自变量对因变量的说明力为 22.9%。

3）模型 3：自变量为 FAC 质量、FAC 价格、FAC 有用性，和因变量相关关系为 R=0.586。另外，自变量对因变量的说明力为 34.3%。

从"模型 1"到"模型 2"再到"模型 3"，随着自变量的逐个导入，$R^2$ 值越来越高，说明力越来越强。

（3）方差分析：研究者可以确认 F 值和显著性水平，判断是否建立了符合研究目的的回归式。

1）模型 1：F=63.579，显著性水平 0.000，模型是显著的。

2）模型 2：F=48.669，显著性水平 0.000，模型是显著的。

3）模型 3：F=56.894，显著性水平 0.000，模型是显著的。

可以认为模型 1、模型 2、模型 3 都构成了适合研究模型的回归线。

（4）系数：显示各模型的多元回归式的系数和常数，并显示各模型的显著性水平，显著性均 p<0.000。各模型的回归式如下：

1）模型 1：FAC 满意度 =−0.012+0.415 × FAC 质量。

2）模型 2：FAC 满意度 =−0.009+0.345 × FAC 质量 +0.285 × FAC 价格。

3）模型 3：FAC 满意度 =–0.008+0.268 × FAC 质量 +0.225 × FAC 价格 +0.378 × FAC 有用性。

VIF 不到 10，因此认为不存在多重共线性的问题。

（5）排除的变量：在分析每个模型时，输入了被剔除变量后的分析值。模型 1 中排除了"FAC 价格、FAC 有用性"两个变量，模型 2 中剔除了"FAC 有用性"后进行分析。

（6）共线性诊断：这是判断是否存在多重共线性的其他指标。"特征值"是对自变量的变形值进行因子分析求得的。"条件指标"是固有值的变形值，小于 15 才能判断不存在多重共线性的问题。方差比例表示每个自变量的说明力。

（7）残差统计：以因变量 FAC 满意度的预测值为准，显示最小值、最大值、平均值、标准偏差、对样本个数（N）的残差、标准预测值、标准残差。

到目前为止，进行了层次回归分析，结果显示，3 个变量全部导入时，回归式的说明力最高。另外，还可以确认在三个阶段回归式系数的显著性。可以得出结论，消费者在选择商品的时候，随着"质量、价格、有用性"变量的增加，消费者的购买意愿也随之提高。

**步骤3　论文写作**

进行层次回归分析后，在［模型摘要］表中，能够确认自变量对因变量的解释力，可以确认哪个自变量解释力最高。在［系数］表中，能够区分各变量之间影响力的大小。层次回归分析的结果如表 2–36 所示。

表 2–36　层次回归分析的结果

| 自变量 | 模型1 | | | 模型2 | | | 模型3 | | | |
|---|---|---|---|---|---|---|---|---|---|---|
| | S.E | β | t（p） | S.E | β | t（p） | S.E | β | t（p） | VIF |
| 常数 | 0.052 | | –0.230（0.818） | 0.050 | | –0.175（0.861） | 0.046 | | –0.169（0.866） | |
| 质量 | 0.052 | 0.402 | 7.974（***） | 0.052 | 0.334 | 6.667 | 0.049 | 0.259 | 5.471 | 1.119 |
| 价格 | | | | 0.053 | 0.267 | 5.334 | 0.050 | 0.211 | 4.491 | 1.097 |
| 有用性 | | | | | | | 0.050 | 0.354 | 7.536 | 1.096 |
| $R^2$（调整后的$R^2$） | 0.162（0.159） | | | 0.229（0.224） | | | 0.343（0.337） | | | |
| F（p） | 63.579 | | | 48.669 | | | 56.894 | | | |

注：* 表示 $p<0.05$，** 表示 $p<0.01$，*** 表示 $p<0.001$；S.E：标准误差（Standard Error），β：标准化系数（Beta），VIF：方差膨胀系数（variance inflation factor）。

资料来源：笔者自制。

## 三、虚拟解释变量的回归分析

回归分析可以在自变量和因变量是等距尺度和比率尺度时进行。但如果想分析的自变量是顺序尺度或名义尺度，该怎么办？那就需要将其更改为 0 和 1 组成的虚拟变量，然后进行分析。如果在撰写论文时适当使用虚拟变量进行回归分析，可以得出更有意义的研究结果。

**研究问题**

为了确认影响消费者对商品满意度的因素，以问卷调查的结果为基础，研究性别和年龄对满意度是否存在显著性差异。

本书中，我们将分别创建性别虚拟变量和年龄虚拟变量，如下所示：

（1）按性别分组的虚拟变量：重新编码为不同变量的方法；

（2）按年龄分组的虚拟变量：使用语句的方法。

**步骤1** 操作练习（2-20操作练习）

**步骤2** 结果分析

1. 性别虚拟变量

根据步骤 1 操作完成后，得到的结果见图 2-59。

**输入/除去的变量ª**

| 模型 | 输入的变量 | 除去的变量 | 方法 |
|---|---|---|---|
| 1 | 虚拟性别变量ᵇ | | 输入 |

注：a. 因变量：FAC 满意度；b. 已输入所请求的所有变量。

**模型摘要**

| 模型 | R | R² | 调整后R² | 标准估算的错误 |
|---|---|---|---|---|
| 1 | 0.155ª | 0.024 | 0.021 | 1.01955121 |

注：a. 预测变量：（常量），虚拟性别变量。

**图 2-59 性别虚拟变量回归分析的导出结果**

ANOVA[a]

| 模型 | | 平方和 | 自由度 | 均方 | F | 显著性 |
|---|---|---|---|---|---|---|
| 1 | 回归 | 8.403 | 1 | 8.403 | 8.084 | 0.005[b] |
| | 残差 | 341.990 | 329 | 1.039 | | |
| | 总计 | 350.393 | 330 | | | |

注：a. 因变量：FAC 满意度；b. 预测变量：（常量），虚拟性别变量。

系数[a]

| 模型 | | 未标准化系数 | | 标准化系数 | t | 显著性 |
|---|---|---|---|---|---|---|
| | | B | 标准错误 | Beta | | |
| 1 | （常量） | −0.139 | 0.070 | | −1.980 | 0.049 |
| | 虚拟性别变量 | 0.331 | 0.116 | 0.155 | 2.843 | 0.005 |

注：a. 因变量：FAC 满意度。

**图 2-59 性别虚拟变量回归分析的导出结果（续）**

资料来源：笔者自制。

（1）输入 / 除去的变量：通过输入的变量项可以看出"虚拟性别变量"作为自变量，"FAC 满意度"作为因变量。

（2）模型摘要：$R^2$=0.024，自变量对因变量的解释力为 2.4%。

（3）方差分析：回归模型中的 F=8.084，显著性水平为 0.005，可以从统计上判断显著。

（4）系数：可以确认回归方程的系数，有关性别的回归方程如下。

1）男性：满意度 =−0.139+0.331(0)。

2）女性：满意度 =−0.139+0.331(1)。

2. 年龄虚拟变量

年龄虚拟变量回归分析的结果见图 2-60。

输入/除去的变量[a]

| 模型 | 输入的变量 | 除去的变量 | 方法 |
|---|---|---|---|
| 1 | 年龄dum2，年龄dum1[b] | | 输入 |

注：a. 因变量：FAC 满意度；b. 已输入所请求的所有变量。

模型摘要

| 模型 | R | $R^2$ | 调整后$R^2$ | 标准估算的错误 |
|---|---|---|---|---|
| 1 | 0.072[a] | 0.005 | −0.001 | 1.03088416 |

注：a. 预测变量：（常量），年龄 dum2，年龄 dum1。

**图 2-60 年龄虚拟变量回归分析的导出结果**

ANOVA^a

| 模型 | | 平方和 | 自由度 | 均方 | F | 显著性 |
|---|---|---|---|---|---|---|
| 1 | 回归 | 1.820 | 2 | 0.910 | 0.856 | 0.426^b |
| | 残差 | 348.573 | 328 | 1.063 | | |
| | 总计 | 350.393 | 330 | | | |

注：a.因变量：FAC 满意度；b.预测变量：（常量），年龄 dum2，年龄 dum1。

系数^a

| 模型 | | 未标准化系数 | | 标准化系数 | t | 显著性 |
|---|---|---|---|---|---|---|
| | | B | 标准错误 | Beta | | |
| 1 | （常量） | −0.060 | 0.067 | | −0.890 | 0.374 |
| | 年龄dum1 | 0.168 | 0.131 | 0.071 | 1.283 | 0.200 |
| | 年龄dum2 | −0.038 | 0.318 | −0.007 | −0.120 | 0.905 |

注：a.因变量：FAC 满意度。

**图 2-60　年龄虚拟变量回归分析的导出结果（续）**

资料来源：笔者自制。

（1）输入 / 除去的变量：通过输入的变量项可以看出"年龄 dum1、年龄 dum2"作为自变量，"FAC 满意度"作为因变量。

（2）模型摘要：$R^2$=0.005，自变量对因变量的解释力为 0.5%。

（3）方差分析：回归模型中的 F=0.856，显著性水平为 0.426，可以从统计上判断不显著。

（4）系数：可以确认回归方程的系数，有关年龄的回归方程如下。

1）30 岁以下：满意度 =−0.060+0.168(0)−0.038(0)。

2）30~60 岁：满意度 =−0.060+0.168(0)−0.038(1)。

3）60 岁以上：满意度 =−0.060+0.168(1)−0.038(0)。

到目前为止，我们学习了生成虚拟变量进行回归分析的方法。即使回归分析的变量尺度不是等距尺度或比率尺度，如果被转换为虚拟变量，也可以简单地应用回归分析来判断影响力。另外，如果不显著，即使导出回归式，也不能用于判断影响力（见表 2-37）。

**表 2-37　回归模型的显著性**

| 区分 | 平方和 | 自由度 | 均方 | F | 显著性 |
|---|---|---|---|---|---|
| 性别 | 8.403 | 1 | 8.403 | 8.084 | 0.005 |
| 年龄 | 1.820 | 2 | 0.910 | 0.856 | 0.426 |

资料来源：笔者自制。

步骤3 论文写作

从分析结果来看，性别回归模型在显著性水平（p<0.05）内，可以说是显著的。但在年龄的回归模型中，显著性为 0.426，超出了显著水平的范围，则认为是不显著的（见表 2-38）。

表 2-38 回归模型的显著性

| 区分 | | 非标准化系数 | | 标准化系数 | t | 显著性 |
|---|---|---|---|---|---|---|
| | | B | 标准误差 | β | | |
| 性别 | 常数 | −0.139 | 0.070 | | −1.980 | 0.049 |
| | 性别虚拟变量 | 0.331 | 0.116 | 0.155 | 2.843 | 0.005 |
| 年龄 | 常数 | −0.060 | 0.067 | | −0.890 | 0.374 |
| | 年龄虚拟变量1 | 0.168 | 0.131 | 0.071 | 1.283 | 0.200 |
| | 年龄虚拟变量2 | −0.038 | 0.318 | −0.007 | −0.120 | 0.905 |

资料来源：笔者自制。

从回归分析的结果来看，性别不同的消费者对商品的满意度存在差异。性别是"男性"的回归方程式是 −0.139+0.331(0)，性别是"女性"的回归方程式是 −0.139+0.331(1)。但对于年龄，都超出了显著性水平的范围，因此不能认为不同年龄消费者对商品的满意度存在差异。

# 第十一节 高级回归（调节 / 中介 /Logistic）

## 学习目标

（1）可以说明调节回归分析的概念和调节变量的概念；
（2）可以说明参数回归分析的概念和参数的概念；
（3）可以了解 Logistic 回归分析的概念和按尺度的分析方法；
（4）了解调节 / 中介 /Logistic 回归分析的实施方法，可以解释结果值。

## 掌握内容

（1）调节 / 中介 /Logistic 回归分析的概念；

（2）调节 / 中介 /Logistic 回归分析的方法；

（3）解释调节 / 中介 /Logistic 回归分析结果。

在第十节中，我们学习了回归分析中的两种方法：一种是根据导入变量方法的不同而划分的逐步回归分析，另一种是通过对变量进行变换而划分的层次回归分析。本节将介绍在论文中使用最多的高级回归分析——调节、中介、Logistic 回归分析。

## 一、调节回归分析

回归分析的结果值显示了自变量对因变量的影响。此时，如果直接影响因变量的因素只有自变量，那么可以用到目前为止学习的回归分析来完成分析。但有时自变量影响因变量的过程中也会受其他变量的影响。像这样，自变量对因变量产生影响的过程中，会有其他变量（调节变量）介入，产生另一种影响，而不是自变量的直接效应，这种现象被称为"调节效应"。确认这种"调节效应"的回归分析称为调节回归分析（Moderated Regression Analysis）。调节效应的模型见图 2-61。

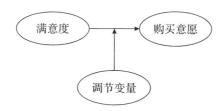

图 2-61　调节回归分析模型

资料来源：笔者自制。

由于添加的调节变量会改变自变量的影响力，预计调节变量会影响从属变量。要使用 SPSS Statistics 进行调节回归分析，首先通过单独的运算创建"自变量—调节变量"相关联的变量——"交互变量"；其次依次输入自变量、调节变量、交互变量，进行层次回归分析。

第 1 阶段：从属变量←自变量。

第 2 阶段：从属变量←自变量、调节变量。

第 3 阶段：从属变量←自变量、调节变量、交互变量（交互变量是在变量计算菜单上通过"自变量 * 调节变量"计算得出）。

调节回归分析顺序见图 2-62。

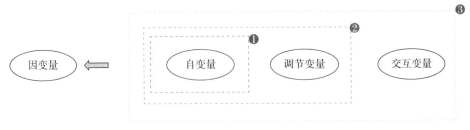

**图 2-62　调节回归分析顺序**

资料来源：笔者自制。

类似地，应该逐个投入每个变量，观察 R 值的变化量，以证明回归式的说明力。

### 研究问题

研究商品的"价格、质量、有用性"在影响消费者的"满意度"时，"品牌"有多大的调节效应。调节回归分析模型见图 2-63。

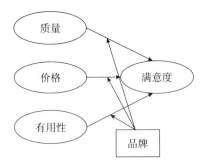

**图 2-63　调节回归分析模型**

资料来源：笔者自制。

**步骤1　操作练习（2-21操作练习）**

**步骤2　结果分析**

根据步骤 1 操作完成后，得到的结果见图 2-64。

**输入/除去的变量ª**

| 模型 | 输入的变量 | 除去的变量 | 方法 |
|---|---|---|---|
| 1 | FAC质量ᵇ | | 输入 |
| 2 | FAC品牌ᵇ | | 输入 |
| 3 | 质量品牌调节ᵇ | | 输入 |

注：a.因变量：FAC满意度；b.已输入所请求的所有变量。

**模型摘要ᵈ**

| 模型 | R | R² | 调整后R² | 标准估算的错误 | R²变化量 | F变化量 | 自由度1 | 自由度2 | 显著性F变化量 | 德宾-沃森 |
|---|---|---|---|---|---|---|---|---|---|---|
| | | | | | 更改统计 | | | | | |
| 1 | 0.420ª | 0.177 | 0.174 | 0.68627127 | 0.177 | 70.612 | 1 | 329 | 0.000 | |
| 2 | 0.431ᵇ | 0.186 | 0.181 | 0.68349035 | 0.009 | 3.683 | 1 | 328 | 0.056 | |
| 3 | 0.472ᶜ | 0.222 | 0.215 | 0.66897006 | 0.037 | 15.393 | 1 | 327 | 0.000 | 1.963 |

注：a.预测变量：（常量），FAC质量；b.预测变量：（常量），FAC质量，FAC品牌；c.预测变量：（常量），FAC质量，FAC品牌，质量品牌调节；d.因变量：FAC满意度。

**ANOVAª**

| 模型 | | 平方和 | 自由度 | 均方 | F | 显著性 |
|---|---|---|---|---|---|---|
| 1 | 回归 | 33.256 | 1 | 33.256 | 70.612 | 0.000ᵇ |
| | 残差 | 154.949 | 329 | 0.471 | | |
| | 总计 | 188.205 | 330 | | | |
| 2 | 回归 | 34.977 | 2 | 17.488 | 37.435 | 0.000ᶜ |
| | 残差 | 153.228 | 328 | 0.467 | | |
| | 总计 | 188.205 | 330 | | | |
| 3 | 回归 | 41.865 | 3 | 13.955 | 31.183 | 0.000ᵈ |
| | 残差 | 146.339 | 327 | 0.448 | | |
| | 总计 | 188.205 | 330 | | | |

注：a.因变量：FAC满意度；b.预测变量：（常量），FAC质量；c.预测变量：（常量），FAC质量，FAC品牌；d.预测变量：（常量），FAC质量，FAC品牌，质量品牌调节。

**系数ª**

| 模型 | | 未标准化系数 | | 标准化系数 | t | 显著性 | 共线性统计 | |
|---|---|---|---|---|---|---|---|---|
| | | B | 标准错误 | Beta | | | 容差 | VIF |
| 1 | （常量） | −0.012 | 0.038 | | −0.324 | 0.746 | | |
| | FAC质量 | 0.318 | 0.038 | 0.420 | 8.403 | 0.000 | 1.000 | 1.000 |
| 2 | （常量） | −0.014 | 0.038 | | −0.366 | 0.715 | | |
| | FAC质量 | 0.334 | 0.039 | 0.442 | 8.653 | 0.000 | 0.953 | 1.049 |
| | FAC品牌 | −0.089 | 0.046 | −0.098 | −1.919 | 0.056 | 0.953 | 1.049 |

图 2-64 结果分析

续表

| 模型 | | 未标准化系数 | | 标准化系数 | t | 显著性 | 共线性统计 | |
|---|---|---|---|---|---|---|---|---|
| | | B | 标准错误 | Beta | | | 容差 | VIF |
| 3 | （常量） | 0.011 | 0.037 | | 0.290 | 0.772 | | |
| | FAC质量 | 0.301 | 0.039 | 0.397 | 7.758 | 0.000 | 0.907 | 1.103 |
| | FAC品牌 | −0.111 | 0.046 | −0.122 | −2.433 | 0.015 | 0.938 | 1.066 |
| | 质量品牌调节 | −0.142 | 0.036 | −0.199 | −3.923 | 0.000 | 0.923 | 1.083 |

注：a. 因变量：FAC满意度。

**排除的变量[a]**

| 模型 | | 输入Beta | t | 显著性 | 偏相关 | 共线性统计 | | |
|---|---|---|---|---|---|---|---|---|
| | | | | | | 容差 | VIF | 最小容差 |
| 1 | FAC品牌 | −0.098[b] | −1.919 | 0.056 | −0.105 | 0.953 | 1.049 | 0.953 |
| | 质量品牌调节 | −0.184[b] | −3.622 | 0.000 | −0.196 | 0.938 | 1.066 | 0.938 |
| 2 | 质量品牌调节 | −0.199[c] | −3.923 | 0.000 | −0.212 | 0.923 | 1.083 | 0.907 |

注：a. 因变量：FAC满意度；b. 模型中的预测变量：（常量），FAC质量；c. 模型中的预测变量：（常量），FAC质量，FAC品牌。

**共线性诊断[a]**

| 模型 | 维 | 特征值 | 条件指标 | 方差比例 | | | |
|---|---|---|---|---|---|---|---|
| | | | | （常量） | FAC质量 | FAC品牌 | 质量品牌调节 |
| 1 | 1 | 1.015 | 1.000 | 0.49 | 0.49 | | |
| | 2 | 0.985 | 1.015 | 0.51 | 0.51 | | |
| 2 | 1 | 1.220 | 1.000 | 0.01 | 0.38 | 0.39 | |
| | 2 | 0.997 | 1.106 | 0.99 | 0.01 | 0.00 | |
| | 3 | 0.783 | 1.248 | 0.00 | 0.61 | 0.61 | |
| 3 | 1 | 1.459 | 1.000 | 0.05 | 0.20 | 0.16 | 0.22 |
| | 2 | 1.027 | 1.192 | 0.69 | 0.09 | 0.11 | 0.04 |
| | 3 | 0.807 | 1.344 | 0.08 | 0.21 | 0.71 | 0.15 |
| | 4 | 0.706 | 1.437 | 0.18 | 0.50 | 0.01 | 0.60 |

注：a. 因变量：FAC满意度。

**残差统计[a]**

| | 最小值 | 最大值 | 平均值 | 标准偏差 | 个案数 |
|---|---|---|---|---|---|
| 预测值 | −1.1940882 | 0.9812350 | −0.0170494 | 0.35618114 | 331 |
| 残差 | −2.04980278 | 1.73108447 | 0.00000000 | 0.66592235 | 331 |
| 标准预测值 | −3.305 | 2.803 | 0.000 | 1.000 | 331 |
| 标准残差 | −3.064 | 2.588 | 0.000 | 0.995 | 331 |

注：a. 因变量：FAC满意度。

图 2-64 结果分析（续）

资料来源：笔者自制。

输出结果可以导出各种结果表格，在这里不再一一说明。在本节中，将重点解释调节回归分析的结果。因此，在调节回归分析中，只要确认［模型摘要］表即可。

（1）"FAC 质量"对"FAC 满意度"影响下"FAC 品牌"的调节效应检验结果见图 2-65。

**模型摘要**[d]

| 模型 | R | R² | 调整后R² | 标准估算的错误 | R²变化量 | F变化量 | 自由度1 | 自由度2 | 显著性F变化量 | 德宾-沃森 |
|---|---|---|---|---|---|---|---|---|---|---|
| 1 | 0.420[a] | 0.177 | 0.174 | 0.68627127 | 0.177 | 70.612 | 1 | 329 | 0.000 | |
| 2 | 0.431[b] | 0.186 | 0.181 | 0.68349035 | 0.009 | 3.683 | 1 | 328 | 0.056 | |
| 3 | 0.472[c] | 0.222 | 0.215 | 0.66897006 | 0.037 | 15.393 | 1 | 327 | 0.000 | 1.963 |

注：a. 预测变量：（常量），FAC 质量；b. 预测变量：（常量），FAC 质量，FAC 品牌；c. 预测变量：（常量），FAC 质量，FAC 品牌，质量品牌调节；d. 因变量：FAC 满意度。

**图 2-65 质量对满意度影响下品牌的调节效应**

资料来源：笔者自制。

模型 1、模型 2、模型 3 表示根据增加的自变量建立的模型，如伪线性回归分析中所示。在这里，从输入自变量"FAC 质量"的模型 1 到输入交互变量的模型 3，确认回归式的说明量 R² 值的变化量。

从模型 1、模型 2、模型 3 可以确认说明力越来越强。特别是在有调节效应的交互变量导入后，虽然是微小的值，但可以确认 R² 值会增加。因此，可以解释为"FAC 品牌的调节效应是正（＋）的调节效应。"

结果"质量"对"满意度"的直接影响是 0.177，如果增加"品牌"的调节变量，最终可以认为是 0.222 的影响。

（2）"FAC 价格"对"FAC 满意度"影响下"FAC 品牌"的调节效应检验结果见图 2-66。

**模型摘要**[d]

| 模型 | R | R² | 调整后R² | 标准估算的错误 | R²变化量 | F变化量 | 自由度1 | 自由度2 | 显著性F变化量 | 德宾-沃森 |
|---|---|---|---|---|---|---|---|---|---|---|
| 1 | 0.466[a] | 0.217 | 0.214 | 0.66933500 | 0.217 | 91.091 | 1 | 329 | 0.000 | |
| 2 | 0.466[b] | 0.218 | 0.213 | 0.67006292 | 0.001 | 0.286 | 1 | 328 | 0.593 | |
| 3 | 0.484[c] | 0.234 | 0.227 | 0.66382545 | 0.017 | 7.193 | 1 | 327 | 0.008 | 1.900 |

注：a. 预测变量：（常量），FAC 价格；b. 预测变量：（常量），FAC 价格，FAC 品牌；c. 预测变量：（常量），FAC 价格，FAC 品牌，价格品牌调节；d. 因变量：FAC 满意度。

**图 2-66 价格对满意度影响下品牌的调节效应**

资料来源：笔者自制。

从模型 1、模型 2、模型 3 可以确认说明力越来越强。特别是在有调节效应的交互变量导入后，虽然是微小的值，但可以确认 $R^2$ 值会增加。因此，可以解释为"FAC 品牌的调节效应是正（＋）的调节效应。"结果"价格"对"满意度"的直接影响是 0.217，如果增加"品牌"的调节变量，最终可以认为是 0.234 的影响。

（3）"FAC 有用性"对"FAC 满意度"影响下"FAC 品牌"在调节效应检验结果见图 2-67。

**模型摘要[d]**

| 模型 | R | $R^2$ | 调整后$R^2$ | 标准估算的错误 | 更改统计 | | | | | 德宾－沃森 |
|---|---|---|---|---|---|---|---|---|---|---|
| | | | | | $R^2$变化量 | F变化量 | 自由度1 | 自由度2 | 显著性F变化量 | |
| 1 | 0.300[a] | 0.090 | 0.087 | 0.72148057 | 0.090 | 32.561 | 1 | 329 | 0.000 | |
| 2 | 0.300[b] | 0.090 | 0.085 | 0.72257943 | 0.000 | 0.000 | 1 | 328 | 0.992 | |
| 3 | 0.301[c] | 0.091 | 0.082 | 0.72345510 | 0.001 | 0.206 | 1 | 327 | 0.650 | 1.989 |

注：a. 预测变量：（常量），FAC 有用性；b. 预测变量：（常量），FAC 有用性，FAC 品牌；c. 预测变量：（常量），FAC 有用性，FAC 品牌，有用性品牌调节；d. 因变量：FAC 满意度。

**图 2-67　有用性对满意度影响下品牌的调节效应**

资料来源：笔者自制。

从模型 1、模型 2、模型 3 可以确认说明力越来越强。特别是在有调节效应的交互变量导入后，虽然是微小的值，但可以确认 $R^2$ 值会增加。因此，可以解释为"FAC 品牌的调节效应是正（＋）的调节效应。"结果"有用性"对"满意度"的直接影响是 0.090，如果增加"品牌"的调节变量，最终可以认为是 0.091 的影响。

**步骤3　论文写作**

在写论文时，将输出结果整理，见表 2-39，再加上对各变量的解释即可。

**表 2-39　调节回归分析**

| 变量 | 模型 | R | $R^2$ | 调整后$R^2$ | 标准估计的误差 | 统计变化量 | | | | | 德宾－沃森 |
|---|---|---|---|---|---|---|---|---|---|---|---|
| | | | | | | $R^2$变化量 | F变化量 | 自由度1 | 自由度2 | 显著性F变化量 | |
| 质量 | 1 | 0.420 | 0.177 | 0.174 | 0.68627127 | 0.177 | 70.612 | 1 | 329 | 0.000 | |
| | 2 | 0.431 | 0.186 | 0.181 | 0.68349035 | 0.009 | 3.683 | 1 | 328 | 0.056 | |
| | 3 | 0.472 | 0.222 | 0.215 | 0.66897006 | 0.037 | 15.393 | 1 | 327 | 0.000 | 1.963 |

续表

| 变量 | 模型 | R | R² | 调整后R² | 标准估计的误差 | 统计变化量 | | | | | 德宾–沃森 |
|---|---|---|---|---|---|---|---|---|---|---|---|
| | | | | | | R²变化量 | F变化量 | 自由度1 | 自由度2 | 显著性F变化量 | |
| 价格 | 1 | 0.466 | 0.217 | 0.214 | 0.66933500 | 0.217 | 91.091 | 1 | 329 | 0.000 | |
| | 2 | 0.466 | 0.218 | 0.213 | 0.67006292 | 0.001 | 0.286 | 1 | 328 | 0.593 | |
| | 3 | 0.484 | 0.234 | 0.227 | 0.66382545 | 0.017 | 7.193 | 1 | 327 | 0.008 | 1.900 |
| 有用性 | 1 | 0.300 | 0.090 | 0.087 | 0.72148057 | 0.090 | 32.561 | 1 | 329 | 0.000 | |
| | 2 | 0.300 | 0.090 | 0.085 | 0.72257943 | 0.000 | 0.000 | 1 | 328 | 0.992 | |
| | 3 | 0.301 | 0.091 | 0.082 | 0.72345510 | 0.001 | 0.206 | 1 | 327 | 0.650 | 1.989 |

注：因变量：满意度。

资料来源：笔者自制。

## 二、中介回归分析

中介回归分析是分析自变量和因变量之间有一个中介变量模型的方法。在这种情况下，必须确认：①自变量对因变量有直接的影响，②自变量通过中介变量对因变量有影响。中介回归分析模型见图 2-68。

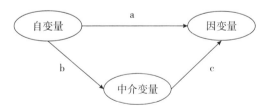

图 2-68　中介回归分析模型

资料来源：笔者自制。

如图 2-68 所示，自变量对因变量产生直接影响的效果（a）称为直接效果，自变量通过中介变量对因变量产生影响的效果（b 和 c）称为间接效果。

检验中介效应的方法在第三章的结构方程模型（AMOS）中也会详细讨论，但在 AMOS 中进行的路径分析和在 SPSS Statistics 中进行的回归分析是两种方法。这两种方法不仅使用的软件不同，得出的结果也略有不同。因此，在本节中，我们将以 Baron 和 Keny 提出的方法论[①] 为标准进行说明，使用 SPSS Statistics 进行分析。

简单总结 Baron 和 Keny 的中介分析方法如下。要使用 SPSS Statistics 进行中介回归分析，必须记住以下①～④步：

①"自变量→中介变量"之间的显著性检验（必须是显著的影响关系）；

②"自变量→因变量"之间的显著性检验（应该是有意义的影响关系）；

③"自变量、中介变量→因变量"之间的显著性检验（应该是有意义的影响关系）；

④比较"②和③"的 β 值（"$\beta_②>\beta_③$"才能确定为有中介效果）。

---

Note: 如果很有可能包括测量误差呢？

在 SPSS Statistics 中进行中介回归分析时，不考虑误差项进行分析。如果研究者测量的数据可能包含了测量误差，那么结果值也不能说是准确的。如果想得到更精确的分析结果，建议使用第三章中介绍的结构方程模型。在结构方程模型中，对研究模型本身包括误差（测量误差、结构误差）的情况进行分析。

---

### 研究问题

商品的质量、价格、有用性对消费者满意度产生影响，我们来验证"品牌"的中介作用。

中介分析的研究模型见图 2-69。

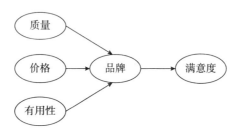

**图 2-69 中介分析的研究模型**

资料来源：笔者自制。

中介分析的步骤见表 2-40。

---

**表 2-40 中介分析的步骤**

① Baron R M,Kenny D A.The Moderatemediator variable distinction in social psychological research: Conceptual strategic, and statistical considerations［J］. Journal of Personality and Social Psychology, 1986,51(6): 1173.

| 阶段<br>自变量 | 第1阶段：回归分析及结果分析 | 第2阶段：层次分析及结果分析 |
|---|---|---|
| | 阶段①自变量→中介变量 | 阶段②自变量→因变量<br>阶段③自变量、中介变量→因变量<br>阶段④比较β值 |
| 质量 | 质量→品牌 | 质量→满意度<br>质量、品牌→满意度<br>比较β值 |
| 价格 | 价格→品牌 | 价格→满意度<br>价格、品牌→满意度<br>比较β值 |
| 有用性 | 有用性→品牌 | 有用性→满意度<br>有用性、品牌→满意度<br>比较β值 |

资料来源：笔者自制。

## 步骤1 操作练习

### （一）"质量→品牌→满意度"分析

首先，确认"质量"与"品牌"的关系是否有意义。

1.阶段①

阶段①"自变量→因变量"间的显著性检验。

（1）在 SPSS Statistics 上打开"中介回归分析 .xls"文件。

（2）单击"分析→回归→线性"。

如图 2-70 所示，选择中介回归分析菜单。

（3）在线性回归窗口，①因变量框中移入"FAC 品牌"，②自变量框中移入"FAC 质量"后，③方法选择"输入"，④单击"确认"的话，运行阶段①的分析，如图 2-71 所示。

（4）中介回归分析中，应确认各阶段的显著性。如果该阶段的分析结果不显著，那么进行后续阶段的分析就没有意义了。首先，让我们来看看阶段①的分析结果，见图 2-72。

165

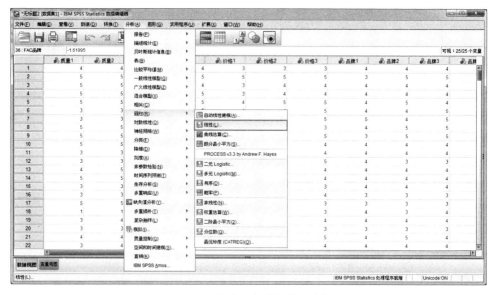

图 2-70　中介回归分析菜单选择

资料来源：笔者自制。

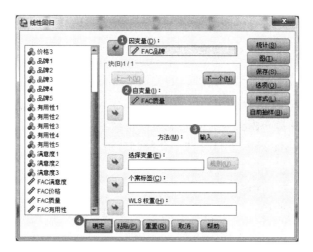

图 2-71　中介变量的显著性检验（1）

资料来源：笔者自制。

**模型摘要**

| 模型 | R | $R^2$ | 调整后$R^2$ | 标准估算的错误 |
|------|------|------|------|------|
| 1 | $0.227^a$ | 0.052 | 0.049 | 0.90610755 |

注：a.预测变量：（常量），FAC 质量。

图 2-72　"自变量→中介变量"的显著性检验

ANOVAª

| 模型 | | 平方和 | 自由度 | 均方 | F | 显著性 |
|---|---|---|---|---|---|---|
| 1 | 回归 | 14.742 | 1 | 14.742 | 17.956 | 0.000ᵇ |
| | 残差 | 270.119 | 329 | 0.821 | | |
| | 总计 | 284.861 | 330 | | | |

注：a. 因变量：FAC 品牌；b. 预测变量：（常量），FAC 质量。

系数ª

| 模型 | | 未标准化系数 | | 标准化系数 | t | 显著性 |
|---|---|---|---|---|---|---|
| | | B | 标准错误 | Beta | | |
| 1 | （常量） | −0.010 | 0.050 | | −0.202 | 0.840 |
| | FAC质量 | 0.210 | 0.050 | 0.227 | 4.237 | 0.000 |

注：a. 因变量：FAC 品牌。

**图 2-72　"自变量→中介变量"的显著性检验（续）**

资料来源：笔者自制。

这是确认中介变量"FAC 品牌"中自变量是否存在显著性关系的分析，因此在确认显著性水平的时候，需要确认回归式的显著性和系数的显著性。

1）模型摘要：确认模型的说明力。

2）分散分析：判断回归式的显著性。

3）系数：确认回归式的系数。并且可以确认回归式的显著性（p=0.000）和系数的显著性（p=0.000）。

2. 阶段②、阶段③、阶段④

现在按照以下顺序进行分析：阶段②和阶段③必须要同时运行层次回归分析。

阶段②"自变量→因变量"之间的显著性检验。

阶段③"自变量、中介变量→因变量"之间的显著性检验。

阶段④比较阶段②和阶段③的 β 值。

（5）在 SPSS Statistics 界面，单击"分析→回归→线性"。

（6）在线性回归窗口，①因变量框中移入"FAC 满意度"，②将自变量"FAC 质量"移动到自变量框中，③单击"下一个"，见图 2-73。

（7）④这时自变量框中为空格，移入"FAC 品牌"后，⑤单击"确认"，运行阶段②～阶段③的分析，见图 2-74。

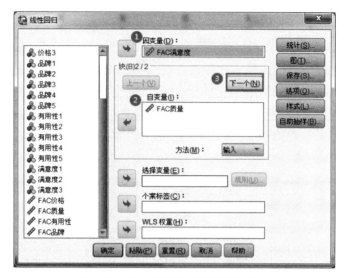

图 2-73 中介回归分析的变量选择 (1)

资料来源：笔者自制。

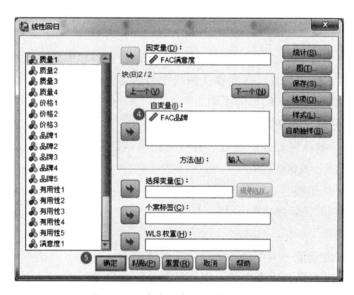

图 2-74 中介回归分析的运行 (1)

资料来源：笔者自制。

（8）现在让我们来看阶段②～阶段③的分析结果，见图 2-75。查看每个步骤的结果是否显著，比较 β 值来确定是否有中介效果。

**模型摘要**

| 模型 | R | $R^2$ | 调整后$R^2$ | 标准估算的错误 |
|---|---|---|---|---|
| 1❶ | 0.365[a] | 0.133 | 0.130 | 0.95774082 |
| 2❷ | 0.466[b] | 0.217 | 0.212 | 0.91152832 |

注：a. 预测变量：（常量），FAC 质量；b. 预测变量：（常量），FAC 质量，FAC 品牌。

**ANOVA[a]** ❸

| 模型 | | 平方和 | 自由度 | 均方 | F | 显著性 |
|---|---|---|---|---|---|---|
| 1 | 回归 | 46.335 | 1 | 46.335 | 50.515 | 0.000[b] |
| | 残差 | 301.781 | 329 | 0.917 | | |
| | 总计 | 348.116 | 330 | | | |
| 2 | 回归 | 75.587 | 2 | 37.793 | 45.486 | 0.000[c] |
| | 残差 | 272.530 | 328 | 0.831 | | |
| | 总计 | 348.116 | 330 | | | |

注：a. 因变量：FAC 满意度；b. 预测变量：（常量），FAC 质量；c. 预测变量：（常量），FAC 质量，FAC 品牌。

**系数[a]**

| 模型 | | 未标准化系数 | | 标准化系数 ❹ | t | 显著性 |
|---|---|---|---|---|---|---|
| | | B | 标准错误 | Beta | | |
| 1 | （常量） | 0.011 | 0.053 | | −0.213 | 0.831 |
| | FAC质量 | 0.373 | 0.052 | 0.365 | 7.107 | 0.000 |
| 2 | （常量） | −0.008 | 0.050 | | −0.158 | 0.874 |
| | FAC质量 | 0.304 | 0.051 | 0.297 | 5.922 | 0.000 |
| | FAC品牌 | 0.329 | 0.055 | 0.298 | 5.933 | 0.000 |

注：a. 因变量：FAC 满意度。

**图 2-75 中介回归分析内的层次回归分析结果 (1)**

资料来源：笔者自制。

1）模型摘要：模型 1 是阶段②的分析结果，模型 2 是阶段③的分析结果。

2）分散分析：从模型 1 和模型 2 的显著性水平结果来看，两种分析结果都被认为是显著的影响关系。

3）系数：比较两个模型中使用的自变量的 β 值，可以确认为 $β_②=0.365>β_③=0.297$ )"。

因此，可以认为中介变量"FAC 品牌"具有中介效应。

## （二）"价格→品牌→满意度"分析

这次是确认"价格"与"品牌"的关系是否有意义，操作步骤与之前相同。

1.阶段①

阶段①"自变量→因变量"间的显著性检验。

（1）在 SPSS Statistics 界面，单击"分析→回归→线性"。

（2）在线性回归窗口，①因变量框中移入"FAC 品牌"，②自变量框中移入"FAC 价格"后，③方法选择"输入"，④单击"确认"，运行阶段①的分析，见图 2-76。

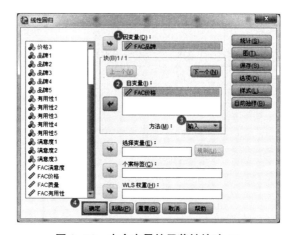

**图 2-76　中介变量的显著性检验 (2)**

资料来源：笔者自制。

（3）让我们来看看阶段①的分析结果，见图 2-77。

**模型摘要**

| 模型 | R | R² | 调整后R² | 标准估算的错误 |
|---|---|---|---|---|
| 1 | 0.147ᵃ | 0.022 | 0.019 | 0.92034947 |

注：a.预测变量：（常量），FAC 价格。

**ANOVAᵃ**

| 模型 | | 平方和 | 自由度 | 均方 | F | 显著性 |
|---|---|---|---|---|---|---|
| 1 | 回归 | 6.184 | 1 | 6.184 | 7.301 | 0.007ᵇ |
| | 残差 | 278.677 | 329 | 0.847 | | |
| | 总计 | 284.861 | 330 | | | |

注：a.因变量：FAC 品牌；b.预测变量：（常量），FAC 价格。

**图 2-77　"自变量→中介变量"的显著性检验**

系数<sup>a</sup>

| 模型 | | 未标准化系数 | | 标准化系数 | t | 显著性 |
|---|---|---|---|---|---|---|
| | | B | 标准错误 | Beta | | |
| 1 | （常量） | 0.013 | 0.051 | | −0.254 | 0.800 |
| | FAC价格 | 0.137 | 0.051 | −0.147 | −2.702 | 0.007 |

注：a. 因变量：FAC 品牌。

**图 2-77　"自变量→中介变量"的显著性检验（续）**

资料来源：笔者自制。

这是确认中介变量"FAC 品牌"中自变量是否存在显著性关系的分析，因此在确认显著性水平时，需要确认回归式的显著性和系数的显著性。

1）模型摘要：确认模型的说明力。

2）分散分析：判断回归式的显著性。

3）系数：确认回归式的系数。并且可以确认回归式的显著性（p=0.007）和系数的显著性（p=0.007）。

2. 阶段②、阶段③、阶段④

现在按照以下顺序进行分析：阶段②和阶段③必须要同时运行层次回归分析。

阶段②"自变量→因变量"之间的显著性检验。

阶段③"自变量、中介变量→因变量"之间的显著性检验。

阶段④比较阶段②和阶段③的 β 值。

（4）在 SPSS Statistics 界面，单击"分析→回归→线性"。

（5）在线性回归窗口，①因变量框中移入"FAC 满意度"，②将自变量"FAC 价格"移动到自变量框中，③单击"下一个"，见图 2-78。

（6）④这时自变量框中为空格，移入"FAC 品牌"后，⑤单击"确认"的话，运行阶段②～阶段③的分析，见图 2-79。

（7）现在让我们来看阶段②～阶段③的分析结果，见图 2-80。查看每个步骤的结果是否显著，比较 β 值来确定是否有中介效果。

1）模型摘要：模型 1 是阶段②的分析结果，模型 2 是阶段③的分析结果。

2）分散分析：从模型 1 和模型 2 的显著性水平结果来看，两种分析结果都被认为是显著的影响关系。

3）系数：比较两个模型中使用的自变量的 β 值，可以确认 $\beta_②$=−0.467，$\beta_③$=−0.422。从实际值的大小来看，−0.467<−0.422，但这里是看绝对值的大小，因此，$\beta_②$>$\beta_③$。

因此，可以认为中介变量"FAC品牌"具有中介效应。

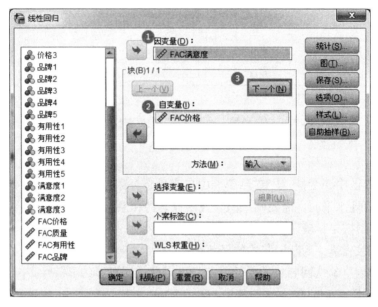

**图 2-78　中介回归分析的变量选择 (2)**

资料来源：笔者自制。

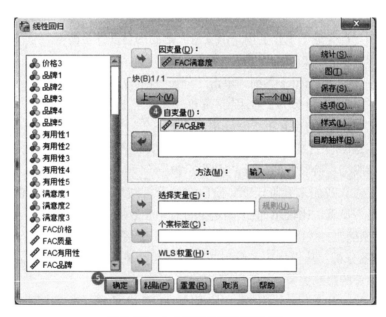

**图 2-79　中介回归分析的运行 (2)**

资料来源：笔者自制。

**模型摘要**

| 模型 | R | R² | 调整后R² | 标准估算的错误 |
|---|---|---|---|---|
| 1❶ | 0.467ᵃ | 0.218 | 0.215 | 0.90983585 |
| 2❷ | 0.555ᵇ | 0.308 | 0.303 | 0.85728155 |

注：a.预测变量：（常量），FAC 质量；b.预测变量：（常量），FAC 质量，FAC 品牌。

**ANOVAª**　　　　　　　　　　　　　　　　　　　　　　❸

| 模型 | | 平方和 | 自由度 | 均方 | F | 显著性 |
|---|---|---|---|---|---|---|
| 1 | 回归 | 75.770 | 1 | 75.770 | 91.531 | 0.000ᵇ |
| | 残差 | 272.347 | 329 | 0.828 | | |
| | 总计 | 348.116 | 330 | | | |
| 2 | 回归 | 107.059 | 2 | 53.529 | 72.836 | 0.000ᶜ |
| | 残差 | 241.058 | 328 | 0.735 | | |
| | 总计 | 348.116 | 330 | | | |

注：a.因变量：FAC 满意度；b.预测变量：（常量），FAC 价格；c.预测变量：（常量），FAC 价格，FAC 品牌。

**系数ª**

| 模型 | | 未标准化系数 | | 标准化系数 | t | 显著性 |
|---|---|---|---|---|---|---|
| | | B | 标准错误 | Beta | | |
| 1 | （常量） | −0.015 | 0.050 | ❹ | −0.301 | 0.764 |
| | FAC价格 | −0.478 | 0.050 | −0.467 | −9.567 | 0.000 |
| 2 | （常量） | −0.011 | 0.047 | | −0.228 | 0.820 |
| | FAC价格 | −0.432 | 0.048 | −0.422 | −9.082 | 0.000 |
| | FAC品牌 | 0.335 | 0.051 | 0.303 | 6.525 | 0.000 |

注：a.因变量：FAC 满意度。

**图 2-80　中介回归分析内的层次回归分析结果 (2)**

资料来源：笔者自制。

### （三）"有用性→品牌→满意度"分析

这次是确认"有用性"与"品牌"的关系是否有意义，操作步骤与之前相同。

### 1.阶段①

阶段①"自变量→因变量"间的显著性检验。

（1）在 SPSS Statistics 界面，单击"分析→回归→线性"。

（2）在线性回归窗口，①因变量框中移入"FAC 品牌"，②自变量框中移入"FAC 有用性"后，③方法选择"输入"，④单击"确认"，运行阶段①的分析，见图 2-81。

图 2-81　中介变量的显著性检验 (3)

资料来源：笔者自制。

（3）首先，让我们来看看阶段①的分析结果，见图 2-82。

**模型摘要**

| 模型 | R | R$^2$ | 调整后R$^2$ | 标准估算的错误 |
|---|---|---|---|---|
| 1 | 0.183[a] | 0.033 | 0.030 | 0.91484350 |

注：a.预测变量：（常量），FAC 有用性。

**ANOVA[a]**

| 模型 | | 平方和 | 自由度 | 均方 | F | 显著性 |
|---|---|---|---|---|---|---|
| 1 | 回归 | 9.509 | 1 | 9.509 | 11.361 | 0.001[b] |
| | 残差 | 275.353 | 329 | 0.837 | | |
| | 总计 | 284.861 | 330 | | | |

注：a.因变量：FAC 品牌；b.预测变量：（常量），FAC 有用性。

图 2-82　"自变量→中介变量"的显著性检验

**系数**[a]

| 模型 | | 未标准化系数 | | 标准化系数 | t | 显著性 |
| --- | --- | --- | --- | --- | --- | --- |
| | | B | 标准错误 | Beta | | |
| 1 | （常量） | −0.011 | 0.050 | | −0.216 | 0.829 |
| | FAC有用性 | 0.176 | 0.052 | −0.183 | 3.371 | 0.001 |

注：a.因变量：FAC 品牌。

**图 2-82　"自变量→中介变量"的显著性检验（续）**

资料来源：笔者自制。

这是确认中介变量"FAC 有用性"中自变量是否存在显著性关系的分析，因此在确认显著性水平的时候，需要确认回归式的显著性和系数的显著性。

1）模型摘要：确认模型的说明力。

2）分散分析：判断回归式的显著性。

3）系数：确认回归式的系数。并且可以确认回归式的显著性（p=0.001）和系数的显著性（p=0.001）。

2.阶段②、阶段③、阶段④

现在按照以下顺序进行分析：阶段②和阶段③必须要同时运行层次回归分析。

阶段②"自变量→因变量"之间的显著性检验。

阶段③"自变量、中介变量→因变量"之间的显著性检验。

阶段④比较阶段②和阶段③的 β 值。

（4）在 SPSS Statistics 界面，单击"分析→回归→线性"。

（5）在线性回归窗口，①因变量框中移入"FAC 满意度"，②将自变量"FAC 有用性"移动到自变量框中，③单击"下一个"，见图 2-83。

**图 2-83　中介回归分析的变量选择 (3)**

资料来源：笔者自制。

（6）④这时自变量框中为空格，移入"FAC品牌"后，⑤单击"确认"，运行阶段②和阶段③的分析，见图 2-84。

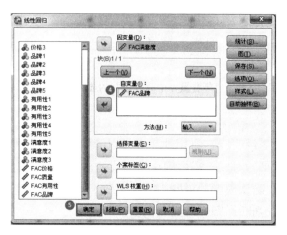

**图 2-84　中介回归分析的运行 (3)**

资料来源：笔者自制。

（7）现在让我们来看阶段②和阶段③的分析结果，见图 2-85。查看每个步骤的结果是否显著，比较 β 值来确定是否有中介效果。

**模型摘要**

| 模型 | R | $R^2$ | 调整后$R^2$ | 标准估算的错误 |
|---|---|---|---|---|
| 1❶ | 0.281[a] | 0.079 | 0.076 | 0.98730138 |
| 2❷ | 0.425[b] | 0.181 | 0.176 | 0.93246075 |

注：a. 预测变量：（常量），FAC 有用性；b. 预测变量：（常量），FAC 有用性，FAC 品牌。

**ANOVA[a]**

| 模型 | | 平方和 | 自由度 | 均方 | F | ❸ 显著性 |
|---|---|---|---|---|---|---|
| 1 | 回归 | 27.419 | 1 | 27.419 | 28.129 | 0.000[b] |
| | 残差 | 320.697 | 329 | 0.975 | | |
| | 总计 | 348.116 | 330 | | | |
| 2 | 回归 | 62.926 | 2 | 31.463 | 36.186 | 0.000[c] |
| | 残差 | 285.190 | 328 | 0.869 | | |
| | 总计 | 348.116 | 330 | | | |

注：a. 因变量：FAC 满意度；b. 预测变量：（常量），FAC 有用性；c. 预测变量：（常量），FAC 有用性，FAC 品牌。

**图 2-85　中介回归分析内的层次回归分析结果 (3)**

**系数**[a]

| 模型 | | 未标准化系数 | | 标准化系数 | t | 显著性 |
|---|---|---|---|---|---|---|
| | | B | 标准错误 | Beta | | |
| 1 | （常量） | −0.013 | 0.054 | ❹ | −0.237 | 0.813 |
| | FAC有用性 | 0.298 | 0.056 | 0.281 | 5.304 | 0.000 |
| 2 | （常量） | −0.009 | 0.051 | | −0.174 | 0.862 |
| | FAC有用性 | 0.235 | 0.054 | 0.221 | 4.354 | 0.000 |
| | FAC品牌 | 0.359 | 0.056 | 0.325 | 6.390 | 0.000 |

注：a. 因变量：FAC 满意度。

**图 2-85　中介回归分析内的层次回归分析结果 (3)（续）**

资料来源：笔者自制。

1）模型摘要：模型 1 是阶段②的分析结果，模型 2 是阶段③的分析结果。

2）分散分析：从模型 1 和模型 2 的显著性水平结果来看，两种分析结果都被认为是显著的影响关系。

3）系数：比较两个模型中使用的自变量的 β 值，可以确认为 $β_②$=0.281> $β_③$=0.221。

因此，可以认为中介变量"FAC 品牌"具有中介效应。

**步骤2　论文写作**

包含中介变量的回归分析，在论文中可以见表 2-41、表 2-42。如果你还记得一般回归分析的表示方法，就不会感到困难。只要熟悉表 2-41 中的内容，在论文中根据研究内容的特性准确表示即可。

**表 2-41　方差分析**

| 自变量 | 模型 | 平方和 | 自由度 | 均方 | F | 显著性 |
|---|---|---|---|---|---|---|
| 质量 | 回归 | 14.742 | 1 | 14.742 | 17.956 | 0.000 |
| | 残差 | 270.119 | 329 | 0.821 | | |
| | 总计 | 284.861 | 330 | | | |
| 价格 | 回归 | 6.184 | 1 | 6.184 | 7.301 | 0.007 |
| | 残差 | 278.677 | 329 | 0.847 | | |
| | 总计 | 284.861 | 330 | | | |
| 有用性 | 回归 | 9.509 | 1 | 9.509 | 11.361 | 0.001 |
| | 残差 | 275.353 | 329 | 0.837 | | |
| | 总计 | 284.861 | 330 | | | |

注：因变量：品牌。

资料来源：笔者自制。

表 2-42　系数

| 模型 | 非标准化系数 | | 标准化系数 | t | 显著性 |
| --- | --- | --- | --- | --- | --- |
| | B | 标准误差 | β | | |
| （常数） | −0.010 | 0.050 | | −0.202 | 0.840 |
| 质量 | 0.210 | 0.050 | 0.227 | 4.237 | 0.000 |
| （常数） | −0.013 | 0.051 | | −0.254 | 0.800 |
| 价格 | −0.137 | 0.051 | −0.147 | −2.702 | 0.007 |
| （常数） | −0.011 | 0.050 | | −0.216 | 0.829 |
| 有用性 | 0.176 | 0.052 | 0.183 | 3.371 | 0.001 |

注：因变量：品牌。

资料来源：笔者自制。

以"质量、价格、有用性"为自变量，以"品牌"为因变量的回归式，分析结果见表 2-43~ 表 2-48。回归式系数的显著性水平分别为 0.000、0.007、0.001，均在 p<0.05 的显著性水平内，因此，可以判断为显著。

表 2-43　中介回归分析（质量的方差分析）

| 模型 | | 平方和 | 自由度 | 均方 | F | 显著性 |
| --- | --- | --- | --- | --- | --- | --- |
| 1 | 回归 | 46.335 | 1 | 46.335 | 50.515 | 0.000 |
| | 残差 | 301.781 | 329 | 0.917 | | |
| | 总计 | 348.116 | 330 | | | |
| 2 | 回归 | 75.587 | 2 | 37.793 | 45.486 | 0.000 |
| | 残差 | 272.530 | 328 | 0.831 | | |
| | 总计 | 348.116 | 330 | | | |

注：因变量：满意度；预测值：（常数），质量；预测值：（常数），质量，品牌。如果能确认以"质量"和"品牌"为自变量的模型 1 和模型 2 的显著性水平结果，则两种分析结果都可以判断为有显著影响关系。

资料来源：笔者自制。

表 2-44　中介回归分析（价格的方差分析）

| 模型 | | 平方和 | 自由度 | 均方 | F | 显著性 |
| --- | --- | --- | --- | --- | --- | --- |
| 1 | 回归 | 75.770 | 1 | 75.770 | 91.531 | 0.000 |
| | 残差 | 272.347 | 329 | 0.828 | | |
| | 总计 | 348.116 | 330 | | | |

续表

| 模型 | | 平方和 | 自由度 | 均方 | F | 显著性 |
|---|---|---|---|---|---|---|
| 2 | 回归 | 107.059 | 2 | 53.529 | 72.836 | 0.000 |
| | 残差 | 241.058 | 328 | 0.735 | | |
| | 总计 | 348.116 | 330 | | | |

注：因变量：满意度；预测值：（常数），价格；预测值：（常数）、价格、品牌。如果能确认以"价格"和"品牌"为自变量的模型 1 和模型 2 的显著性水平结果，则两种分析结果都可以判断为有显著影响关系。

资料来源：笔者自制。

### 表 2-45　中介回归分析（有用性的方差分析）

| 模型 | | 平方和 | 自由度 | 均方 | F | 显著性 |
|---|---|---|---|---|---|---|
| 1 | 回归 | 27.419 | 1 | 27.419 | 28.129 | 0.000 |
| | 残差 | 320.697 | 329 | 0.975 | | |
| | 总计 | 348.116 | 330 | | | |
| 2 | 回归 | 62.926 | 2 | 31.463 | 36.186 | 0.000 |
| | 残差 | 285.19 | 328 | 0.869 | | |
| | 总计 | 348.116 | 330 | | | |

注：因变量：满意度；预测值：（常数），有用性；预测值：（常数），有用性，品牌。如果能确认以"有用性"和"品牌"为自变量的模型 1 和模型 2 的显著性水平结果，则两种分析结果都可以判断为有显著影响关系。

资料来源：笔者自制。

### 表 2-46　系数（质量）

| 模型 | 非标准化系数 | | 标准化系数 | t | 显著性 |
|---|---|---|---|---|---|
| | B | 标准误差 | β | | |
| （常数） | −0.011 | 0.053 | | −0.213 | 0.831 |
| 质量 | 0.373 | 0.052 | 0.365 | 7.107 | 0.000 |
| （常数） | −0.008 | 0.050 | | −0.158 | 0.874 |
| 质量 | 0.304 | 0.051 | 0.297 | 5.922 | 0.000 |
| 品牌 | 0.329 | 0.055 | 0.298 | 5.933 | 0.000 |

注：因变量：满意度。

资料来源：笔者自制。

### 表 2-47　系数（价格）

| 模型 | 非标准化系数 | | 标准化系数 | t | 显著性 |
|---|---|---|---|---|---|
| | B | 标准误差 | β | | |
| （常数） | −0.015 | 0.050 | | −0.301 | 0.764 |

续表

| 模型 | 非标准化系数 | | 标准化系数 | t | 显著性 |
|---|---|---|---|---|---|
| | B | 标准误差 | β | | |
| 价格 | −0.478 | 0.050 | −0.467 | −9.567 | 0.000 |
| （常数） | −0.011 | 0.047 | | −0.228 | 0.820 |
| 价格 | −0.432 | 0.048 | −0.422 | −9.082 | 0.000 |
| 品牌 | 0.335 | 0.051 | 0.303 | 6.525 | 0.000 |

注：因变量：满意度。

资料来源：笔者自制。

表 2-48　系数（有用性）

| 模型 | 非标准化系数 | | 标准化系数 | t | 显著性 |
|---|---|---|---|---|---|
| | B | 标准误差 | β | | |
| （常数） | −0.013 | 0.054 | | −0.273 | 0.813 |
| 有用性 | 0.298 | 0.056 | 0.281 | 5.304 | 0.000 |
| （常数） | −0.009 | 0.051 | | −0.174 | 0.862 |
| 有用性 | 0.235 | 0.054 | 0.221 | 4.354 | 0.000 |
| 品牌 | 0.359 | 0.056 | 0.325 | 6.390 | 0.000 |

注：因变量：满意度。

资料来源：笔者自制。

以"质量"为自变量，"品牌"为中介变量，"满意度"为因变量的中介回归模型，分析结果如表 2-46 所示，比较两个模型中使用的自变量的 β 值，可以确认"β 模型1=0.365＞β 模型2=0.297"。因此，可以认为中介变量"FAC 品牌"具有中介效应。

以"价格"为自变量，"品牌"为中介变量，在"满意度"因变量的中介回归模型中，比较两个模型中使用的自变量的 β 值，可以确认 β 模型1=|−0.467|＞β 模型2=|−0.422|。因此，可以认为中介变量"FAC 品牌"具有中介效应（见表 2-47）。

以"有用性"为自变量，"品牌"为中介变量，在"满意度"因变量的中介回归模型中，比较两个模型中使用的自变量的 β 值，可以确认 β 模型1=0.281＞β 模型2=0.221"。因此，可以认为中介变量"FAC 品牌"具有中介效应（见表 2-48）。

# 三、Logistic 回归分析

Logistic 回归分析（Logistic regression analysis）是在自变量由名义尺度、顺

序尺度、等距尺度、比率尺度组成，因变量由名义尺度或顺序尺度组成的情况下使用的分析方法。

Logistic 回归分析是利用自变量为线性来预测事件发生可能性的分析方法，与一般回归分析相似，但因变量使用的尺度不同。

自变量使用的尺度和表 2-49 一样大致分为四类，其中名义尺度和顺序尺度被称为"分类变量"（categorical variable），等距尺度和比率尺度被称为"连续变量"（continuous variable）。

表 2-49　Logistic 回归分析使用的变量尺度

| 自变量 | 因变量 | 分析方法 |
|---|---|---|
| 名义尺度 | 名义尺度（2个） | 二元Logistic |
| 顺序尺度 | 名义尺度（3个以上） | 多元Logistic |
| 等距尺度 比率尺度 | 顺序尺度（3个以上） | 多元Logistic |

资料来源：［美］弗雷德·C.潘佩尔.Logistic 回归入门［M］.周穆之译，陈伟校.上海：格致出版社，2015.

Logistic 回归分析是因变量由名义尺度和顺序尺度组成的分类数据建模（CATMOD: categorical data modeling）的一种，用于因变量的变量值为二项系数 0 和 1 的情况。Logistic 回归分析中使用的分析方法大致有二元 Logistic 和多元 Logistic 两种。我们在本节只讨论研究二元 Logistic 回归分析。

**研究问题**

研究山东和山西两个地区的消费者学历差异对商品的购买意愿的影响是否存在差异。因为问卷中使用了名义尺度，所以使用 Logistic 回归进行分析。

**步骤1　操作练习（2-22操作练习）**

**步骤2　结果分析**

根据步骤 1 操作完成后，得到的结果见图 2-86。

**个案处理摘要**

| 未加权个案数ᵃ | | 个案数 | 百分比 |
|---|---|---|---|
| 选定的个案 | 包括在分析中的个案数 | 325 | 100.0 |
| | 缺失个案数 | 0 | 0.0 |
| | 总计 | 325 | 100.0 |
| 未选定的个案 | | 0 | 0.0 |
| 总计 | | 325 | 100.0 |

注：如果权重为生效状态，请参阅分类表以了解个案总数。

**因变量编码**

| 原值 | 内部值 |
|---|---|
| 愿意购买 | 0 |
| 不愿意购买 | 1 |

**分类变量编码**

| | | 频率 | 参数编码 | |
|---|---|---|---|---|
| | | | （1） | （2） |
| 学历 | 高中及以下 | 231 | 1.000 | 0.000 |
| | 专本科毕业 | 82 | 0.000 | 1.000 |
| | 研究生及以上 | 12 | 0.000 | 0.000 |
| 地区 | 山东 | 206 | 1.000 | |
| | 山西 | 119 | 0.000 | |

图 2-86　Logistic 回归分析结果（1）

资料来源：笔者自制。

（1）个案处理摘要：显示样本的数量及其比率、误差值的情况。

（2）因变量编码：在这里，分析结果有 1（不愿意购买）的概率，所以要找到"内部值 =1"的。

（3）分类变量编码：在步骤 1~5 中，"学历"和"地区"需要设置变量的范围，所以将变量虚拟化。在这里，将更改对比项目的参照类别设置为"最后一个"，此时设置的"最后一个"在［分类变量编码］表中是学历和地区的最后一行"研究生及以上"和"山西"。"研究生毕业"和"山西"的变量设置为虚拟变量"0,0"（基准值）和"0"。此时，基准值的"学历（1）""学历（2）""地区（1）"将在后面的［方程中的变量］表中使用。

### 1. 块 0：起始块

不包含自变量，只包含常数项阶段的结果，回归分析结果见图 2-87。

**块0：起始块**

分类表[a,b]

| 实测 | | | 预测 | | |
|---|---|---|---|---|---|
| | | | 购买意愿 | | |
| | | | 愿意购买 | 不愿意购买 | 正确百分比 |
| 步骤0 | 购买意愿 | 愿意购买 | 0 | 161 | 0.0 |
| | | 不愿意购买 | 0 | 164 | 100.0 |
| | 总体百分比 | | | | 50.5 |

注：常量包括在模型中；分界值为 0.500。

方程中的变量

| | | B | 标准误差 | 瓦尔德 | 自由度 | 显著性 | Exp(B) |
|---|---|---|---|---|---|---|---|
| 步骤0 | 常量 | 0.018 | 0.111 | 0.028 | 1 | 0.868 | 1.019 |

未包括在方程中的变量

| | | | 得分 | 自由度 | 显著性 |
|---|---|---|---|---|---|
| 步骤0 | 变量 | 地区（1） | 143.136 | 1 | 0.000 |
| | | 学历 | 1.125 | 2 | 0.570 |
| | | 学历（1） | 0.394 | 1 | 0.530 |
| | | 学历（2） | 0.856 | 1 | 0.355 |
| | 总体统计 | | 145.889 | 3 | 0.000 |

图 2-87　Logistic 回归分析结果（2）

资料来源：笔者自制。

（1）分类表：对 325 个观测值（样本）进行"愿意购买、不愿意购买"的预测区分。

（2）方程中的变量：用常数项进行说明。

（3）未包含在方程中的变量：［方程中的变量］表中只有常数项被说明，因此可以确定哪些变量是自变量。

### 2. 块 1：方法 = 向后步进（似然比）

在 Logistic 回归模型窗口，方法选择"向后：有条件"，设置为"块 1：方法向后步进（似然比）"，回归分析结果见图 2-88。

**块1：方法=向后步进(似然比)**

**模型系数的Omnibus检验**

| | | 卡方 | 自由度 | 显著性 |
|---|---|---|---|---|
| 步骤1 | 步骤 | 169.165 | 3 | 0.000 |
| | 块 | 169.165 | 3 | 0.000 |
| | 模型 | 169.165 | 3 | 0.000 |

**模型摘要**

| 步骤 | −2对数似然 | 考克斯−斯奈尔$R^2$ | 内戈尔科$R^2$ |
|---|---|---|---|
| 1 | 281.353[a] | 0.406 | 0.541 |

注：a.由于参数估计值的变化不足0.001，因此估算在第5次迭代时终止。

**霍斯默−莱梅肖检验**

| 步骤 | 卡方 | 自由度 | 显著性 |
|---|---|---|---|
| 1 | 2.211 | 4 | 0.697 |

**霍斯默−莱梅肖检验的列联表**

| | | 购买意愿=愿意购买 | | 购买意愿=不愿意购买 | | 总计 |
|---|---|---|---|---|---|---|
| | | 实测 | 期望 | 实测 | 期望 | |
| 步骤1 | 1 | 7 | 6.653 | 1 | 1.347 | 8 |
| | 2 | 112 | 111.224 | 30 | 30.776 | 142 |
| | 3 | 35 | 36.123 | 21 | 19.877 | 56 |
| | 4 | 0 | 0.347 | 4 | 3.653 | 4 |
| | 5 | 5 | 5.776 | 84 | 83.224 | 89 |
| | 6 | 2 | 0.877 | 24 | 25.123 | 26 |

**分类表[a]**

| 实测 | | | 预测 | | |
|---|---|---|---|---|---|
| | | | 购买意愿 | | 正确百分比 |
| | | | 愿意购买 | 不愿意购买 | |
| 步骤1 | 购买意愿 | 愿意购买 | 154 | 7 | 95.7 |
| | | 不愿意购买 | 52 | 112 | 68.3 |
| | 总体百分比 | | | | 81.8 |

注：分界值为 0.500。

图 2-88 Logistic 回归分析结果（3）

**方程中的变量**

| | | B | 标准误差 | 瓦尔德 | 自由度 | 显著性 | Exp(B) | EXP(B)的95%置信区间 | |
|---|---|---|---|---|---|---|---|---|---|
| | | | | | | | | 下限 | 上限 |
| 步骤1ᵃ | 地区（1） | −3.953 | 0.428 | 85.211 | 1 | 0.000 | 0.019 | 0.008 | 0.044 |
| | 学历 | | | 4.681 | 2 | 0.096 | | | |
| | 学历（1） | 0.313 | 0.855 | 0.134 | 1 | 0.714 | 1.367 | 0.256 | 7.298 |
| | 学历（2） | 1.000 | 0.880 | 1.293 | 1 | 0.256 | 2.719 | 0.485 | 15.245 |
| | 常量 | 2.355 | 0.899 | 6.868 | 1 | 0.009 | 10.539 | | |

注：在步骤 1 输入的变量：地区，学历。

**模型（如果除去项）**

| 变量 | | 模型对数似然 | −2对数似然的变化 | 自由度 | 变化量的显著性 |
|---|---|---|---|---|---|
| 步骤1 | 地区 | −224.695 | 168.037 | 1 | 0.000 |
| | 学历 | −143.010 | 4.666 | 2 | 0.097 |

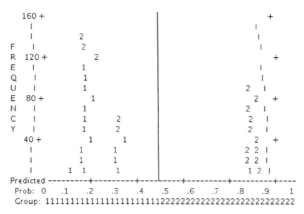

图 2-88　Logistic 回归分析结果（3）（续）

资料来源：笔者自制。

（1）模型系数的综合性检验：可以根据卡方值对模型进行验证。

（2）模型摘要：可以根据考克斯–斯奈尔 $R^2$ 和内戈尔科 $R^2$ 确认模型的说明力。

（3）Hosmer 和 Lemeshow 检验：判断 Logistic 回归模型总体拟合优度的检验。如果显著性大于显著性水平（p>0.05），那么认为是一个好的模型。因为此时的原假设"模型是合适的"。

（4）分类表：将观测值与预测值进行比较，显示其预测的准确度。从图 2-88 表中可以看出预测准确率达 81.8%。

（5）方程中的变量：通过回归式估计的系数（B）、标准误差（S. E: Standard Error）、瓦尔德（Wald）、自由度、显著性、Exp（B）的值，估测回归系数和显著性的结果。从显著性水平来看，"学历、学历（1）、学历（2）"的 p>0.05，可以说是不显著。假设在学历方面有意义，那么，Logistic 回归式可以如表 2-50 所示。

log（购买意愿）=2.355−3.953［地区(1)］+0.313［学历(1)］+1.000［学历(2)］

（6）分类图：以 0.5 为准，将"愿意购买"和"不愿意购买"两个群组分成左右分布的图，可以看作完全区分群组的模型。

综合以上结果，消费者对商品的购买意愿在"地区"上有显著性差异，在山东出现负相关，是 −3.953。另外，在"学历"上，可以判断为没有任何显著性差异。

## 步骤3 论文写作

可以在论文或报告中用多个表格进行说明，但也可以简单概括，见表 2-50。

表 2-50 Logistic 回归分析结果

| 变量 | B | S. E. | 瓦尔德 | Exp（B） | Exp（B）的95%置信区间 | 显著性 |
|---|---|---|---|---|---|---|
| 地区 | | | | | | |
| 山西 | — | — | — | 1.000 | — | — |
| 山东 | −3.953 | 0.428 | 85.211 | 0.019 | 0.008~0.044 | 0.000 |
| 学历 | | | | | | |
| 高中及以下 | 0.313 | 0.855 | 0.134 | 1.367 | 0.256~7.298 | 0.714 |
| 专本科毕业 | 1.000 | 0.880 | 1.293 | 2.719 | 0.485~15.245 | 0.256 |
| 研究生及以上 | — | — | 4.681 | 1.000 | — | — |
| 模型的卡方（自由度），显著性 | | | | 169.165（3），0.000 | | |
| Hosmer和Lemeshow检验的卡方（自由度），显著性 | | | | 2.211（4），0.697 | | |

资料来源：笔者自制。

从表 2-50 可以得出结论，消费者对商品的购买意愿在"地区"上有显著性差异，在山东出现负相关，但在"学历"上没有任何显著性差异。

# 第 三 章
# AMOS 操作与应用

## 第一节　结构方程模型的理解

（1）理解结构方程模型的概念及与 SPSS Statistics 的差异；
（2）理解并说明结构方程模型分析的优点；
（3）理解用图片表现的变量的形态和概念；
（4）理解变量和误差的种类和概念。

（1）结构方程模型的概念和特征；
（2）结构方程模型的变量及符号；
（3）结构方程模型的优缺点。

### 一、结构方程模型的概要

截至目前，我们学习了堪称统计分析基础的 SPSS Statistics，并研究了撰写论文时所需的多种统计分析方法和各种概念。从现在开始，将利用 AMOS 了解通过结构方式模型的统计分析方法。

那么，只要掌握 SPSS Statistics 就足够了，为什么还要使用 AMOS 这一新软件来进一步学习结构方程模型呢？事实上以往有很多只通过 SPSS Statistics 进行分析并撰写的论文，但从最近的论文和研究报告来看，呈现出频繁使用结构方程模型的趋势。其结果是，论文可以提出更精练、更准确的分析结果。形成这种趋势是因为具有结构方程模型的优点，对此稍后将进行详细说明。

结构方程模型是在影响从属变量的各种变量之间寻找相互因果关系并对此进行说明的模型，通过变量的增加及减少可以说明多种情形。结构方程模型分析大致可以分为"验证性因子分析"和"路径分析"，这两种分析也将在本书的后面内容进行学习。"验证性因子分析"可能因为其名字而认为只能进行确认性研究，但事实并非如此。如果利用结构方程模型，可以找到资料包含的意义，并记录结果，也可以进行探索性研究。

## 二、结构方程模型的特征

与至今为止学习的 SPSS Statistics 不同的结构方程模型独有的优缺点我们将在本节学习。

### （一）结构方程式的优点

1. 可以推测误差

问卷中使用的问题题项一般引用以往文献中已经使用并得到验证的题项，或者研究者本人根据自己的研究特性直接开发使用。利用问卷法的研究，进行因子分析，可以证明所有题目都对相应的构念进行说明。

但是，对于这些问题能否 100% 测定想要测量的构念，可能会产生怀疑。换句话说，"如果说有 5 个问题可以测定 A 这一变量，那么仅凭这 5 个问题就能完美地说明 A 这一变量吗？"此时，不能完全说明 A 变量的部分被称为误差（测量误差），在结构方程模型中，可以考虑将这样的误差进行分析。另外，还对因问题构成的变量受到影响而产生的"结构误差"进行分析。因此，使用结构方程模型时，在 AMOS 上输入研究模型时，必须要有测量误差和结构误差（关于误差，在后面会详细说明）。

2. 可以推定相互从属关系

当有像图 3-1 这样的研究模型时，如何用 SPSS Statistics 进行分析呢？

如果 F1 是独立变量，那么从属变量被设定为 F2、F3 的状态。但是，在 SPSS Statistics 的回归分析中从属变量为 1 个。即使进行多重回归分析，独立变量的个数也会增加，但从属变量的个数并没有增加。那么，在该模型中，根据从属变量分别划分分析过程，像"F1 → F2""F1 → F3"一样反复进行几次分析。但实际上，要想分析上述研究模式，不仅要通过多重回归分析结束，还要同时考虑层级回归分析、中介回归分析，如果考虑所有这些过程中根据从属变量进行的分析次数，就可以知道这不是一件普通的事情。但是结构方程式可以同时推测相互从属关系的模式。这是结构方程式强有力的优点，也是偏爱结构方程模型的原因之一。

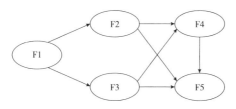

图 3-1　研究模式的示例

资料来源：笔者自制。

3. 可以推测（除总效果、直接效果以外的）间接效果

在图 3-1 中计算 F3 对 F5 的影响时，虽然 F3 可以直接连接到 F5 产生效果，但也要考虑经由 F4 对 F5 产生效果（间接效果）。在如此复杂的研究模型中，结构方程模型分析可以同时确认总效果、直接效果、间接效果。

4. 可以同时适用全面的统计方法

在 SPSS Statistics 中，对各种分析方法在各个章节进行了区分：打开 SPSS Statistics 的分析窗口，设置选项，实施分析后确认分析结果的过程。但是，在结构方程模型中，在分析开始前，可以通过选项检查，将统计方法重叠起来同时进行分析。

（二）结构方程模型的缺点

由于上述优点，结构方程模型经常被用作分析工具，但缺点也存在。

1. 要明确统计分析方法

为了使用结构方程模型，必须明确理解回归分析中因子分析、相关性分析等。如果不熟悉分析方法，单纯地只看优点使用结构方程模型，分析结果可能会出现错误，因此解释本身可能会有所不同。

2. 分析结果稍显复杂或困难

与在 SPSS Statistics 上查看分析结果时不同，在结构方程模型中，不会按照一定的顺序在一个画面上显示分析结果。因此，研究者应该亲自寻找分析结果的内容进行比较。另外，在结构方程模型中使用的用语或形式与以往使用略有差异，而且分析所需资料量很大，因此很多学习者可能会产生很困难的感觉。

Note: 应用结构方程模型的样本数。

正如所有调查方法都需要足够大小的样本一样，结构方程模型也需要足够的样本。但是，即使样本较小，分析也不是完全不可能。但是，如果样本较小，那么有可能对样本所具有的整体模数提出代表性问题。因此，如果可能，最好以200 个以上的样本为基准。这本书以 350 个样本为标准，分析了结构方程模型。

如果样本准备充分，首先需要确认的事项是"收集的样本有多接近正态分布？"，样本越接近正态分布，分析结果就越翔实和准确。其背景是，在进行结构方程模型分析的同时，推测时应使用最大似然法进行估计（Maximum Likelihood Method，MLM），而使用最大似然法时，如果样本分布不符合正态分布，很难说分析进行得很准确，所以也会对样本的分布有所要求。

## 三、结构方程模型的构造

### （一）结构方程模型主要术语

图 3-2 是利用"潜变量、观测变量"和"外生、内生、误差"等，将结构方程模型用图画表现出来的。

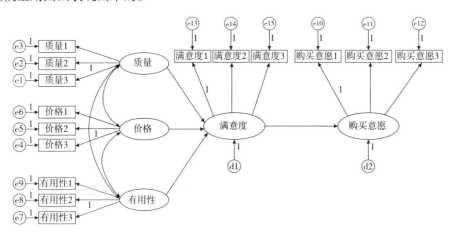

图 3-2　结构方程模型示例

资料来源：笔者自制。

在结构方程模型中应该事先知道的用语和各自的概念。结构方程模型中使用的变量符号及术语概念说明见表 3–1。

表 3–1　结构方程模型中使用的变量符号及术语概念说明

| 种类 | 符号 | 术语 | 说明 | |
|---|---|---|---|---|
| 变量 |  | 观测变量 | 问卷疑问项，是调查者可以直接确认的变量。观测变量用矩形表示。观测变量都接受箭头，可以称为"内生观测变量"，但通常用"观测变量"来表达 | |
| |  | 潜变量 | 外生潜变量 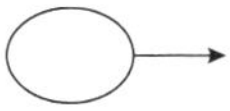 | 用椭圆表示。不是被测量或观察的，而是一个组成概念（理解为 SPSS 中因子分析后命名的因素的名称即可） |
| | | | 内生潜变量 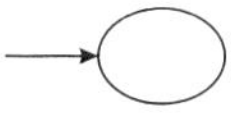 | 用椭圆表示。不是测量或观察的，而是一个组成概念（理解为 SPSS 中因子分析后命名的因素的名称即可） |
| 路径 |  | 外生 | 独立没有任何意义，与变量一起使用。"外生"这个名称也在变量名前修饰变量名。表示从变量中出去对外部产生影响的箭头 | |
| |  | 内生 | 独立没有任何意义，与变量一起使用。"内生"这个名称也在变量名前修饰变量名。表示变量受外部影响而产生结果的箭头 | |
| 误差 | 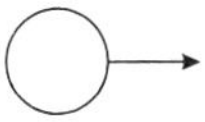 | 测量误差 | 用圆表示。在潜变量与观测变量的关系中，由观测变量产生的误差，用"e"表示 | |
| | | 结构误差 | 用圆表示。为内生潜变量出现的误差，用"d"表示 | |

资料来源：吴明隆.结构方程模型——AMOS 的操作与应用［M］.重庆：重庆大学出版社，2010.

Tip：无论将误差设定为"e"或"d"，都不会对分析结果产生影响。但是，如果误差全部用"e"表示，在确认分析结果的过程中，结构误差和测定误差之间很难区分，因此为了尽量避免可能产生的误解，用"e"和"d"区分误差。

Note：模型设计概念确认问题。
　　图 3–3 展示的模型设计，哪一个是正确的呢？
　　前面所说的潜变量不是测定或调查后出现的，而是研究者确认观测变量后，定义为一种构成概念（construct），那么潜变量需要得到观测变量的说明，所以应该按照 (b) 这样画吗？

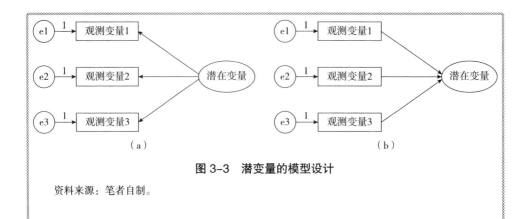

**图 3-3　潜变量的模型设计**

资料来源：笔者自制。

这些问题在第一次接触结构方程模型时经常混淆。让我们通过图 3-3（a）重新整理概念。

将观测变量 1、观测变量 2、观测变量 3 聚集在一起，设定一个构成概念称为潜变量。这里的潜变量包括观测变量 1、观测变量 2、观测变量 3 的要素。但是，确认观测变量 1 是否正确说明潜变量后发现，观测变量 2、观测变量 3 说明的部分不在观测变量 1 中，因此这里会出现测定误差。综上所述，由于误差项是根据测量模型设定的，因此箭头方向必须如图 3-3（a）所示从潜变量朝向观测变量。

Note：结构方程模型的潜变量的设定和基准点。

今后要学习的外生潜变量开始分析时必须设定相关关系，如果是内生潜变量，同时也是外生潜变量，那么必须统一为内生潜变量，设定结构误差。

结构方程模型不是利用尺度的分析，因此为了掌握潜变量和观测变量之间的关系，需要基准点。使用 1 作为这样的参考值，在潜变量和观测变量之间的 1 个箭头中赋予"1"的标准进行分析。该标准是在 AMOS 程序中自动附加的，因此无须太在意，但这是基本事项，建议大家记住。

## （二）多种结构方程模型

图 3-4 可以设计出多种结构方程式研究模型。在 AMOS 上将模型显示为图片，边变更边进行分析，因此可以制作多种模型进行验证。另外，如果有理论依

据，研究者可以自由适用模型。这本书以相对简单、容易掌握结构方程式概念见图 3-4（c）模型为中心进行说明。

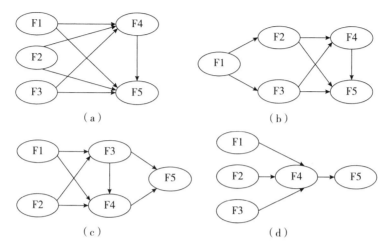

图 3-4　多种研究模型

资料来源：笔者自制。

研究者第一次设定研究模型时会绘制像图 3-4 一样的基本形态，以该基本研究模型为基准，在 AMOS 上进行详细分析。图 3-5 是用 AMOS 分析图 3-4（c）研究模型的结果示范。

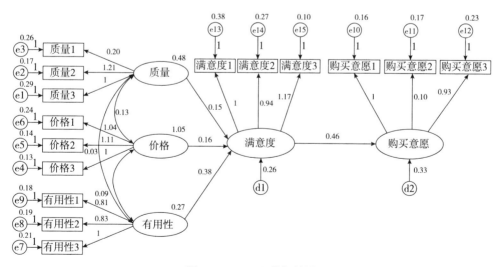

图 3-5　AMOS 分析结果

资料来源：笔者自制。

# 第二节　AMOS 入门

## 🎯 学习目标

（1）理解 AMOS 的画面分区及菜单的结构；
（2）理解 AMOS 的快捷图标和各菜单的功能。

## 📋 掌握内容

（1）熟悉 AMOS 画面；
（2）熟悉 AMOS 快捷执行图标；
（3）熟悉 AMOS 菜单。

　　支持执行结构方程模型的程序有很多，但这本书将使用 AMOS 进行结构方程模型的分析。AMOS 是以用户为中心的 GUI 形态构成，因此首次接触结构方程模型的初学者也可以轻松使用，而且具有与 SPSS Statistics 联动的优点。本书以 AMOS 21 版本进行说明，即使版本不同，也只是菜单和选项位置略有变化，没有太大变化，因此本书学习不会有太大的困难。

　　首先按下快捷图标（AMOS Graphics），运行 AMOS 程序，就会出现基本画面。下面我们来看一下构成画面的要素和各自的功能。

### AMOS 画面构成

　　启动 AMOS 后就会出现图 3-6 的画面窗口。
（1）快捷执行部分：AMOS 分析时经常使用的菜单。
（2）菜单部分：包含可以执行 AMOS 所有功能的菜单。
（3）分析管理部分：在进行 AMOS 分析的同时，选择分析前 / 后阶段需要做的事情，或者分析进行后可以在画面中确认所需数据的功能。

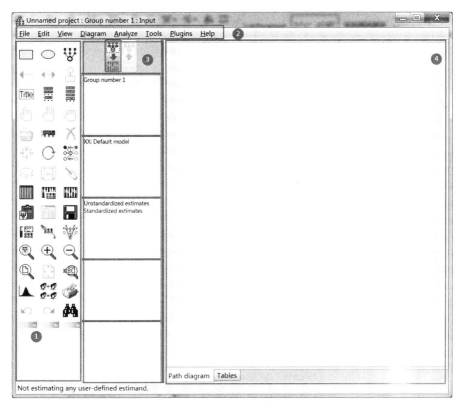

图 3-6　AMOS 开始画面

资料来源：笔者自制。

1）组指定窗口：关于将输入的材料分成多少组的信息窗口分析结果。

2）分析结果状态窗口：关于当前模型的信息窗口。

3）结果选项指定窗口：关于将分析结果确定为何种形态（Unstandardized/Standardizedestimates）的选项窗口。

4）执行文件记录 / 登录窗口：关于保存当前分析模型的文件的信息窗口。

（4）模型设计部分：

1）Path diagram：您可以绘图或修改需要分析的模型。

2）Tables：以表格形式展示 Pathdiagram 上画的模型，通过表格可以制作或修改模型。

（一）快捷图标

现在让我们来看看 AMOS 的快捷执行部分中的快捷图标，见表 3-2。

表 3-2　快捷图标说明

| 图标 | 功能 | 图标 | 功能 |
|---|---|---|---|
| | 绘制可测变量 | | 绘制潜变量 |
| | 为潜变量添加可测变量 | | 设定因果关系 |
| | 设定相关关系 | | 增加误差项 |
| | 添加路径图标题 | | 列出模型中的变量 |
| | 列出数据中的变量 | | 选中单一对象 |
| | 选中所有对象 | | 解除所有选定 |
| | 复制对象 | | 移动对象 |
| | 删除对象 | | 改变对象的形状 |
| | 顺时针旋转潜变量指标 | | 反转潜变量的观测指标 |
| | 移动参数值的位置 | | 移动画板的位置 |
| | 变量微调 | | 选择数据文件 |
| | 设定分析属性 | | 计算模型估计值 |
| | 将路径图复制到剪贴板 | | 显示文本输出结果 |
| | 保存当前路径图 | | 对象属性设置 |
| | 设定对象拖曳时的属性复制 | | 保持对称 |
| | 将选择区域放大 | | 放大 |
| | 缩小 | | 显示完整页面 |
| | 调整路径图大小以适应页面 | | 放大镜 |
| | 贝叶斯分析 | | 多组模型分析 |
| | 打印 | | 还原 |
| | 取消还原 | | 模型检索 |

资料来源：AMOS。

（二）菜单部分

下面我们来了解一下菜单部分中的主要执行功能。

1. File 菜单

File 菜单的画面窗口，见图 3-7。

用 AMOS 绘制新模型或加载工作内容等文件生成及储存功能。

图 3-7　File 菜单

资料来源：笔者自制。

（1）New：开始新的创作；

（2）Open：打开之前制作的文件；

（3）Save：将制作的内容以文件形式保存，也可以按快捷键 Ctrl+S；

（4）Save As：将文件以不同的名称变更后储存；

（5）Data Files：将编码数据的文件打开，也可以按快捷键 Ctrl+D（在开始时经常使用）；

（6）Print：将画面打印，也可以按快捷键 Ctrl+P；

（7）Exit：AMOS 结束。

### 2. Edit 菜单

Edit 菜单的画面窗口，见图 3-8。

使用 Edit 菜单能进行 AMOS 的修改、删除和移动的修订工作。

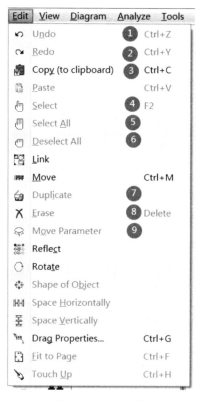

**图 3-8　Edit 菜单**

资料来源：笔者自制。

（1）Undo：撤销；

（2）Redo：恢复；

（3）Copy：用于复制模型设计部创建的模型图像并将其粘贴到其他程序中，快捷键 Ctrl+C；

（4）Select：在模型设计部分选择变量或路径时，快捷键为 F2；

（5）Select All：在模型设计部选择整个模型时；

（6）Deselect All：在模型设计部一次取消选择整个模型或选定的变量或路径时；

（7）Duplicate：用于从模型设计部复制模型的选定部分，使用鼠标拖放复制；

（8）Erase：将鼠标悬停在模型设计部想要删除的部分，然后当轮廓从黑色变为蓝色时，单击删除；

（9）Move Parameter：在运行分析后，用于在变量和变量之间移动路径系数。

### 3. View 菜单

View 菜单的画面窗口见图 3-9。

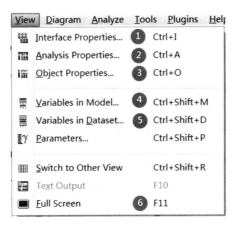

图 3-9　View 菜单

资料来源：笔者自制。

（1）Interface Properties...：设置 AMOS 环境；

（2）Analysis Properties...：设置分析目标的参数；

（3）Object Properties...：设置变量的参数；

（4）Variables in Model...：设置模型中使用的变量的列表；

（5）Variables in Dataset...：显示存储在数据中的变量列表；

（6）Full Screen：AMOS 全屏显示。

### 4. Diagram 菜单

Diagram 菜单的画面窗口见图 3-10。

（1）Draw Observed：用于绘制观测变量，快捷键 F3；

（2）Draw Unobserved：用于绘制潜变量，快捷键为 F4；

（3）Draw Path：用于绘制外生变量和内生变量之间的关系，快捷键为 F5；

（4）Draw Covariance：用于绘制表示变量之间相关性的箭头。快捷键为 F6；

199

（5）Draw Indicator Variable：用于绘制潜变量。只要将鼠标放在潜变量上单击，就可以生成带有误差的观测变量；

（6）Draw Unique Variable：用于绘制变量误差（观测误差、结构误差）。主要用于绘制结构误差。

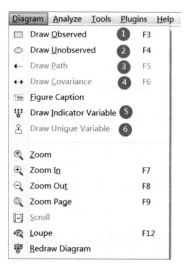

图 3–10　Diagram 菜单

资料来源：笔者自制。

## 5. Analyze 菜单

Analyze 菜单的画面窗口见图 3–11。

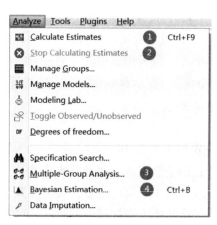

图 3–11　Analyze 菜单

资料来源：笔者自制。

（1）Calculate Estimates：用于运行 AMOS 分析，快捷键为 Ctrl+F9；

（2）Stop Calculating Estimates：用于停止 AMOS 分析；

（3）Multiple-Group Analysis...：用于组间分析；

（4）Bayesian Estimation...：用于测量贝叶斯，快捷键为 Ctrl+B。

### 6. Tools 菜单

Tools 菜单的画面窗口见图 3-12。

图 3-12　Tools 菜单

资料来源：笔者自制。

（1）Smart：将在模型设计部工作的模型的变量特性应用到其他变量时使用，快捷键为 Ctrl+E；

（2）Outline：AMOS 不显示或显示分析模型的变量名和参数。

### 7. Plugins 菜单

Plugins 菜单的画面窗口见图 3-13。

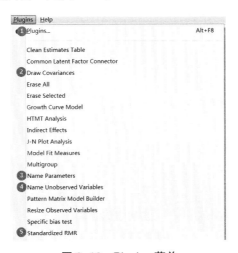

图 3-13　Plugins 菜单

资料来源：笔者自制。

（1）Plugins... ：可以查看和运行 Plugins 中的所有菜单；

（2）Draw Covariances ：自动设置选择的变量之间的相关性；

（3）Name Parameters ：自动生成参数名称；

（4）Name Unobserved Variables ：自动生成潜变量名称；

（5）Standardized RMR ：计算标准化 RMR 值。

在使用 AMOS 进行分析时，主要使用的菜单都显示为快捷图标，因此几乎没有直接选择菜单进行的情况。但是充分了解 AMOS 的菜单后，就可以发现许多隐藏的功能，请参考各菜单的说明进行学习。特别是 Plugins 潜变量之间的相关设定或变量名输入等单纯的反复工作在程序中自行处理，因此了解后会对下一步的分析工作很有帮助。对于这里没有涉及的细节内容，在之后章节也会对 AMOS 的运行方法进行说明。

# 第三节　结构方程模型绘制和分析

## 📍 学习目标

（1）使用 AMOS 进行运行和操作；

（2）通过设置研究问题，理解绘制结构方程模型的顺序；

（3）AMOS 结果的解读。

## 📋 掌握内容

（1）问题的认识和研究模型的完成；

（2）AMOS 绘制结构方程模型；

（3）分析结构方程模型的结果。

### 一、研究问题的设定和调查问卷制作

对研究模型直接进行分析，可以更快地理解结构方程模型。从现在开始，将以一个研究问题为基础，进行结构方程模型分析，并说明结构方程模型分析。

## 研究问题

为了了解用户对商品的"质量、价格、有用性"对用户的"购买意愿"产生什么样的影响，以及"满意度"和"购买意愿"之间存在怎样的因果关系，让我们来进行研究。为了进行研究，可以通过文献或以往的研究事例、专家的目标集体面试（Focus Group Interview，FGI）等收集问卷资料，问卷的构成见表 3-3。

表 3-3　问卷的构成（350 份）

| 问卷内容 | 问项数目 |
| --- | --- |
| 关于商品的"质量" | 3 |
| 关于商品的"价格" | 3 |
| 关于商品的"有用性" | 3 |
| 关于商品的"满意度" | 3 |
| 关于商品的"购买意愿" | 3 |

资料来源：笔者自制。

将收集的问卷编码好之后，就可以正式开始结构方程模型的分析工作了。可以说，结构方程模型分析是从"绘制模型"开始的。如果模型绘制错误，分析结果也会大相径庭，因此从一开始就要注意模型的绘制。从现在开始，我们将和大家一起热身，大家可以亲自尝试绘制出图 3-14 的结构方程模型。

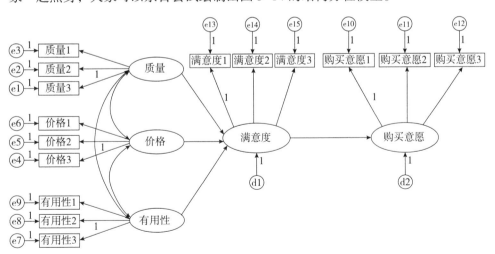

图 3-14　结构方程模型

资料来源：笔者自制。

## 二、结构方程模型绘制

结构方程模型按照以下 10 个顺序绘制：

①启动 AMOS；②调整工作窗口的大小；③读取要分析的数据；④绘制潜变量；⑤根据变量绘制观测变量和测定误差项；⑥设定路径；⑦设定相关关系；⑧绘制结构误差；⑨在变量和误差项中设定名称；⑩进行研究模型的分析并储存结果。

按照如上所示的顺序，让我们使用 AMOS 一起绘制结构方程模型。

操作练习（3-1 操作练习）

到目前为止，我们使用 AMOS 绘制了结构方程模型，并练习了分析的全过程。下面看看如何解读分析结果。

## 三、结果分析

由图 3-15 可知，分析结果有两种。要注意的是，在记述分析结果时，以标准化系数，也就是"Standar dized estimates"为标准，因此要查看图 3-15（b），解释结果的过程如下：

（1）从潜变量"质量"来看，"0.91、0.95、0.94"依次为"质量→质量1、质量2、质量3"这意味着"质量"这一潜变量对"质量1"这一观测变量说明了 85%。相反，这意味着无法解释 15% 的"质量"这一变量，可以认为这 15% 是用"e3"来补充的，这是因为从一开始就制定了误差的设定并实施了分析。

（2）"质量"和"价格"这两个潜变量之间有"0.18"这个数字，意味着这两个变量之间的相关系数。也就是说，两个潜变量之间有 18% 的关联。"质量"和"有用性"也可以这样解释。

（3）"有用性→满意度"之间可以看到回归系数为"0.12"，也就是说"有用性"对"满意度"的影响程度相当于 12%。

（4）"满意度" 和 "购买意愿" 变量上方的 0.07 和 0.08 意味着 SMC
（Squared Multiple Correlations）值，即外生变量可以由内生变量解释到什么
程度。

由此，对分析结果的典型数值进行了解释。到目前为止，从 AMOS 的基本
功能对 AMOS 的基础使用方法进行了展示。今后我们将学习结构方程模型分析
的具体内容和理论。

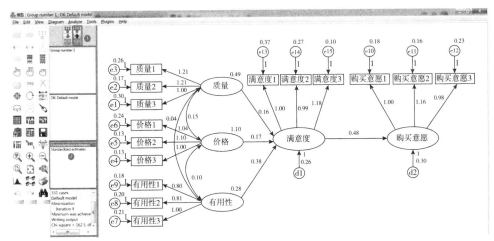

（a）非标准化系数的结果

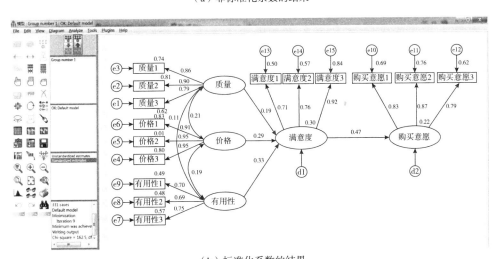

（b）标准化系数的结果

图 3-15　查看分析结果

资料来源：笔者自制。

# 第四节 验证性因子分析

## 学习目标

（1）掌握验证性因子分析的概念，并了解验证性因子分析和探索性因子分析的差异；

（2）建立模型并进行验证性因子分析；

（3）理解有效性的概念；

（4）理解有效性检验的概念和标准；

（5）理解平均方差提取和构成信度的概念，并能计算出平均方差提取值信度检验值；

（6）能够解释验证性因子分析结果所说明的含义。

## 学习内容

（1）理解验证性因子分析，并进行验证性因子分析检验；

（2）效度的概念及检验方法。

## 一、验证性因子分析的概念

在第二章第六节用 SPSS 数据分析教程讲述的因子分析是从多个变量中找出相似性很强变量，并把这些变量归纳为同一个维度，是一种把多个变量缩小维度的方法。但是在第三章第四节用 AMOS 进行的因子分析与第二章第六节中讲述的因子分析存在明显的差异性。

在 SPSS 数据分析教程中进行的因子分析称为探索性因子分析（Exploratory Factor Analysis，EFA），在 AMOS 软件中进行的因子分析称为验证性因子分析（Confirmatory Factor Analysis，CFA）。表 3-4 从以下四个方面来比较探索性因子分析和验证性因子分析。

表 3-4　比较探索性因子分析和验证性因子分析

| | 探索性因子分析 | 验证性因子分析 |
| --- | --- | --- |
| 应用的领域 | SPSS Statistical | AMOS |
| 与理论/概念的关系 | 在理论/概念创建时使用的方法 | 验证理论/概念时使用的方法 |
| 因子的数量 | 完成因子分析时才能确定因子数量 | 在进行因子分析前已经明确因子数量 |
| 分析过程 | 在没有基础理论研究的情况下，找出各变量的特质，并将具有共同特质的变量归为同一因子（探索性） | 在有基础理论研究的情况下，确认变量是否属于该因子（验证性） |

资料来源：[美]金在温，查尔斯·W.米勒.因子分析：统计方法与应用问题 [M].叶华译.上海：格致出版社，2016.

图 3-16 为探索性因子分析和验证性因子分析的差异。

图 3-16（a）表示探索性因子分析，（b）表示验证性因子分析。见图 3-16（a），探索性因子分析是在事先不明确各变量特征或结构的情况下，将具有相同特征或结构的变量归为一个因子。其中各观测变量称为测定变量，因子被称为潜变量。如图 3-16（b）所示，验证性因子分析是在一定的理论背景下明确存在的两个因子，验证变量是否属于该因子。

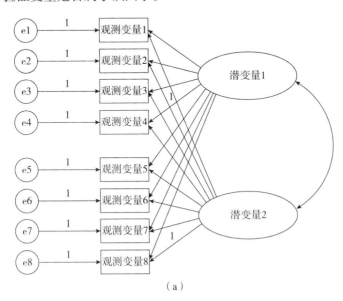

（a）

图 3-16　比较探索性因子分析和验证性因子分析的差异

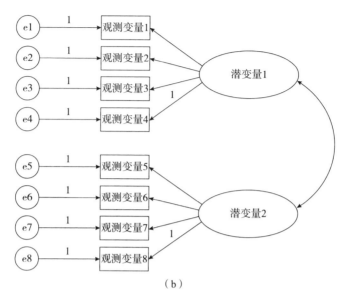

（b）

**图 3-16　比较探索性因子分析和验证性因子分析的差异（续）**

资料来源：笔者自制。

## 二、验证性因子分析的检验

下面以第三节构造方程式模型建立部分所使用的例子进行验证性因子分析。

例如，探究商品的质量、商品的价格、商品的实用性等因素对顾客满意度会产生何种影响，以及顾客满意度与购买意愿之间又存在何种因果关系？本书制定以下五个问题并随机收取 350 份有手机使用经验的消费者所作答的调查问卷，见表 3-5。

**表 3-5　调查问卷的构成**

| 序号 | 问题内容 | 问题数 |
| --- | --- | --- |
| 1 | 与"商品质量"相关的问题 | 3个 |
| 2 | 与"商品价格"相关的问题 | 3个 |
| 3 | 与"商品实用性"相关的问题 | 3个 |
| 4 | 与"顾客满意度"相关的问题 | 3个 |
| 5 | 与"购买意愿"相关的问题 | 3个 |

资料来源：笔者自制。

操作练习（3-2 操作练习）

Note：协方差和相关系数。

协方差和相关系数都表示了两个变量之间的关系和依赖性。协方差反映的是两个变量的协同关系或两个变量的变化趋势是否一致，即两个变量的是同向还是反向变化。协方差的数值范围在 −∞~∞，如果两个变量是同向变化的，协方差就为正，如果两个变量是反向变化的，协方差就为负。相关系数单纯反映两个变量的相关程度，相关系数的数值范围在 0~1，相关系数的绝对值越大说明两个变量的相关性越强。

## 三、效度分析

在第二章第五节已经详细说明了效度分析的概念和种类。效度分析指测量变量或测量指标所表达某种理论的准确程度。本书中解释的效度分析采用研究者最常使用的建构效度（Construct Validity）。建构效度的分类见表 3-6。

表 3-6　建构效度的分类

| 种类 | | 说明 |
|---|---|---|
| 建构效度（Construct Validity） | 聚合效度（Convergent Validity） | 如果使用不同的测量方法来测量某个构成概念，那么表示测量值之间的相关性必须很高 |
| | 区别效度（Discriminant Validity） | 区别效度与聚合效度相反。是指当这个构念的多重观测指标应与其他概念的测量指标保持较低的相关关系 |
| | 法则效度（Nomological Validity） | 在说明两个建构概念之间的关系时有一定的理论基础，因此所属与两个建构概念中的观测变量之间也存在一定的关系 |

资料来源：吴明隆. 问卷统计分析实务——SPSS 操作与应用［M］. 重庆：重庆大学出版社，2010.

图 3-17 如何从结果窗口中确认聚合效度和区别效度指标。

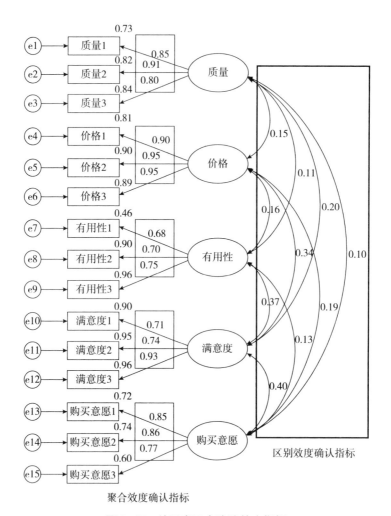

**图 3-17　结果窗口中确认效度指标**

资料来源：笔者自制。

Note: 用相关系数作为判断效度的基准。

　　在判断测定变量是否具有聚合效应时没有明确的标准值。仅仅是在一般社会研究调查时采用 0.5 的标准值作为判断是否具有聚合效应。另外，在专业研究领域采用 0.7 或 0.8 的基准值作为判断是否具有聚合效应的标准。区别效度检验是看两个潜变量的重叠程度，因此，当两个潜变量的相关系数越接近 1，则两个潜变量相似重叠程度较高，不能说明两个潜变量具有区别效度。通常相关系数在 0.3（根据不同情况，相关系数 0.1~0.4）可以说明两个潜变量具有区别效度。

### （一）聚合效度

用结构方程式模型再次说明表 3-6 的聚合效度，构成概念在结构方程式模型中则表示的是潜变量，聚合效度在结构方程式模型中的解释是同一潜变量下的测定变量具有较高的相关关系。在图 3-17 中，聚合效度数值可以通过潜变量和观测变量间的数值来确认。观测变量与潜变量之间的具有高相关性则可以表明具有聚合效度。

### （二）区别效度

区别效度指的是各潜变量之间应保持较低的相关性。如图 3-17 所示，各潜变量之间的相关系数较低，则可以表明各潜变量之间的区别效度。

### （三）法则效度

在表 3-6 中，对于法则效度，说明"当 A 和 B 的相关度较高时，如果同时测量 A 和 B，那么效度会提高。"也就是说，要有两个测量对象，先确认两者的关系后再确认其效度。值得一提的是，到目前为止进行的示例只确认了"对构成概念潜变量有多大的解释力？"和"潜变量之间的关联性有多大？"，因此无法判断法则效度。

## 四、效度检验

在上一节，我们用了结构方程式模型中直观的径路系数来判断聚合效度和区别效度。但是这种方法并不能说是完全正确的。这种方法虽然说可以通过直观的数值来确认，但由于没有客观的检验标准，研究者可以随意地解释结果。因此，对于聚合效度和区别效度则需要科学统一的方法来检验。接下来，本节介绍聚合效度和区别效度检验的基本条件和方法。

### （一）效度检验条件的确认

在开始正式的效度和信度检验之前，首先要看检验对象是否满足检验条件。①点击 ■ 按钮后出现 AMOS Output 窗口。②点击窗口左侧的 Estimates 后，出现非标准化回归系数。③观察窗口右侧的 Estimates、C. R. 以及 p 值，如图 3-18 所示。

**图 3-18 AMOS 结果窗口（Regression Weights）**

资料来源：笔者自制。

Estimates 的值称为非标准化 λ。非标准化 λ 的 C. R. 值$\left(C. R. = \dfrac{\text{非标准化 } \lambda}{S.E.(standard error)}\right)$应在 1.96 以上（p<0.05）。

## （二）聚合效度的检验

在结构方程式模型中检验聚合效度时应确认以下三个数值。

（1）标准化 λ 的值：0.5 以上（0.7 以上最佳）；

（2）平均提取方差（Average Variance Extracted，AVE）：0.5 以上；

（3）建构信度（C. R.）：0.7 以上。

Note: C. R.是检验结构方程式模型回归系数显著性的值，与第一章第一节所讲到的t值的含义是相同的，见表3-7。

**表 3-7 显著性水平指标间关系**

| t值(C. R.) | p值 | 表示方法 | 解释 |
| --- | --- | --- | --- |
| t绝对值≥1.96 | P<0.05 | * | 显著 |
| t绝对值≥2.58 | P<0.01 | ** | 显著 |
| t绝对值≥3.30 | p<0.001 | *** | 显著 |

资料来源：贾俊平，何晓群，金勇进.统计学（第7版）[M].北京：中国人民大学出版社，2018.

下面开始详细地说明检验方法。

1. 标准化 λ

标准化 λ 显示的是潜变量对观测变量的影响。标准化 λ 值至少要在 0.5 以上，在 0.7 以上为最佳。在 AMOS Output 窗口的左侧点击 Estimates 后，会出现与图 3–19 中 Standardized Regression Weights 同样的表。在此表中 Estimates 值都在 0.5 以上。

图 3–19　AMOS 结果窗口

资料来源：笔者自制。

2. 平均提取方差 (AVE) 值

平均提取方差（Average Variance Extracted，AVE）的值是通过 Standardized Regression Weights 表中的 Estimates 值和 Variances 表中的 Estimates 值计算得到的。也就是说利用潜变量的负荷量 / 载荷量（标准化系数）和测定误差项的负荷量 / 载荷量（误差分散）计算得到的。计算公式是：

$$AVE = \frac{\sum 标准化 \lambda^2}{\sum 标准化 \lambda^2 + \sum 误差系数} \geqslant 0.5$$

为了更好地理解上面的公式，也可以把上述公式解释为：

$$AVE = \frac{\sum 标准化系数的说明力^2}{\sum 标准化系数的说明力^2 + \sum 标准化系数不能说明的部分} \geqslant 0.5$$

也就是说平均提取方差的说明力在 50% 以上才具有意义。

统计方法 在论文写作中的实践与应用

平均提取方差的值不是通过 AMOS 直接输出的结果，需要通过以上的公式计算得出。下面我们来计算"质量"这一潜变量的平均提取方差。

如前面所提到的，计算平均提取方差需要找到 Standardized Regression Weights 表中的 Estimates 值和 Variances 表中的 Estimates 值。在 AMOS 结果窗口的左侧点击"Estimates"，出现图 3-20 中的 Variances 表格。

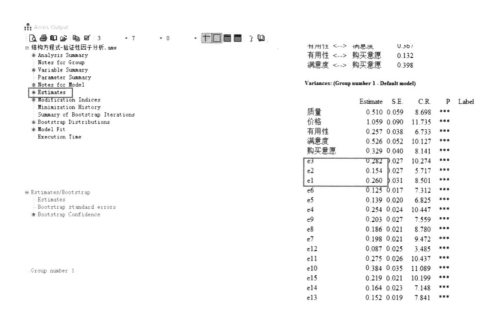

图 3-20　AMOS 输出结果 (Variances)

资料来源：笔者自制。

把"质量"的标准化 λ 和误差系数 (e1,e2,e3) 代入公式：

$$AVE = \frac{(0.853^2 + 0.908^2 + 0.802^2)}{(0.853^2 + 0.908^2 + 0.802^2) + (0.260 + 0.154 + 0.282)} = 0.765969945$$

通过计算 AVE 的值为 0.765969945，大于 0.5 的基准值。

3. 建构信度（C.R.）

建构信度（construct reliability) 的值与 AVE 的值相同，不是 AMOS 软件直接输出的结果，需要通过以上的公式计算得出。建构信度的基准值为 0.7。

214

$$C. R. = \frac{\left(\sum 标准化\lambda\right)^2}{\left(\sum 标准化\lambda\right)^2 + \sum 误差系数} \geqslant 0.7$$

把"质量"的标准化 λ 和误差系数（e1，e2，e3）代入公式：

$$C. R. = \frac{(0.853 + 0.908 + 0.802)^2}{(0.853 + 0.908 + 0.802)^2 + (0.260 + 0.154 + 0.282)} = 0.907493173$$

通过计算 AVE 的值为 0.907493173，大于 0.7 的基准值。

通过以上公式分别计算出质量、价格、有用性、满意度、购买意愿的 AVE 和构建信度，见表 3-8。

表 3-8　各潜变量的 AVE 和 C. R.

|  | 质量 | 价格 | 有用性 | 满意度 | 购买意愿 |
|---|---|---|---|---|---|
| AVE | 0.766 | 0.834 | 0.720 | 0.719 | 0.794 |
| C. R. | 0.907 | 0.938 | 0.885 | 0.883 | 0.920 |

资料来源：笔者自制。

以上就是聚合效度的两种检验方法。

4. 论文写作

可以把 AMOS 结果窗口的数值简单整理在一个表格中。在 AMOS 结果窗口中不能直接输出的 AVE 和 C. R. 的值，通常可以整理成如表 3-9 所示的表格。但各数值并不是一定要按照以下格式进行整理，可根据对不同数值的需求，构建更合理的数据整理方式。

表 3-9　分析结果整理

|  | 非标准化系数 | S. E. | C. R. | 标准化系数 | AVE | C. R. |
|---|---|---|---|---|---|---|
| 质量→质量1 | 1.000 | — | — | 0.853 |  |  |
| 质量→质量2 | 1.002 | 0.052 | 19.650 | 0.908 | 0.760 | 0.907 |
| 质量→质量3 | 0.857 | 0.049 | 17.626 | 0.802 |  |  |
| 价格→价格1 | 1.000 |  |  | 0.901 |  |  |
| 价格→价格2 | 1.087 | 0.036 | 30.437 | 0.950 | 0.834 | 0.938 |
| 价格→价格3 | 0.982 | 0.033 | 30.099 | 0.946 |  |  |

| | 非标准化系数 | S. E. | C. R. | 标准化系数 | AVE | C. R. |
|---|---|---|---|---|---|---|
| 有用性→有用性1 | 1.000 | — | — | 0.676 | | |
| 有用性→有用性2 | 1.046 | 0.109 | 9.634 | 0.704 | 0.720 | 0.885 |
| 有用性→有用性3 | 1.241 | 0.128 | 9.691 | 0.748 | | |
| 满意度→满意度1 | 1.000 | — | — | 0.706 | | |
| 满意度→满意度2 | 0.938 | 0.073 | 12.845 | 0.741 | 0.719 | 0.883 |
| 满意度→满意度3 | 1.176 | 0.085 | 13.879 | 0.926 | | |
| 购买意愿→购买意愿1 | 1.000 | — | — | 0.846 | | |
| 购买意愿→购买意愿2 | 1.113 | 0.065 | 17.175 | 0.862 | 0.794 | 0.920 |
| 购买意愿→购买意愿3 | 0.926 | 0.059 | 15.757 | 0.775 | | |

资料来源：笔者自制。

## （三）区别效度

检验区别效度时应该注意明确以下两点：

（1）平均提取方差（AVE）的值 > 相关系数$^2$

（2）（相关系数 ±2× 标准误差）≠ 1

两种检验方法。

1. 平均提取方差值（AVE）> 相关系数$^2$

首先，各潜变量之间的平均提取方差值应大于潜变量之间相关系数的平方。计算公式如下：

$$AVE > \rho^2 \Rightarrow \frac{\sum 标准化 \lambda^2}{\sum 标准化 \lambda^2 + \sum 误差系数} > \rho^2$$

在 AMOS 结果窗口的左侧点击"Estimates"，出现图 3-21 中的 Correlation 的表格。从这个表格中可以看出各潜变量之间的相关系数。

将 AMOS 结果窗口中各潜变量的相关系数整理成如表 3-10 所示的形式：

如表 3-10 所示，满意度和购买意愿间的相关系数为 0.398，将满意度和购买意愿的相关系数平方后为 0.158404。满意度和购买意愿的 AVE 值分别为 0.719 和 0.794，满足潜变量之间的平均提取方差值应大于潜变量之间相关系数平方的条件。因此可以说满意度和购买意愿之间具有区别效度。

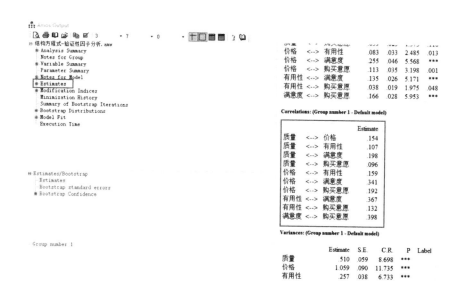

图 3-21　AMOS 结果输出窗口 (Correlation)

资料来源：笔者自制。

表 3-10　潜变量间的相关系数和 AVE

| | 质量 | 价格 | 有用性 | 满意度 | 购买意愿 |
|---|---|---|---|---|---|
| 质量 | 1 | | | | |
| 价格 | 0.154 | 1 | | | |
| 有用性 | 0.107 | 0.159 | 1 | | |
| 满意度 | 0.198 | 0.341 | 0.367 | 1 | |
| 购买意愿 | 0.096 | 0.192 | 0.132 | 0.398 | 1 |
| | 相关系数的平方 | | | | AVE |
| | 质量 | 价格 | 有用性 | 满意度 | |
| 质量 | | | | | 0.766 |
| 价格 | 0.023716 | | | | 0.834 |
| 有用性 | 0.011449 | 0.025281 | | | 0.720 |
| 满意度 | 0.039204 | 0.116281 | 0.134689 | | 0.719 |
| 购买意愿 | 0.009216 | 0.036864 | 0.017424 | 0.158404 | 0.794 |

资料来源：笔者自制。

2.（相关系数 ±2× 标准误差）≠ 1

用此方法验证区别效度需要确认两个数值，即相关系数（$\rho$）和标准误差（S. E.：Standard error）。上述公式的含义为相关系数加上或减去标准误差乘以 2

的值，计算后得到的值不包含 1 的情况，则可以说明潜变量具有区别效度。

在 AMOS 结果窗口的左侧点击 "Estimates"，出现图 3-22 中的 Covariances 的表格，在此表格中可以确认标准误差 (S. E.) 的值。

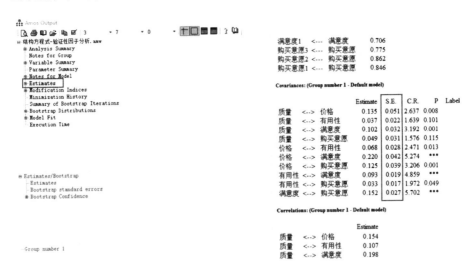

**图 3-22　AMOS 结果输出窗口**

资料来源：笔者自制。

例如，确认质量和价格间的区别效度。质量和价格的相关系数为 0.154，标准误差为 0.051。通过计算得出 0.154 ± 2 × 0.051 的区间范围为 0.256~0.052，不包括 1。因此可以验证质量和价格之间具有区别效度。

如表 3-11 所示，可以把计算结果整理在一个表格中。

在表 3-10 中确认了相关系数，在 SPSS 中，相关系数，显著性概率和 N 会在同一个表中显示，而在 AMOS 中，则像图 3-23 一样，需要经过单独确认的过程，虽然会输出相关系数，但还需要确认其数值，以判断分析结果是否具有统计显著性。

**表 3-11　区别效度检验（ρ ± 2 × S. E.）≠ 1**

| | Estimates | 相关系数 ± 2 × 标准误差 | | |
| --- | --- | --- | --- | --- |
| | | S. E. × 2 | − | + |
| 质量<-->价格 | 0.135 | 0.102 | 0.003 | 0.237 |
| 质量<-->有用性 | 0.037 | 0.044 | −0.007 | 0.081 |
| 质量<-->满意度 | 0.102 | 0.064 | 0.038 | 0.166 |
| 质量<-->购买意愿 | 0.049 | 0.062 | 0.013 | 0.111 |

续表

| | Estimates | 相关系数 ± 2 × 标准误差 | | |
| --- | --- | --- | --- | --- |
| | | S. E. × 2 | − | + |
| 价格<-->有用性 | 0.068 | 0.056 | 0.012 | 0.124 |
| 价格<-->满意度 | 0.220 | 0.084 | 0.136 | 0.304 |
| 价格<-->购买意愿 | 0.125 | 0.078 | 0.047 | 0.203 |
| 有用性<-->满意度 | 0.093 | 0.038 | 0.055 | 0.131 |
| 有用性<-->购买意愿 | 0.033 | 0.034 | −0.001 | 0.067 |
| 满意度<-->购买意愿 | 0.152 | 0.054 | 0.089 | 0.206 |

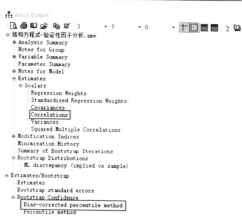

**图 3-23　AMOS 结果输出窗口（相关系数的显著性）**

资料来源：笔者自制。

## 3. 论文写作

可以把区别效度的分析结果整理成表 3-12 的形式。

**表 3-12　分析结果整理**

| | 相关关系 | | | | AVE | 建构效度 |
| --- | --- | --- | --- | --- | --- | --- |
| | 1 | 2 | 3 | 4 | | |
| 质量（$\rho^2$） | 1 | | | | 0.766 | 0.907 |
| 价格（$\rho^2$） | 0.154(0.024)** | 1 | | | 0.834 | 0.938 |
| 有用性（$\rho^2$） | 0.107(0.011) | 0.159(0.025)** | 1 | | 0.720 | 0.885 |
| 满意度（$\rho^2$） | 0.198(0.039)** | 0.341(0.116)*** | 0.367(0.135)*** | 1 | 0.719 | 0.883 |
| 购买意愿（$\rho^2$） | 0.096(0.009) | 0.192(0.037)** | 0.132(0.017)* | 0.398(0.158)*** | 0.794 | 0.920 |

资料来源：笔者自制。

# 第五节　路径分析

（1）理解路径分析的概念，并能说明进行路径分析的理由；

（2）了解路径分析中应该使用哪些变量，并说明原因；

（3）了解如何判断相关系数的显著性，并解释其结果；

（4）了解总效应、直接效应、间接效应的概念和计算方法；

（5）理解判断间接效果显著性的 Bootstrap 方法，并进行 Bootstrap 以及解释得出的结果。

（1）路径分析的概念；

（2）路径分析的方法；

（3）路径分析的结果；

（4）间接效应显著性检验。

## 一、路径分析

路径分析是以研究模型为基础，是验证研究假设的方法。路径分析是在回归分析中经常使用的方法，主要研究内生变量和外生变量之间的因果关系，以及变量间的总效应、直接效应、间接效应。

在路径分析模型中，变量间的路径（箭头）反映的是变量间的因果关系，从左侧的原因变量开始，到右侧的结果变量结束。在判断变量与变量之间的直接效果时，通常用标准化系数 (standardized estimates) 来表示。

Tip: 回归方程使用非标准化系数，而路径分析使用标准化系数，因为标准化系数有利于判断各变量之间的影响力。

正如第二章的因子分析和相关性分析所示，这里也分为以下两种方法来说明路径分析：①因子分析后使用测定变量的平均值；②因子分析后，使用"作为变量存储"值进行分析。

①是指由不同问题组成的测量值，研究人员任意给出算术平均用于分析，是一种分析时会产生误差的方法。另外，计算算术平均值的依据不明确。因此，在如②所示的因子分析中，只有利用"作为变量存储的值进行路径分析"，才能得到准确的结果。要注意的是，有些研究可能在不清楚①和②的区别，没有确认是否存在误差的情况下，只通过得出的结果就进行研究分析。

（一）路径分析 1：此方法不准确，但经常使用

操作练习（3-3 操作练习）

（二）路径分析 2：更为准确的方法

路径分析 2 中，与路径分析 1 不同，在因素分析中，利用变量存储的值进行路径分析。

**步骤1** 操作练习（3-4操作练习）

**步骤2** 结果分析

到目前为止，对路径分析 1（以平均值为基准进行分析）和路径分析 2（以因子分析的变量存储值为基准进行分析）方法分别进行了实践。各分析方法的结果显示在图 3-24 中。

**Regression Weights: (Group number 1 - Default model)**

|  |  |  | Estimate | S.E. | C.R. | P | Label |
|---|---|---|---|---|---|---|---|
| 平均满意度 | <--- | 平均价格 | 0.168 | 0.031 | 5.415 | *** | |
| 平均满意度 | <--- | 平均质量 | 0.120 | 0.040 | 3.014 | 0.003 | |
| 平均满意度 | <--- | 平均有用性 | 0.376 | 0.065 | 5.745 | *** | |
| 平均购买意愿 | <--- | 平均满意度 | 0.319 | 0.049 | 6.566 | *** | |

**Standardized Regression Weights: (Group number 1 - Default model)**

|  |  |  | Estimate |
|---|---|---|---|
| 平均满意度 | <--- | 平均价格 | 0.263 |
| 平均满意度 | <--- | 平均质量 | 0.146 |
| 平均满意度 | <--- | 平均有用性 | 0.277 |
| 平均购买意愿 | <--- | 平均满意度 | 0.332 |

（a）路径分析1的结果

**Regression Weights: (Group number 1 - Default model)**

|  |  |  | Estimate | S.E. | C.R. | P | Label |
|---|---|---|---|---|---|---|---|
| FAC满意度 | <--- | FAC价格 | 0.066 | 0.051 | 1.298 | 0.194 | |
| FAC满意度 | <--- | FAC质量 | 0.340 | 0.051 | 6.707 | *** | |
| FAC满意度 | <--- | FAC有用性 | 0.025 | 0.050 | 0.504 | 0.614 | |
| FAC购买意愿 | <--- | FAC满意度 | 0.121 | 0.050 | 2.431 | 0.015 | |

**Standardized Regression Weights: (Group number 1 - Default model)**

|  |  |  | Estimate |
|---|---|---|---|
| FAC满意度 | <--- | FAC价格 | 0.069 |
| FAC满意度 | <--- | FAC质量 | 0.359 |
| FAC满意度 | <--- | FAC有用性 | 0.026 |
| FAC购买意愿 | <--- | FAC满意度 | 0.129 |

（b）路径分析2的结果

**图 3-24　路径分析 1 和路径分析 2 比较**

资料来源：笔者自制。

如图 3-24 所示，Estimate 值均在显著性水平范围内（$p < 0.001$），不能单独区分，但可以看到回归系数发生变化。由于数据的种类不同，其显著性水平和回归系数也不同，因此研究者在分析数据时要特别注意。虽然算术平均值来分析相关关系可能比较方便，但正如之前所确认的那样，尽管存在相关关系的显著性，但也会给出错误的结果，因此要注意。

Note：平均值和存储值的差异。

两种分析方法的结果不同。简单地说，回归系数的不同，对应于变量间影响力的解释力也不同。另外，在路径分析中变量之间进行相关分析会产生更明显的差异，采用各自的分析方法进行相关分析的结果如表 3-13 所示。

表 3-13　不同分析方法进行相关分析的结果

| | 算术平均值 | 储存变量值 |
|---|---|---|
| 计算方法 | 测定变量的算术平均值 | 最大拟然，直接斜交转轴 |
| AMOS输出的结果 | Correlations: (Group number 1 - Default model)<br><br>　　　　　　　　　　　　　Estimate<br>平均质量　<--> 平均价格　0.150<br>平均价格　<--> 平均有用性　0.134<br>平均质量　<--> 平均有用性　0.085<br>平均质量　<--> 平均满意度　0.209<br>平均质量　<--> 平均购买意愿　0.094<br>平均价格　<--> 平均满意度　0.322<br>平均价格　<--> 平均购买意愿　0.179<br>平均有用性　<--> 平均满意度　0.325<br>平均有用性　<--> 平均购买意愿　0.100<br>平均满意度　<--> 平均购买意愿　0.332 | Correlations: (Group number 1 - Default model)<br><br>　　　　　　　　　　　　　Estimate<br>FAC质量　<--> FAC价格　0.357<br>FAC价格　<--> FAC有用性　0.171<br>FAC质量　<--> FAC有用性　0.226<br>FAC质量　<--> FAC满意度　0.389<br>FAC质量　<--> FAC购买意愿　0.403<br>FAC价格　<--> FAC满意度　0.201<br>FAC价格　<--> FAC购买意愿　0.175<br>FAC有用性　<--> FAC满意度　0.119<br>FAC有用性　<--> FAC购买意愿　0.106<br>FAC满意度　<--> FAC购买意愿　0.129 |

资料来源：笔者自制。

Note：在AMOS中相关系数显著性的确认方法。

　　有时想要利用因子分析的变量存储值，但表中没有显示相关分析的显著性水平（p值），因此无法查看显著性水平。如果需要确认相关系数的显著性水平，需要在 AMOS Output 窗口设置以下几个选项：

　　（1）在开始路径分析之前，点击▦图标后，在 Output 选项卡上的"Correlations of estimates"勾选☑。然后在 Bootstrap 选项卡上设置如图 3-25 所示的选项，点击▦按钮开始进行数据分析。

　　设置相关系数显著性选项，见图 3-25。

| Estimation | Numerical | Bias | Output | Bootstrap | Permutations | Random # | Title |

☑ Minimization history　　　　　　☐ Indirect, direct & total effects

☑ Standardized estimates　　　　　　☐ Factor score weights

☐ Squared multiple correlations　　　☐ Covariances of estimates

☐ Sample moments　　　　　　　　☑ Correlations of estimates

☐ Implied moments　　　　　　　　☐ Critical ratios for differences

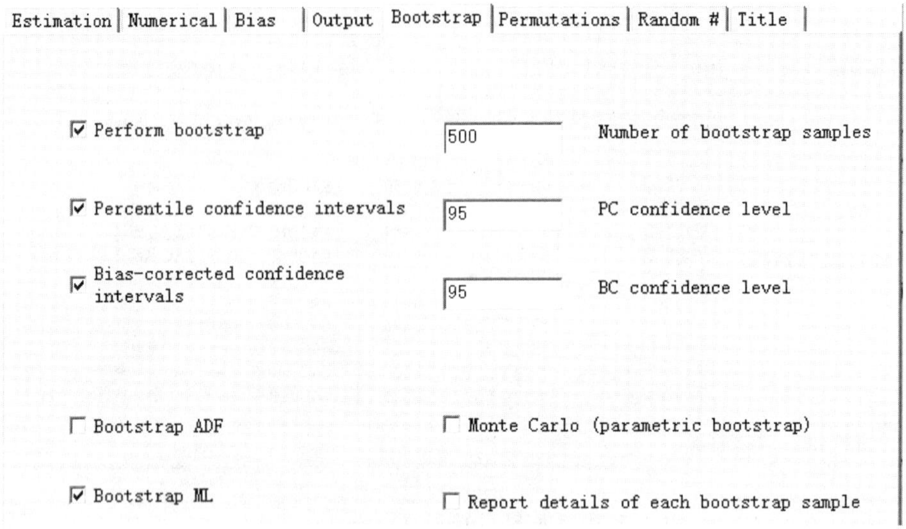

| Estimation | Numerical | Bias | Output | Bootstrap | Permutations | Random # | Title |

☑ Perform bootstrap                    |500|              Number of bootstrap samples

☑ Percentile confidence intervals      |95|              PC confidence level

☑ Bias-corrected confidence intervals  |95|              BC confidence level

☐ Bootstrap ADF                        ☐ Monte Carlo (parametric bootstrap)

☑ Bootstrap ML                         ☐ Report details of each bootstrap sample

图 3-25　相关系数显著性选项

资料来源：笔者自制。

（2）点击 🔳 图标，①点击 AMOS Output 窗口左上角的 Estimates → Scalars → Correlations，②然后点击下方 Bootstrap Confidences 的 "Percentilemethod"，即可查看显著性水平 p 值。

确认相关系数的显著性见图 3-26。

Correlations: (Group number 1 - Default model)

| Parameter | | | Estimate | Lower | Upper | P |
|---|---|---|---|---|---|---|
| FAC质量 | <--> | FAC价格 | 0.357 | 0.265 | 0.434 | 0.010 |
| FAC价格 | <--> | FAC有用性 | 0.171 | 0.080 | 0.273 | 0.010 |
| FAC质量 | <--> | FAC有用性 | 0.226 | 0.122 | 0.322 | 0.010 |
| FAC质量 | <--> | FAC满意度 | 0.389 | 0.296 | 0.463 | 0.010 |
| FAC质量 | <--> | FAC购买意愿 | 0.403 | 0.344 | 0.447 | 0.010 |
| FAC价格 | <--> | FAC满意度 | 0.201 | 0.097 | 0.300 | 0.011 |
| FAC价格 | <--> | FAC购买意愿 | 0.175 | 0.097 | 0.253 | 0.010 |
| FAC有用性 | <--> | FAC满意度 | 0.119 | -0.008 | 0.228 | 0.121 |
| FAC有用性 | <--> | FAC购买意愿 | 0.106 | 0.015 | 0.188 | 0.040 |
| FAC满意度 | <--> | FAC购买意愿 | 0.129 | 0.041 | 0.231 | 0.055 |

图 3-26　确认相关系数的显著性

资料来源：笔者自制。

## 二、路径分析中的总效应、直接效应、间接效应

在路径分析中，某个变量对其他变量的影响程度称为"效应"，各个变量间的关系见图 3-27，它大致分为直接效应、间接效应、总效应。

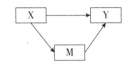

图 3-27 变量间的关系

资料来源：笔者自制。

直接效应是指一个变量直接影响另一个变量的效应，间接效应是指一个变量影响另一个变量，但不是直接影响另一个变量。中间是其他变量参数（M），表示影响最终变量的效应。总效应是直接效应和间接效应相加的总和。

图 3-27 是第二章第十一节中介回归分析中提出的一个模型，让我们以该模型为基础来看看影响效应的种类。

（1）直接效应（direct effect）：X → Y 影响的直接效应（A）；

（2）间接效应（indirect effect）：X 经由 M 对 Y 的效应（B×C）；

（3）总效应（total effect）：直接效应 + 间接效应（A+B×C）；

（4）直接效应（A）：间接效应（B×C）：总效应（A+B×C）。

Tip：间接效应检验应该也要注意显著性水平。

从现在开始设定一个新的模式，确认总效应、直接效应、间接效应。在原来的模型中，外生变量之间设置了相关关系，无法确认间接效应的内容。为了确认间接效应，将该模型修改为图 3-28 的模型。通过图 3-28 中的修正模型来测定总效应、直接效应、间接效应。

图 3-28 修改模型

资料来源：笔者自制。

如图 3-29 所示，绘制结构方程模型后进行路径分析（请参阅第三章第五节）。

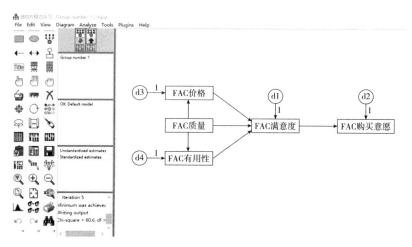

图 3-29　在 AMOS 中画出修正模型

资料来源：笔者自制。

Tip：内生变量"FAC价格""FAC有用性"也应设置结构误差项。

在进行路径分析后，在 AMOS Output 窗口中确认回归系数的显著性，见图 3-30。

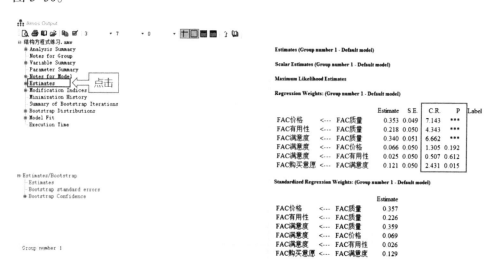

图 3-30　回归系数显著性确认

资料来源：笔者自制。

下面来分析"FAC 质量""FAC 价格""FAC 满意度"和"FAC 质量""FAC 有用性""FAC 满意度"间的直接效应、间接效应、总效应。

可以确认"FAC 质量"对"FAC 满意度"的直接效应是 A，间接效应是 B 和 C，以及 D 和 E。在图 3–30 中的 AMOS Output 窗口中，显示小数点后三位，但在图 3–31 中，四舍五入，显示小数点后两位。

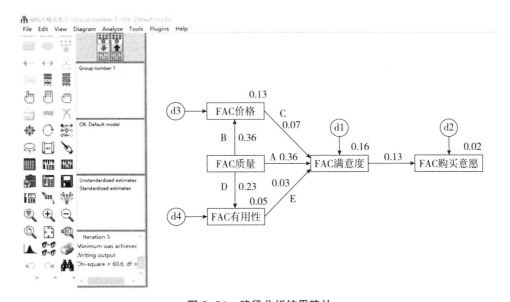

图 3–31 路径分析结果确认

资料来源：笔者自制。

"FAC 质量"→"FAC 满意度"的直接效应：A=0.359

"FAC 质量"→"FAC 价格"→"FAC 满意度"的间接效应：B=0.357 C=0.069。

"FAC 质量"→"FAC 有用性"→"FAC 满意度"的间接效应：D=0.226 E=0.026。

根据上面的数值来计算直接效应、间接效应、总效应。

（1）直接效应 A=0.359；

（2）间接效应 BC=0.357×0.069=0.0246；

（3）间接效应 DE=0.226×0.026=0.0059；

（4）总效应 A+(BC+DE)=0.3895。

通过 AMOS Output 窗口输出的数值也可以确认上述计算结果。直接效应、间接效应、总效应的结果见图 3–32。

227

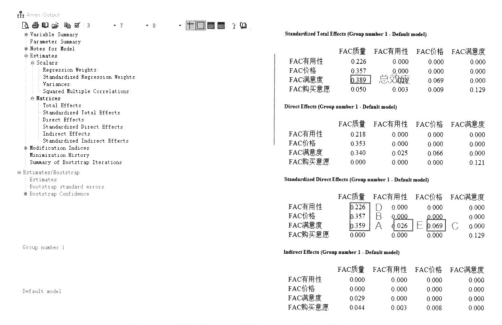

图 3-32　直接效应、间接效应、总效应结果确认

资料来源：笔者自制。

## 三、间接效应显著性检验：Bootstrap 检验

间接效应的显著性是指判断 X 对 Y 是否不直接影响，而是通过 M 间接产生影响，如 "X → M → Y"，即 SPSS 中涉及的中介效果的显著性。

在 AMOS 软件中 AMOS Output 窗口中给出了通径系数的显著性水平。但值得注意的是，如图3-30所示，只能确认直接效应。因此，学会计算间接效应的方法，可以确认输出结果，但无法判断间接效应的显著性是否成立。这时，为了验证间接效应的显著性，使用了 Bootstrap 检验方法。Bootstrap 是以要分析的样本为标准，重新提取样本进行分析，按样本进行分析后再结合，估计最终统计量的方法。

以下是通过 Bootstrap 检验方法来检验间接效应的显著性水平。

**步骤1** 操作练习（3-5操作练习）

Note：在Bootstrap ML中，ML是指最大优度法（Maximum Likelihood，ML）。由于统计中很难将整组样本作为样本，所以测量的样本越具有代表性，就越能得到好的统计结果。优度函数是指一个概率函数，相当于样本集合的概率变量接近某一群体的母数。如果这个优度函数最大，将有利于母数估计，对母数估计最有利的方法就是最大优度法。

Note：Bootstrap次数（Number of bootstrap samples)的默认值为200。次数越多，结果就越稳定，但如何确定次数纯粹取决于研究人员的判断。

Tip：单击Bootstrap Confidence，名称将更改为Bias-corrected percentile method。

从［Standardized Indirect Effects］表中可以看出"FAC质量→FAC满意度""FAC质量→FAC购买意愿""FAC有用性→FAC购买意愿""FAC价格→FAC购买意愿"的显著性水平分别为 0.126、0.042、0.721、0.188，"FAC质量→FAC购买意愿"的值在有意义水平 p<0.05 的范围内，可以判断"FAC质量→FAC购买意愿"关系中有间接效应。

**步骤2　论文写作**

总效应、直接效应、间接效应，可以用一个表来表示，见表 3–14。当然，每篇论文的表达方式可能不同。

表 3–14　总效应、直接效应、间接效应分析结果

| | 总效应（直接效应，间接效应） | | | |
|---|---|---|---|---|
| | 质量 | 价格 | 有用性 | 满意度 |
| 价格 | 0.357***(0.357***,0.000) | | | |
| 有用性 | 0.226***(0.226***,0.000) | | | |
| 满意度 | 0.389***(0.359***,0.030) | 0.026(0.026,0.000) | 0.069(0.069,0.000) | |
| 购买意愿 | 0.050**(0.000,0.050**) | 0.003（0.000,0.003) | 0.009(0.000,0.009) | 0.129**(0.129**,0.000) |

注：** 表示 p<0.01、*** 表示 p<0.05。

资料来源：笔者自制。

# 第六节　构造方程式模型分析

## 🗝 学习目标

（1）可以解释结构方程模型的分析结果；
（2）可以对输出的结果表进行比较、分析；
（3）理解表示模型拟合度的指数的含义。

## 📋 掌握内容

（1）AMOS Output 窗口导入；
（2）模型拟合度的概念和使用。

### 分析结果确认

到目前为止，在进行结构方程模型分析的过程中，探讨了需要进行确认性因素分析和路径分析的原因和方法。从现在开始，我们将介绍结构方程模型分析后输出的结果中必须确认的项目，以及如何解释这些项目。

Tip：如果分析后能调整到比导出的模型更好的模型，就可以用"修正模型"来修改模型，确定为最终模型，这将在第七节中详细介绍。

（一）进行分析

希望以目前的结构方程模型为基础，对设置分析选项进行分析。分析结构方程模型的过程已经在第三节中讨论过，但这是一个重要的过程，让我们在这里再熟悉一下。

步骤1　操作练习（3-6操作练习）

## （二）最常用的"Estimates"

在分析结果中，研究人员首先确认的菜单项是 Estimates。如果在 Estimates 中出现不好的数据、显著性有问题或可行性有问题，那么在严重的情况下可能需要更改模型。

### 1.Estimates 菜单

点击■按钮后，在 AMOS Output 窗口中，分析结果见图 3–33 的 Estimates 菜单。

**图 3-33　Estimates 菜单**

资料来源：笔者自制。

（1）［Regression Weights］见图 3–34：输出非标准化系数，表示对它的显著性程度，在所有情况下，p<0.05 都是满足显著性水平的。

**图 3-34　Regression Weights**

资料来源：笔者自制。

（2）［Standardized Regression Weights］：见图3–35，可以检验标准化的"Regression Weights"值。

图 3–35　Standardized Regression Weights

资料来源：笔者自制。

（3）［Covariances］：见图3–36，表示协方差的值，包含相关系数的显著性水平。

（4）［Correlations］：表示外生潜变量之间的相关系数。

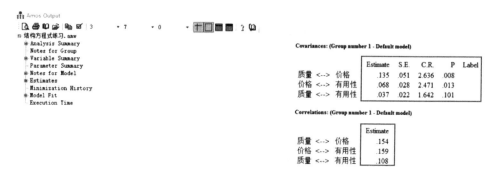

图 3–36　Covariances 和 Correlations

资料来源：笔者自制。

（5）［Variance］：见图3–37，表示方差值及其显著性水平。

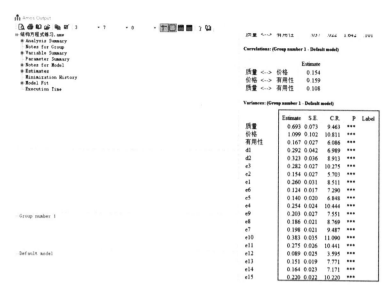

图 3-37　Variance

资料来源：笔者自制。

（6）[Squared Multiple Correlations]：见图 3-38，表示由外生变量描述内生变量的描述量，理解为 SPSS Statistics 的 $R^2$ 值即可。也就是说，满意度因外生变量约有 23% 的解释量，购买意愿约有 16% 的解释量。

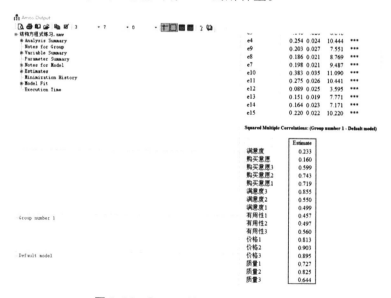

图 3-38　Squared Multiple Correlations

资料来源：笔者自制。

### 2.Estimates → Scalars 菜单

在 Estimates 的子菜单 Scalars 中，见图 3-39，可以从 Estimates 输出的值中选择研究者想要的表。

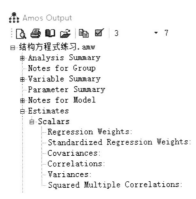

**图 3-39　Estimates–>Scalars 菜单**

资料来源：笔者自制。

### 3.Estimates → Matrices 菜单

点击 Matrices，见图 3-33，表中会出现总效应、直接效应、间接效应的值。点击▣，形状变为▣，此时出现子菜单。在这些子菜单中见图 3-40，可以选择研究者想要的表格。

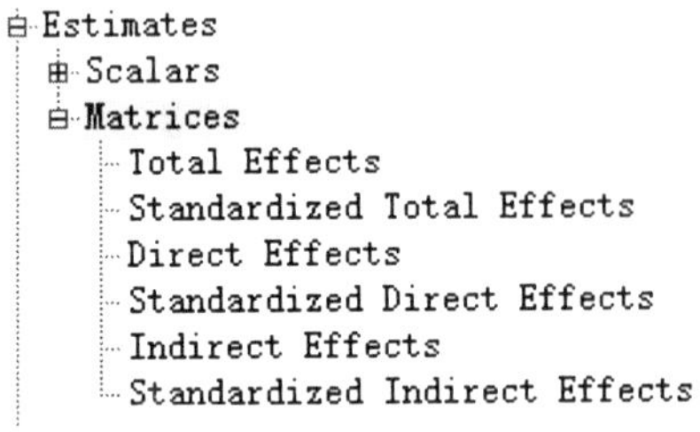

```
⊟ Estimates
  ⊞ Scalars
  ⊟ Matrices
      Total Effects
      Standardized Total Effects
      Direct Effects
      Standardized Direct Effects
      Indirect Effects
      Standardized Indirect Effects
```

**图 3-40　Estimates–>Matrices 菜单**

资料来源：笔者自制。

点击 Matrices 菜单的子菜单，见图 3-41，可以查看以下数据。

**Total Effects (Group number 1 - Default model)**

| | 有用性 | 价格 | 质量 | 满意度 | 购买意愿 |
|---|---|---|---|---|---|
| 满意度 | 0.468 | 0.162 | 0.092 | 0.000 | 0.000 |
| 购买意愿 | 0.188 | 0.065 | 0.037 | 0.402 | 0.000 |
| 购买意愿3 | 0.174 | 0.060 | 0.034 | 0.371 | 0.923 |
| 购买意愿2 | 0.209 | 0.073 | 0.041 | 0.447 | 1.110 |
| 购买意愿1 | 0.188 | 0.065 | 0.037 | 0.402 | 1.000 |
| 满意度3 | 0.549 | 0.191 | 0.108 | 1.173 | 0.000 |
| 满意度2 | 0.439 | 0.152 | 0.086 | 0.938 | 0.000 |
| 满意度1 | 0.468 | 0.162 | 0.092 | 1.000 | 0.000 |
| 有用性1 | 1.000 | 0.000 | 0.000 | 0.000 | 0.000 |
| 有用性2 | 1.048 | 0.000 | 0.000 | 0.000 | 0.000 |
| 有用性3 | 1.243 | 0.000 | 0.000 | 0.000 | 0.000 |
| 价格1 | 0.000 | 1.000 | 0.000 | 0.000 | 0.000 |
| 价格2 | 0.000 | 1.087 | 0.000 | 0.000 | 0.000 |
| 价格3 | 0.000 | 0.982 | 0.000 | 0.000 | 0.000 |
| 质量1 | 0.000 | 0.000 | 1.000 | 0.000 | 0.000 |
| 质量2 | 0.000 | 0.000 | 1.022 | 0.000 | 0.000 |
| 质量3 | 0.000 | 0.000 | 0.857 | 0.000 | 0.000 |

**Standardized Total Effects (Group number 1 - Default model)**

| | 有用性 | 价格 | 质量 | 满意度 | 购买意愿 |
|---|---|---|---|---|---|
| 满意度 | 0.310 | 0.276 | 0.124 | 0.000 | 0.000 |
| 购买意愿 | 0.124 | 0.110 | 0.050 | 0.400 | 0.000 |
| 购买意愿3 | 0.096 | 0.085 | 0.038 | 0.310 | 0.774 |
| 购买意愿2 | 0.107 | 0.095 | 0.043 | 0.345 | 0.862 |
| 购买意愿1 | 0.105 | 0.094 | 0.042 | 0.339 | 0.848 |
| 满意度3 | 0.286 | 0.255 | 0.115 | 0.924 | 0.000 |
| 满意度2 | 0.230 | 0.205 | 0.092 | 0.742 | 0.000 |
| 满意度1 | 0.219 | 0.195 | 0.088 | 0.706 | 0.000 |
| 有用性1 | 0.676 | 0.000 | 0.000 | 0.000 | 0.000 |
| 有用性2 | 0.705 | 0.000 | 0.000 | 0.000 | 0.000 |
| 有用性3 | 0.748 | 0.000 | 0.000 | 0.000 | 0.000 |
| 价格1 | 0.000 | 0.901 | 0.000 | 0.000 | 0.000 |
| 价格2 | 0.000 | 0.950 | 0.000 | 0.000 | 0.000 |
| 价格3 | 0.000 | 0.946 | 0.000 | 0.000 | 0.000 |
| 质量1 | 0.000 | 0.000 | 0.853 | 0.000 | 0.000 |
| 质量2 | 0.000 | 0.000 | 0.908 | 0.000 | 0.000 |
| 质量3 | 0.000 | 0.000 | 0.802 | 0.000 | 0.000 |

**Direct Effects (Group number 1 - Default model)**

| | 有用性 | 价格 | 质量 | 满意度 | 购买意愿 |
|---|---|---|---|---|---|
| 满意度 | 0.468 | 0.162 | 0.092 | 0.000 | 0.000 |
| 购买意愿 | 0.000 | 0.000 | 0.000 | 0.402 | 0.000 |
| 购买意愿3 | 0.000 | 0.000 | 0.000 | 0.000 | 0.923 |
| 购买意愿2 | 0.000 | 0.000 | 0.000 | 0.000 | 1.110 |
| 购买意愿1 | 0.000 | 0.000 | 0.000 | 0.000 | 1.000 |
| 满意度3 | 0.000 | 0.000 | 0.000 | 1.173 | 0.000 |
| 满意度2 | 0.000 | 0.000 | 0.000 | 0.938 | 0.000 |
| 满意度1 | 0.000 | 0.000 | 0.000 | 1.000 | 0.000 |
| 有用性1 | 1.000 | 0.000 | 0.000 | 0.000 | 0.000 |
| 有用性2 | 1.048 | 0.000 | 0.000 | 0.000 | 0.000 |
| 有用性3 | 1.243 | 0.000 | 0.000 | 0.000 | 0.000 |
| 价格1 | 0.000 | 1.000 | 0.000 | 0.000 | 0.000 |
| 价格2 | 0.000 | 1.087 | 0.000 | 0.000 | 0.000 |
| 价格3 | 0.000 | 0.982 | 0.000 | 0.000 | 0.000 |
| 质量1 | 0.000 | 0.000 | 1.000 | 0.000 | 0.000 |
| 质量2 | 0.000 | 0.000 | 1.022 | 0.000 | 0.000 |
| 质量3 | 0.000 | 0.000 | 0.857 | 0.000 | 0.000 |

**Standardized Direct Effects (Group number 1 - Default model)**

| | 有用性 | 价格 | 质量 | 满意度 | 购买意愿 |
|---|---|---|---|---|---|
| 满意度 | 0.310 | 0.276 | 0.124 | 0.000 | 0.000 |
| 购买意愿 | 0.000 | 0.000 | 0.000 | 0.400 | 0.000 |
| 购买意愿3 | 0.000 | 0.000 | 0.000 | 0.000 | 0.774 |
| 购买意愿2 | 0.000 | 0.000 | 0.000 | 0.000 | 0.862 |
| 购买意愿1 | 0.000 | 0.000 | 0.000 | 0.000 | 0.848 |
| 满意度3 | 0.000 | 0.000 | 0.000 | 0.924 | 0.000 |
| 满意度2 | 0.000 | 0.000 | 0.000 | 0.742 | 0.000 |
| 满意度1 | 0.000 | 0.000 | 0.000 | 0.706 | 0.000 |
| 有用性1 | 0.676 | 0.000 | 0.000 | 0.000 | 0.000 |
| 有用性2 | 0.705 | 0.000 | 0.000 | 0.000 | 0.000 |
| 有用性3 | 0.748 | 0.000 | 0.000 | 0.000 | 0.000 |
| 价格1 | 0.000 | 0.901 | 0.000 | 0.000 | 0.000 |
| 价格2 | 0.000 | 0.950 | 0.000 | 0.000 | 0.000 |
| 价格3 | 0.000 | 0.946 | 0.000 | 0.000 | 0.000 |
| 质量1 | 0.000 | 0.000 | 0.853 | 0.000 | 0.000 |
| 质量2 | 0.000 | 0.000 | 0.908 | 0.000 | 0.000 |
| 质量3 | 0.000 | 0.000 | 0.802 | 0.000 | 0.000 |

**Indirect Effects (Group number 1 - Default model)**

| | 有用性 | 价格 | 质量 | 满意度 | 购买意愿 |
|---|---|---|---|---|---|
| 满意度 | 0.000 | 0.000 | 0.000 | 0.000 | 0.000 |
| 购买意愿 | 0.188 | 0.065 | 0.037 | 0.000 | 0.000 |
| 购买意愿3 | 0.174 | 0.060 | 0.034 | 0.371 | 0.000 |
| 购买意愿2 | 0.209 | 0.073 | 0.041 | 0.447 | 0.000 |
| 购买意愿1 | 0.188 | 0.065 | 0.037 | 0.402 | 0.000 |
| 满意度3 | 0.549 | 0.191 | 0.108 | 0.000 | 0.000 |
| 满意度2 | 0.439 | 0.152 | 0.086 | 0.000 | 0.000 |
| 满意度1 | 0.468 | 0.162 | 0.092 | 0.000 | 0.000 |
| 有用性1 | 0.000 | 0.000 | 0.000 | 0.000 | 0.000 |
| 有用性2 | 0.000 | 0.000 | 0.000 | 0.000 | 0.000 |
| 有用性3 | 0.000 | 0.000 | 0.000 | 0.000 | 0.000 |
| 价格1 | 0.000 | 0.000 | 0.000 | 0.000 | 0.000 |
| 价格2 | 0.000 | 0.000 | 0.000 | 0.000 | 0.000 |
| 价格3 | 0.000 | 0.000 | 0.000 | 0.000 | 0.000 |
| 质量1 | 0.000 | 0.000 | 0.000 | 0.000 | 0.000 |
| 质量2 | 0.000 | 0.000 | 0.000 | 0.000 | 0.000 |
| 质量3 | 0.000 | 0.000 | 0.000 | 0.000 | 0.000 |

**Standardized Indirect Effects (Group number 1 - Default model)**

| | 有用性 | 价格 | 质量 | 满意度 | 购买意愿 |
|---|---|---|---|---|---|
| 满意度 | 0.000 | 0.000 | 0.000 | 0.000 | 0.000 |
| 购买意愿 | 0.124 | 0.110 | 0.050 | 0.000 | 0.000 |
| 购买意愿3 | 0.096 | 0.085 | 0.038 | 0.310 | 0.000 |
| 购买意愿2 | 0.107 | 0.095 | 0.043 | 0.345 | 0.000 |
| 购买意愿1 | 0.105 | 0.094 | 0.042 | 0.339 | 0.000 |
| 满意度3 | 0.286 | 0.255 | 0.115 | 0.000 | 0.000 |
| 满意度2 | 0.230 | 0.205 | 0.092 | 0.000 | 0.000 |
| 满意度1 | 0.219 | 0.195 | 0.088 | 0.000 | 0.000 |
| 有用性1 | 0.000 | 0.000 | 0.000 | 0.000 | 0.000 |
| 有用性2 | 0.000 | 0.000 | 0.000 | 0.000 | 0.000 |
| 有用性3 | 0.000 | 0.000 | 0.000 | 0.000 | 0.000 |
| 价格1 | 0.000 | 0.000 | 0.000 | 0.000 | 0.000 |
| 价格2 | 0.000 | 0.000 | 0.000 | 0.000 | 0.000 |
| 价格3 | 0.000 | 0.000 | 0.000 | 0.000 | 0.000 |
| 质量1 | 0.000 | 0.000 | 0.000 | 0.000 | 0.000 |
| 质量2 | 0.000 | 0.000 | 0.000 | 0.000 | 0.000 |
| 质量3 | 0.000 | 0.000 | 0.000 | 0.000 | 0.000 |

图 3-41　Matrices 的子菜单数据

资料来源：笔者自制。

## （三）Estimates 以外的数据

### 1. Analysis Summary 菜单

见图 3-42，显示了分析的日期和时间以及分析后保存的文件名。

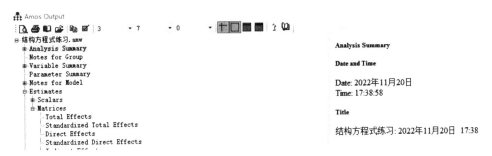

**图 3-42　Analysis Summary 菜单**

资料来源：笔者自制。

### 2. Notes for Group 菜单

此菜单告诉我们分析的结构方程模型是递归模型（recursive model）还是非递归模型（non-recursive model）。图 3-43 显示样本数为 350 个。

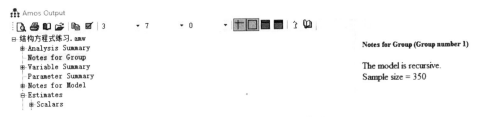

**图 3-43　Notes for Group 菜单**

资料来源：笔者自制。

> Note：一般来说，回归模型和非回归模型的区分在使用 AMOS 的研究中并不太重要。因为除了非常特殊的情况外，在利用结构方程模型时很少使用非回归模型，这里只介绍了回归模型和非回归模型的概念程度。

（1）递归模型：递归模型（recursive model）是指一个模型，如图 3-44 所示，就像变量的影响关系在一个方向上依次流动一样，即从独立变量开始到从属变量的一个方向上设定的模型。不存在变量（内生变量）之间的因果关系（Reciprocal causation）或循环关系（Feedback loops）。

图 3-44　递归模型

资料来源：笔者自制。

（2）非递归模型：非递归模型（non-recursive model）是指变量之间的影响关系不是单向流动的，而是变量（内生变量）之间存在影响或循环关系的模型，见图 3-45。

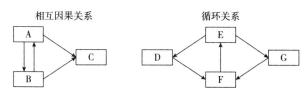

图 3-45　非递归模型

资料来源：笔者自制。

## 3. Variable Summary 菜单

子菜单 Variable list 显示变量列表，Variable counts 显示变量的个数信息，见图 3-46。

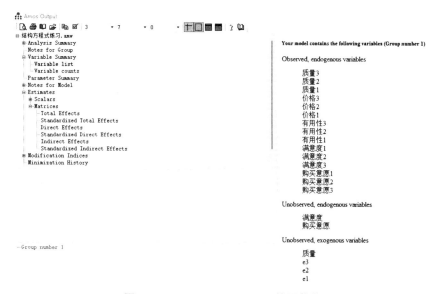

图 3-46　Variable Summary 的子菜单

**图 3-46　Variable Summary 的子菜单（续）**

资料来源：笔者自制。

### 4. Parameter Summary 菜单

提供有关母数 / 母样本的信息。这里 Fixed 是指固定母数。在结构方程模型中定为 1 就是固定母数，在图 3-47 的表中，这意味着存在 22 个固定母数。Unlabeled 显示了除变量名称外是否还有其他设置的标签的信息。

**图 3-47　Parameter Summary 菜单**

| | Weights | Covariances | Variances | Means | Intercepts | Total |
|---|---|---|---|---|---|---|
| Fixed | 22 | 0 | 0 | 0 | 0 | 22 |
| Labeled | 0 | 0 | 0 | 0 | 0 | 0 |
| Unlabeled | 14 | 3 | 20 | 0 | 0 | 37 |
| Total | 36 | 3 | 20 | 0 | 0 | 59 |

Parameter Summary (Group number 1)

资料来源：笔者自制。

### 5. Notes for Model 菜单

"Computation of degrees of freedom"显示有关自由度的内容，"Result"显示 $\chi^2$ 的值、自由度和有显著性概率，见图 3-48。

Estimates 菜单已经在第三章第六节中进行了说明。

### 6. Modification Indices 菜单

在 Modification Indices 的子菜单 Covariances 中表示的是协方差，子菜单 Variances 中表示的是变量，子菜单 Regression Weights 中表示的是各变量间的修正指数（M. I.）和母数的变化（Par Change），见图 3-49。

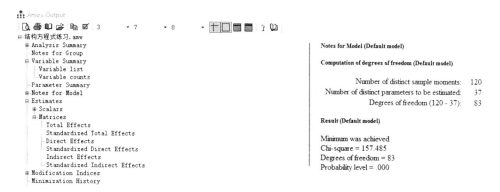

**图 3-48　Notes for Model 菜单**

资料来源：笔者自制。

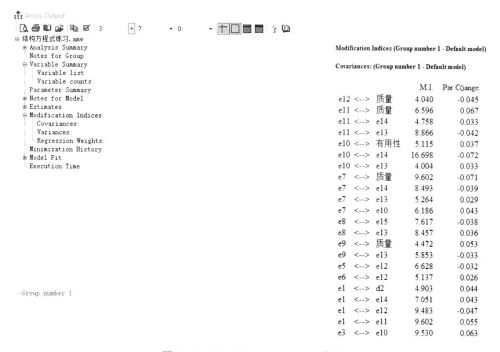

**图 3-49　Modification Indices 菜单**

资料来源：笔者自制。

点击 ▦ 按钮后，因为在 Analysis Properties 窗口的 Output 选项卡中，Threshold for modification indices 设置为 4，所以 M.I. 中只出现超过 4 的值，见图 3-50。

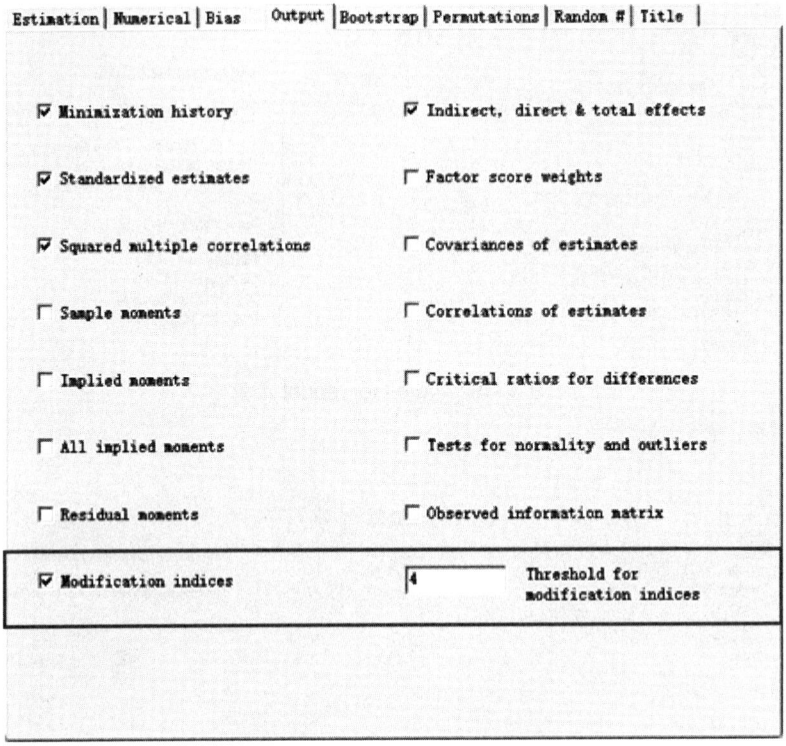

| Estimation | Numerical | Bias | Output | Bootstrap | Permutations | Random # | Title |

☑ Minimization history      ☑ Indirect, direct & total effects

☑ Standardized estimates      ☐ Factor score weights

☑ Squared multiple correlations      ☐ Covariances of estimates

☐ Sample moments      ☐ Correlations of estimates

☐ Implied moments      ☐ Critical ratios for differences

☐ All implied moments      ☐ Tests for normality and outliers

☐ Residual moments      ☐ Observed information matrix

☑ Modification indices      | 4 |   Threshold for modification indices

**图 3-50　Analysis Properties 窗口**

资料来源：笔者自制。

### 7. Minimization History 菜单

这里显示经过迭代后最小化的 F 值。见图 3-51，重复 0~10，可以看到 F 值从 3254.407 减少到 157.485。

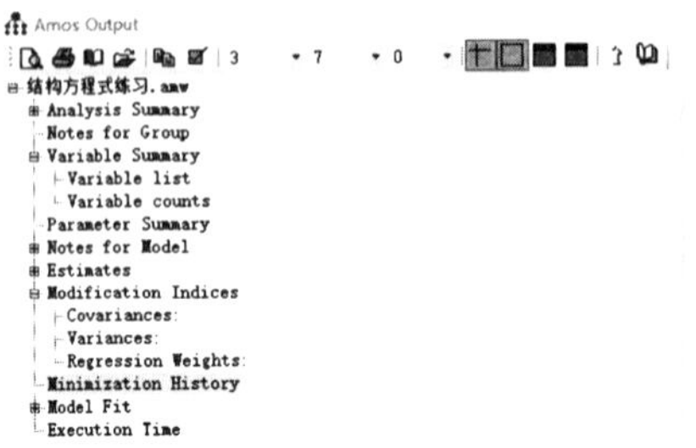

Minimization History (Default model)

| Iteration | | Negative eigenvalues | Condition # | Smallest eigenvalue | Diameter | F | NTries | Ratio |
|---|---|---|---|---|---|---|---|---|
| 0 | e | 10 | | -0.517 | 9999.000 | 3254.407 | 0 | 9999.000 |
| 1 | e* | 10 | | -0.698 | 2.680 | 1419.145 | 20 | 0.616 |
| 2 | e* | 4 | | -0.078 | 0.586 | 878.106 | 6 | 0.929 |
| 3 | e | 1 | | -0.015 | 0.225 | 706.889 | 5 | 0.866 |
| 4 | e | 0 | 496.605 | | 0.582 | 391.836 | 6 | 0.883 |
| 5 | e | 0 | 225.576 | | 0.805 | 240.802 | 3 | 0.000 |
| 6 | e | 0 | 114.722 | | 0.819 | 177.368 | 1 | 0.767 |
| 7 | e | 0 | 200.457 | | 0.177 | 158.072 | 1 | 1.088 |
| 8 | e | 0 | 229.283 | | 0.038 | 157.488 | 1 | 1.039 |
| 9 | e | 0 | 223.858 | | 0.003 | 157.485 | 1 | 1.004 |
| 10 | e | 0 | 223.886 | | 0.000 | 157.485 | 1 | 1.000 |

**图 3-51　Minimization History 菜单**

资料来源：笔者自制。

Tip：Iteration的含义：

AMOS 根据输入的数据，反复估计模型中的协散矩阵，使 F 值最小，这种过程称为 Iteration。

8.Model Fit 菜单

在 AMOS Output 窗口中查看的 Model Fit 显示为多个表。显示的表分别为分析模型（Default model）、设置了所有变量关系的饱和模型（Saturated model）、未设置所有变量关系的模型（Independence model）等不同标准表示模型拟合度，研究者需要找出其中所需的模型拟合度指数并加以描述，见图 3–52。

**图 3-52　Model Fit 菜单**

资料来源：笔者自制。

模型拟合度指数可分为以下几种类型。

（1）绝对拟合度指数（Absolute Fit Index）。绝对拟合度指数（Absolute Fit Index）是绝对评价收集的资料与研究模型拟合程度的指数，有 CMIN（$X^2$）、GFIRMR、SRMR、RMSEA。

1）CMIN（$X^2$）。这是从结构方程开发初期开始最常用的方法，并解释说输出结果的数值越低越好。

2）GFI（Goodness-of-Fit-Index）。表示分析的数据和原来的数据之间差异的比率。

3）RMSR（Root Mean Square Residual）。这是与原始数据相关的指数（0.05以下），而不是用结构方程模型来描述。

4）SRMR（Standardized Root Mean Square Residual）。RMR 的标准化值，在模型之间的比较中使用。

5）RMSEA（Root Mean Square Error of Approximation）。不代表研究模型样本的拟合度，而是代表母数的拟合度（0.05 以下）。

（2）增量拟合指数（Incremental Fit Index）。这是一个用于衡量研究者的结构方程模型相较于未设定变量之间关系的模型（零模型），在多大程度上更准确地进行测量的指数。增量拟合指数值在 0.9 以上，表示结构方程模型比零模型精确度提高了 90%。增量拟合度有 NFI、RFI、IFI、CFI、TLI(NNFI)。

1）NFI（Normed Fit Index）。研究模型与零模型相比的指数（0.9 以上）。

2）RFI（Relative Fit Index）。相对拟合指数，是评价研究模型对零模型拟合度的指数（0.9 以上）。

3）IFI（Incremental Fit Index）。研究模型相较于零模型的改进程度（0.9 以上）。

4）CFI（Comparative Fit Index）。考虑到总体的参数和分布，为了弥补 NFI 的缺点而开发的（0.9 以上）。

5）TLI（Turker-Lewis Index=NNFD）。Tucker 和 Lewis 是为了探索性因子分析而开发的指数。也有指数超过 0~1 点的情况，因此被称为 NNFI（Non-Normed Fit Index）（0.9 以上）。

（3）简明拟合度指数（Parsimonious Fit Index）。

变量越多，研究模型越复杂，拟合度指数就会上升，为了防止这种情况发生，拟合度指数就是简明拟合度指数。简明拟合度指数有 AGFI、PNFI、PGFI、AIC。

1）AGFI（Adjusted Goodness-Of-Fit-Index）。

对于模型复杂度上升，会出现拟合度也随之上升的不正常结果，是根据复杂度调整 GFI 值的拟合指数（0.9 以上）。

2）PNFI（Parsimony Normed Fit Index）、PGFI（Parsimony Goodness of Fit Index）。

NFI、GFI 是 AMOS 上看到的，与 PRATIO 相乘得到的指数，主要在 2 个以上模型进行比较时使用，数值在 0~1，该值越大越好。

3）AIC（Akaike Information Criterion）。

主要用于与其他模型相比。AIC 值越小越好。

在表 3–15 中整理了 Model Fit 菜单中可以确认的指数、使用范围和拟合度。

表 3–15　拟合度指数

| 指数 | 说明 | 范围 | 参考值 |
|---|---|---|---|
| CMIN（$X^2$） | 结构方程开发初期开始最常用的方法 | | 数值越小越好 |
| GFI | | 0~1 | 0.9以上 |
| RMR/SRMR | | 0~1 | 0.5以下 |
| RMSEA | $X^2$的补充 | 0~1 | 0.5以下（0.05~0.1为最优值） |
| NFI | | 0~1 | 0.9以上 |
| RFI | | 0~1 | 0.9以上 |
| IFI | | 0~1 | 0.9以上 |
| CFI | | 0~1 | 0.9以上 |
| TLI(NNFI) | | 0~2 | 0.9以上 |
| AGFI | | 0~1 | 0.9以上 |
| PNFI | 用于两模型间的比较 | 0~1 | 数值越大越好 |
| PCFI | 用于两模型间的比较 | 0~1 | 数值越大越好 |
| PGFI | 用于两模型间的比较 | 0~1 | 数值越大越好 |
| AIC | 用于两模型间的比较 | | 数值越小越好 |

资料来源：吴明隆.结构方程模型——AMOS 的操作与应用［M］.重庆：重庆大学出版社，2010.

虽然在表 3–15 中整理了 RMR 和 SRMR 的数值范围和参考值，但在模型拟合度的结果输出窗口中并没有直接出现 SRMR 的值。SRMR 是最近经常使用的拟合度指数，需要通过计算才能得出。

（1）单击 Plugins → Standardized RMR，打开 Standardized RMR 窗口，见图 3–53。

进行 Standardized RMR 计算。

（2）单击▦图标计算 Standardized RMR。确认数值（0.0418）后描述即可。Standardized RMR 计算结果，见图 3–54。

步骤2　论文写作

当使用 AMOS 在论文或研究报告中进行描述分析结果时，有多种多样整理表格和数据的方法。见表 3–16，提供了一个整理相应数值的方法。在论文中表示模型拟合度时，可以用单独的表格来表示，见表 3–15，在表的下方标注脚注即可。

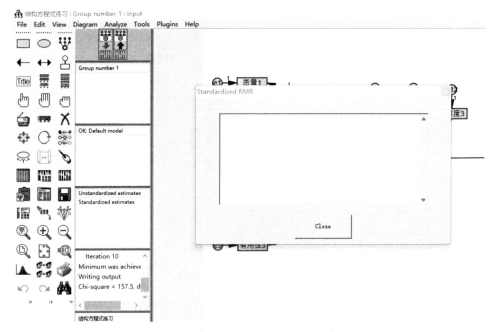

图 3-53　打开 Standardized RMR 窗口

资料来源：笔者自制。

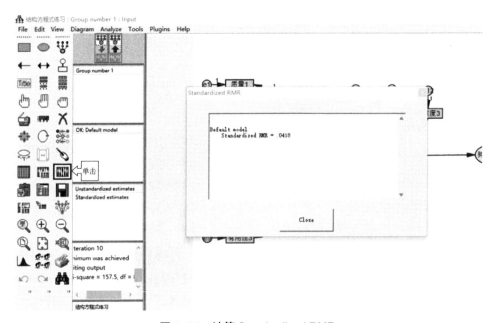

图 3-54　计算 Standardized RMR

资料来源：笔者自制。

**表 3-16 数值整理方法**

| | 非标准化系数 | S. E. | C. R. | 标准化系数 | AVE | 构成信度 |
|---|---|---|---|---|---|---|
| 质量→质量1 | 1.000 | — | — | 0.853 | | |
| 质量→质量2 | 1.022 | 0.049 | 17.621 | 0.908 | 0.766 | 0.907 |
| 质量→质量3 | 0.857 | 0.052 | 19.647 | 0.802 | | |
| 价格→价格1 | 1.000 | — | — | 0.901 | | |
| 价格→价格2 | 1.087 | 0.036 | 30.117 | 0.950 | 0.834 | 0.938 |
| 价格→价格3 | 0.982 | 0.033 | 30.424 | 0.946 | | |
| 有用性→有用性1 | 1.000 | — | — | 0.676 | | |
| 有用性→有用性2 | 1.048 | 0.109 | 9.632 | 0.705 | 0.720 | 0.885 |
| 有用性→有用性3 | 1.243 | 0.128 | 9.688 | 0.748 | | |
| 满意度→满意度1 | 1.000 | — | — | 0.706 | | |
| 满意度→满意度2 | 0.938 | 0.073 | 12.852 | 0.742 | 0.719 | 0.883 |
| 满意度→满意度3 | 1.173 | 0.084 | 13.926 | 0.924 | | |
| 购买意愿→购买意愿1 | 1.000 | — | — | 0.848 | | |
| 购买意愿→购买意愿2 | 1.110 | 0.065 | 17.180 | 0.862 | 0.794 | 0.920 |
| 购买意愿→购买意愿3 | 0.923 | 0.059 | 15.749 | 0.774 | | |

注：［模型拟合度］GFI:0.943，RMR:0.029，RMSEA:0.051。

　　　　　NFI:0.950，RFI:0.937，IFI；0.976，CFI；0.976，TLI:0.969。

　　　　　AGFI:0.917。

资料来源：笔者自制。

查看 AMOS Output 窗口的结果，会显示 CMIN、GFI、RMR、RMSEA、NFI、RFI、IFICFI、TLI（NNFT）、AGFI、PNFI、PGFI、AIC 等多项拟合度，但不同论文在模型拟合度的部分中表示的方法有所不同。不仅如此，也没有关于具体需要表示何种拟合度，以及为什么要表示此种拟合度的说明，所以在论文或报告中也无法表示所有的拟合度指数。每个指数都存在优缺点，不同的优缺点有时也很有可能在论文中存在不恰当的拟合度数据。因此展示何种拟合度指数并没有绝对正确的方式，但可以提出如下较为合理的方法。

绝对拟合度指数、增量拟合度指数、简明拟合度指数三种指数性质都是不同的拟合度指数，如果将它们适当地在论文或报告书中表示出来，就可以确保可行性。但更重要的是，研究人员应该在自己得出的分析结果中表示与自己的研究相对应的指数，并解释为什么在论文中使用该指数。

# 第七节　结构方程模型修正

（1）了解修正结构方程模型的理由；

（2）掌握结构方程模型的修改方法。

（1）制定替代模型；

（2）模型修改的规则；

（3）通过 Modification Indices 修改。

　　一般来说，研究者设定的研究模型是以现有的理论为基础组成的。但是，即使以相同的模型进行分析，有时结果也会与研究者的假设不同或与现有理论相悖。因此，如果不是验证现有理论的确认性研究，就应该修改为具有意义的模型。本节学习修改结构方程模型的方法，并探究实际修改模型的过程。

## 一、结构方程模型的修正方法

### （一）通过制定替代模型比较修正

　　即使研究的理论背景充足，对研究模型进行验证时，也要根据研究的性质或研究的目的不同，确认不同的内容。另外，研究者对现有的研究模型修改后，进行比较、分析，寻找合适的模型。但是，研究者在修改模型时不能随机修改模型。也就是说，需要为要修改的模型提供理论依据，又有了重新研究文献或理论的负担。做学术的人应该很了解，不要犯盲目地先制定模型，再找相应理论的错误。

与图 3-55（a）的研究模型相比，图 3-55（b）～（d）中提出的每种替代模型要成为正确的替代模型，都要找到解释所包含变量因果关系的理论基础，可以与现有研究模型进行比较、分析，并获得较高的解释力和拟合优度。

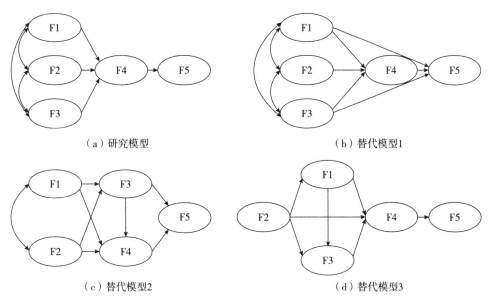

（a）研究模型　　　　　　　　　　　　（b）替代模型1

（c）替代模型2　　　　　　　　　　　（d）替代模型3

**图 3-55　研究模型和替代模型**

资料来源：笔者自制。

## （二）基于 Modification Indices 的修改

在进行研究时，有时会出现研究模型的拟合度或路径系数等无法计算的情况。AMOS 为提高模型拟合度提供了 Modification Indices，Modification Indices 通过进一步提升相关性或设置变量之间的影响关系，提高模型的拟合度。研究者应该以 Modification Indices 为标准修改模型。如果遵守修改规则并使用 Modification Indices，模型拟合度当然会得到提高。相反，如果不严格遵守修改规则，就会出现不显著路径值的情况，所以即使看起来与现有模型相似，也会被决定使用与研究者原意完全不同的替代模型。这是因为通过 Modification Indices 进行的模型修改不是以理论为基础的，而是以研究者收集、分析的资料为基础进行的。需要注意的是，根据 Modification Indices 中给出的所有关系去设定并不一定会得到最佳结果。

Tip：AMOS Output窗口的Modification Indices以"Covariances""Variances"
"Regression Weights"的值为基准，输出变量间的修正指数（M.I）、参数的变化（Par Change），需要好好确认，才能提高模型拟合度。

图 3-56 是根据 Modification Indices 提供的所有路径的关系做了模型修正。

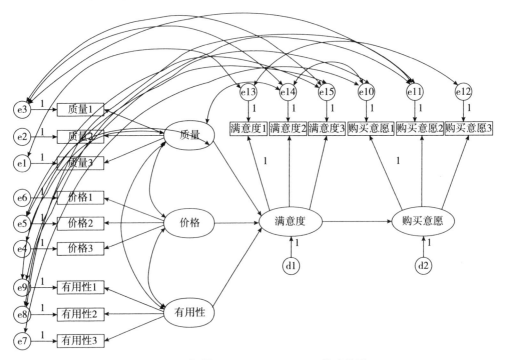

**图 3-56　根据 Modification Indices 修改模型**

资料来源：笔者自制。

Tip：图3-56中的修改模型很难一目了然，可以说是模型本身非常复杂，是一个修改标准不明确的错误修改示例。

如图 3-56 所示，根据 Modification Indices 进行修改后，查看图 3-57（b）模型的拟合度，可以看出模型拟合度几乎完美。但是，正如 Modification Indices 所提出的那样，修改后的模型太复杂了，不能说是研究模型。因此，与其只考虑提高模型拟合度，无条件沿着 Modification Indices 进行修改，不如遵守下一节介绍的规则修改模型。

## （三）结构方程模型修正规则

修改结构方程模型时，请参阅第三章第七节中 Modification Indices 的介绍，但也应遵循以下规则进行修改。

1. 外生潜变量的测量误差 ↔ 外生潜变量的测量误差（相同因子）

在同一潜变量（同一因子）内所属的测量误差之间建立相关关系。也就是说，不是 Modification Indices 中输出的所有表值都需要建立相关关系，而是在与外生潜变量相关联的测量误差之间建立相关关系即可。

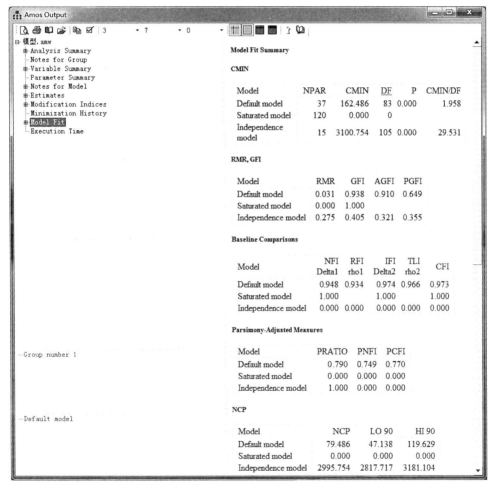

（a）修正前

图 3-57　模型修正前后的拟合度

（b）修正后

**图 3-57　模型修正前后的拟合度（续）**

资料来源：笔者自制。

2. 内生潜变量的测量误差 ↔ 内生潜变量的测量误差（相同因子）

在同一潜变量（同一因子）内所属的测量误差之间建立相关关系。也就是说，不是 Modification Indices 中输出的所有表值都需要建立相关关系，而是在与内生潜变量相关联的测量误差之间建立相关关系即可。

3. 内生变量的结构误差 ↔ 内生变量的结构误差（无因果关系的结构误差）

在 Modification Indices 输出的表值中，内生潜变量之间在没有因果关系的结构误差之间建立相关关系即可。

## 二、结构方程模型的修改实践

图 3-58 是当前设计的研究模型。该模型以 AMOS Output 窗口的 Modification Indices 值为准，没有与修改规则相对应的内容，实际上不需要修改。另外，即使设置前面准备的各种替代模型（见图 3-55），也不能满足回归系数的显著性，可能反而会变得更差，因此可以将其设置为最终模型。

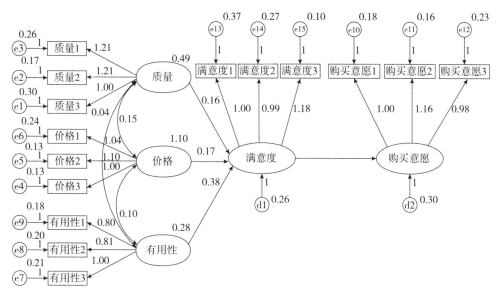

图 3-58　最终模型

资料来源：笔者自制。

从现在开始，我们将假设图 3-58 的研究模型的分析结果与研究者的原图不同，并根据在第三章第七节中学到的内容，修改现有模型，进行修改最终模型的实践。

为了进行结构方程模型的修改实践，对图 3-58 的模型进行了变形，重新构建了图 3-59 可修改的模型。

（一）根据修正规则修正模型

在确认图 3-59 中模型的分析结果后，在保留现有模型的情况下，查看调整拟合度的过程，并尝试亲自修改模型以提高拟合度。

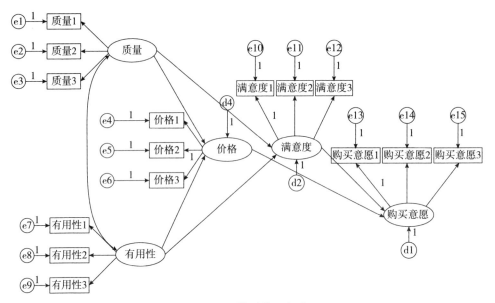

**图 3-59 模型修正实践**

资料来源：笔者自制。

操作练习（3-7 操作练习）

**（二）替代模型**

到目前为止，我们已经了解了如何根据模型的修改规则修改模型。当研究者收集资料并进行分析时，如果通过 Modification Indices 修改了模型，结果值很好，那么可以将修改的模型决定为最终模型。但实际上，很多时候不能有较好的结果，甚至在研究快要结束的时候，也会有因为没有结果而放弃的情况。

这时，研究者应该以理论为基础寻找替代模型。从图 3-55 可以确认，替代模型并不是有某种确定的模型。在初期研究阶段，研究者可以构建多种可能成立的模型及其修正模型。

现在以图 3-60（a）的模型为基础，构建优化的替代模型图 3-60（b）。

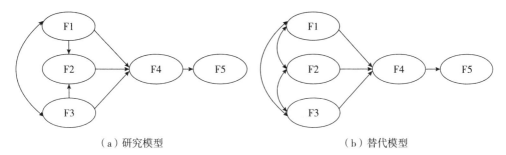

（a）研究模型　　　　　　　　　　　（b）替代模型

图 3-60　研究模型和替代模型

资料来源：笔者自制。

操作练习（3-8 操作练习）

# 第八节　结构方程模型调节效应分析

## 学习目标

（1）理解结构方程模型中调节效应的概念；

（2）理解调节效应的分析流程，能够使用 AMOS 软件进行调节效应分析。

## 掌握内容

（1）调节效应分析的概念；

（2）AMOS 中调节效应的分析流程。

## 一、调节效应分析

比起直接效应研究，最近的研究更倾向于调节效应和中介效应等其他变量。在这种背景下，调节效应或中介效应比单纯的直接因果关系分析更能解释研究的问题。前面在说明间接效应的同时，讨论了中介效应，但没有详细讨论调节效应。这是因为结构方程模型的特性需要单独的分析流程。

在 AMOS 中分析调节效应的过程与目前使用的分析方法略有不同。这是因为无法设置表示变量（图形）和模型（箭头）之间关系的路径。因此，为了确认研究问题中呈现的内容（例如，男/女的差异），在研究模型中将男性和女性分开分析。此外，还应分析约束这两种模型之间路径相同的"限制模型"和模型本身设置有差异的"非限制模型"。

## 二、实施调节效应分析

下面进行调节效应分析。

### 研究问题

智能手机的价格、质量和有用性对消费者的"满意度"有什么影响？另外，"满意度"和"购买意愿"之间有什么因果关系？研究人员对上述问题进行了分析。在这个过程中，研究者再次试图探寻，"消费者的性别如何影响这种因果关系"。

**步骤1** 我们根据上面介绍的分析调节效应的过程制定了以下九个分析步骤：

（1）第 1 步：根据研究问题绘制研究模型；

（2）第 2 步：为了比较模型之间的差异，将模型分为"男/女"两组；

（3）第 3 步：命名路径以检查调节效应，同时比较路径；

（4）第 4 步：将研究模型分为非限制模型和限制模型；

（5）第 5 步：将"男性"的响应值匹配到"男性"组；

（6）第 6 步：将"女性"的响应值匹配到"女性"组；

（7）第 7 步：单击图标（▦）设置选项；

（8）第 8 步：单击图标（▥）开始分析；

（9）第 9 步：单击图标（▦）解读分析结果。

根据给定的研究问题设计研究模型，如图 3-61 所示。

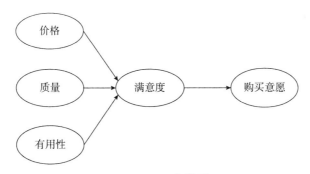

图 3-61　研究模型

资料来源：笔者自制。

操作练习（3-9 操作练习）

**步骤2　结果分析**

根据步骤 1 操作完成后，得到的结果见图 3-62。

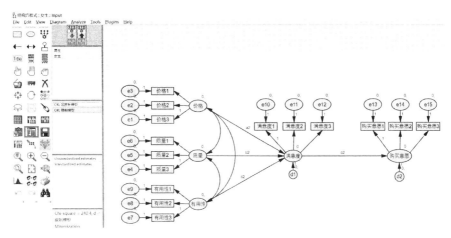

图 3-62　AMOS Output 分析结果

资料来源：笔者自制。

单击 Notes for Model 可输出有关模型的基本信息，其中包括"非限制模型"的卡方（Chi-square）值和自由度，见图 3-63。

**图 3-63 非限制模型的分析结果**

资料来源：笔者自制。

单击左下角的限制模型可显示"Notes for Model"中"限制模型"的卡方（Chi-square）值和自由度等，见图 3-64。

**图 3-64 限制模型的分析结果**

资料来源：笔者自制。

如表 3–17 所示，比较卡方（Chi-square）值和自由度。

**表 3–17 比较卡方（Chi – square）值和自由度**

| 非限制模型 | Chi-square=240.393 |
|---|---|
| | Degrees of freedom=166 |
| 限制模型 | Chi-square=243.679 |
| | Degrees of freedom=170 |
| 限制模型—非限制模型 | Chi-square=3.286 |
| | Degrees of freedom=4 |

资料来源：笔者自制。

可以在 AMOS Output 窗口中确认非限制模型和限制模型的差异值，如图 3–65 所示。

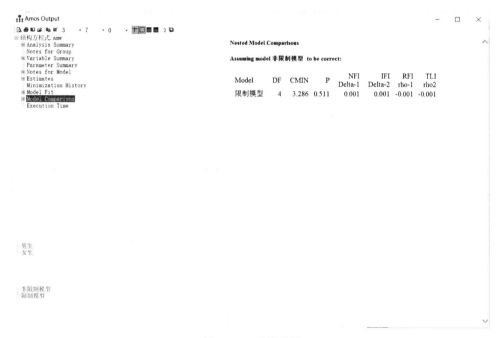

**图 3–65 模型比较**

资料来源：笔者自制。

单击 Model Comparison 可以比较非限制模型和限制模型之间的差异。

（1）DF：非限制模型和限制模型之间的自由度差异。

（2）CMIN：非限制模型和限制模型之间的卡方值之间的差异。

（3）P：CMIN 和 DF 之间关系的显著性水平。

如图 3-65 所示，显著性概率为 0.511，不在显著性水平范围内 (p<0.05)，所以不能拒绝原假设。这里可以用显著性概率来判断的是："到目前为止分析的模型是否适合确认性别差异带来的效果？"因此，可以认为原假设是恰当的，对立假设是不恰当的。如果判断为合适，那么从现在开始就需要确认性别之间"Estimates"的值，比较非限制模型和限制模型以及男性和女性之间路径值的差异。

在非限制模型中，男女之间的系数不同，而在限制模型中，系数设置为相同。系数不同的事实可以解释为具有性别的调节作用，这就是系数不同的原因。反之，如果系数相同，则可以判断没有这种调节作用，因此不影响系数。现在我们已经能够确定模型之间存在差异性，现在我们可以比较"Estimates"的值。

男性的情况，如图 3-66 所示，可以判断在显著性水平的范围内所有路径的效果都有效。

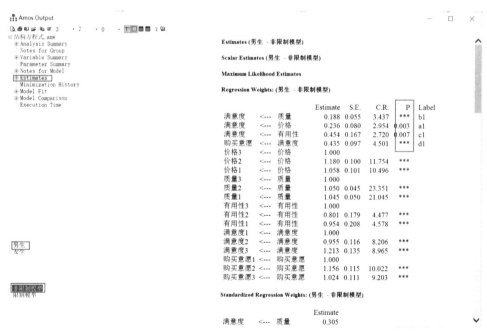

**图 3-66　调节效应——男性**

资料来源：笔者自制。

女性的情况，如图 3-67 所示，对于"质量→满意度"，p=0.226 被确认为不显著，其余路径的效应可以判断为在显著性水平范围内显著。

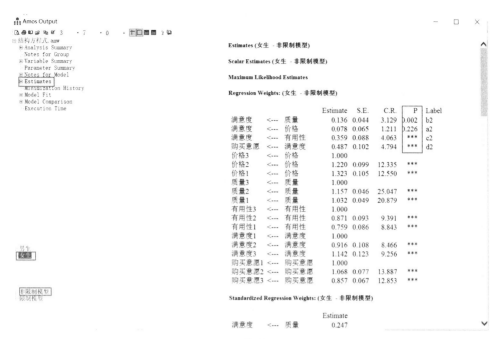

图 3-67　调节效应——女性

资料来源：笔者自制。

目前进行的调节效应分析在结构方程模型分析中属于高级课程。因此，如果仅记住分析步骤并照原样进行，那么很有可能无法理解整个流程。但是，如果能够自己思考和理解如何进行分析、为什么设置选项以及如何进行分析，则能够成为熟练使用调节效应分析的高级研究者。

**步骤3　论文写作**

到目前为止，已经验证了价格、质量、有用性对满意度的影响以及满意度是否对购买意愿产生影响。将样本按性别划分，通过调节效应分析确认了这种影响力的变化和差异。具体数据见表 3-18、表 3-19、表 3-20。

表 3-18　模型比较

| Model | DF | CMIN | P | NFI Delta-1 | TFI Delta-2 | RFI rho-1 | TLI rho2 |
|---|---|---|---|---|---|---|---|
| 限制模型 | 4 | 3.286 | 0.511 | 0.001 | 0.001 | −0.001 | −0.001 |

资料来源：笔者自制。

表 3-19 效应分析（男性）

| 路径 | Estimates | S. E. | C. R. | P |
|---|---|---|---|---|
| 价格→满意度 | 0.236 | 0.080 | 2.954 | 0.003 |
| 质量→满意度 | 0.188 | 0.055 | 3.437 | *** |
| 有用性→满意度 | 0.454 | 0.167 | 2.720 | 0.007 |
| 满意度→购买意愿 | 0.435 | 0.097 | 4.501 | *** |

资料来源：笔者自制。

表 3-20 效应分析（女性）

| 路径 | Estimates | S. E. | C. R. | P |
|---|---|---|---|---|
| 价格→满意度 | 0.078 | 0.065 | 1.211 | 0.226 |
| 质量→满意度 | 0.136 | 0.044 | 3.129 | 0.002 |
| 有用性→满意度 | 0.359 | 0.088 | 4.063 | *** |
| 满意度→购买意愿 | 0.487 | 0.102 | 4.794 | *** |

资料来源：笔者自制。

# 参考文献

REFERENCE

［1］杜琳琳，时立文，薛晓光 . SPSS 统计分析从入门到精通（第 2 版）［M］. 北京：清华大学出版社，2020.

［2］李金德，秦晶 . SPSS 统计分析与应用［M］. 北京：清华大学出版社，2019.

［3］丛日玉 . 调查问卷设计与处理分析：Spss 与 Excel 实现［M］. 北京：中国统计出版社，2017.

［4］谢龙汉，蔡思祺 . SPSS 统计分析与数据挖掘（第 3 版）［M］. 北京：电子工业出版社，2017.

［5］刘爱玉，田志鹏 . SPSS 数据分析教程［M］. 北京：北京大学出版社，2017.

［6］王旭 . SPSS 数据处理与分析［M］. 北京：人民邮电出版社，2016.

［7］吴明隆 . 结构方程模型：AMOS 的操作与应用（第 2 版）［M］. 重庆：重庆大学出版社，2010.

［8］荣泰生 . AMOS 与研究方法（第 2 版）［M］. 重庆：重庆大学出版社，2009.

［9］刘江涛，刘立佳 . SPSS 数据统计与分析应用教程（基础篇）［M］. 北京：清华大学出版社，2017.

［10］廖小官 . SPSS 统计分析：应用案例教程［M］. 南京：南京大学出版社，2016.

［11］宇传华 . SPSS 与统计分析［M］. 北京：电子工业出版社，2007.

［12］李志辉，罗平 . SPSS for Windows 统计分析教程（第 2 版）［M］. 北京：电子工业出版社，2005.

［13］谭荣波，梅晓仁 . SPSS 统计分析实用教程［M］. 北京：科学出版社，2007.

［14］蔡建琼，于惠芳，朱志洪等 . SPSS 统计分析实例精选［M］. 北京：清华大学出版社，2006.

［15］贾俊平，何晓群，金勇进 . 统计学（第 7 版）［M］. 北京：中国人民大学出版社，2008.

# 后　记
POSTSCRIPT

　　本书的编写历时两年，从选题策划、内容编写到案例整理，每一步都力求严谨与实用。我们希望通过本书，使读者能够系统掌握 SPSS 和 AMOS 的基础知识及应用方法，为科研工作提供有效的工具支持。本书不仅强调统计方法的理论性，还着重实践操作，力求让读者能够在短时间内掌握数据分析技巧，并应用于论文写作、科研研究和实际工作中。

　　在本书的编写过程中，我们参考了大量国内外关于统计分析和软件操作的研究成果，同时结合了教学和科研的实际需求，希望本书能够成为读者学习统计分析、撰写学术论文的实用指南。然而，统计学方法和软件技术不断发展，部分内容可能存在不尽完善之处，在此诚恳地希望广大读者提出宝贵意见，以便在今后的修订中不断完善，提高本书的实用性和可读性。

　　特别感谢在本书编写过程中提供帮助的同行专家、教师和实践工作者，他们的建议使本书的内容更加丰富和完善。同时，感谢所有读者对本书的支持和关注，希望本书能成为大家在科研与数据分析领域的有力助手，助力学术研究与职业发展。

　　如果有读者需要本书的配套资料，欢迎随时与作者联系，邮箱：chenxi19@sdjzu.edu.cn。

陈曦

2025 年 6 月